ZHONGZHI DEYUKE
TIGAO SHIXIAOXING DE
WENTI YU DUICE

中职德育课
提高实效性的
问题与对策

张捷树　著

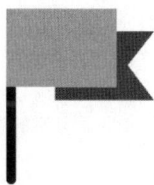

厦门大学出版社　国家一级出版社
XIAMEN UNIVERSITY PRESS　全国百佳图书出版单位

图书在版编目(CIP)数据

中职德育课提高实效性的问题与对策/张捷树著. —厦门:厦门大学出版社,2018.11
ISBN 978-7-5615-7209-2

Ⅰ.①中… Ⅱ.①张… Ⅲ.①德育—教学研究—中等专业学校 Ⅳ.①G711

中国版本图书馆 CIP 数据核字(2018)第 268198 号

出 版 人 郑文礼
责任编辑 文慧云
封面设计 凌 点
技术编辑 朱 楷

出版发行 厦门大学出版社
社 址 厦门市软件园二期望海路 39 号
邮政编码 361008
总 编 办 0592-2182177 0592-2181406(传真)
营销中心 0592-2184458 0592-2181365
网 址 http://www.xmupress.com
邮 箱 xmup@xmupress.com
印 刷 厦门市万美兴印刷设计有限公司

开本 720 mm×1 000 mm 1/16
印张 14.75
插页 1
字数 250 千字
版次 2018 年 11 月第 1 版
印次 2018 年 11 月第 1 次印刷
定价 48.00 元

厦门大学出版社
微信二维码

厦门大学出版社
微博二维码

序　言

　　中职德育课教学的实效性问题,是中职学校每个德育课教师必须思考的重要问题。三明工贸学校的张捷树老师结合自己三十多年政治课、德育课教学的实践经验和教学反思,撰写了《中职德育课提高实效性的问题与对策研究》一书,就德育课教师的历史使命、面临的主要问题、提高德育课实效性的系统教学策略等问题进行了深入探讨,对广大中职德育课教师很有启发和借鉴意义。

　　许多德育课教师面对文化基础比较差、自信心不足、学习兴趣不浓的中职学生感到无可奈何。张捷树老师却长期坚持辩证运用赏识教育理论,拉近与学生的距离,培养与学生的感情,实现亲其师、信其道的目的,在培养学生对德育课教学的兴趣方面,收到了很好的效果。

　　中职德育课教学过程中,除了必须完成四门必修课和一门选修课的教学任务外,还必须根据党和国家的要求开展理想信念、中国精神、中国梦等一系列专题教育。如何在教学过程中渗透这些专题教育?要怎样提高专题教育的实效性?张捷树老师提出了大家经常开展的十大专题教育的教学策略,从系统思维的角度,为我们从教学内容到教学方法、教学环境、教学评价等方面的优化创新开阔了思路,让人耳目一新,很有参考价值。

　　该书还对当前德育课教师面临而且必须正确处理的专业发展、大中小学德育一体化、学业水平考试等问题,进行了比较全方位、宽视野的研究和探讨,体现了德育课教师心系加快发展现代职业教育、不忘教书育人初心、整体考虑立德树人德育工作的教师情怀。特别是一个兼任行政工作的教师长期坚持满教学工作量,还兼任班主任,不断做课题,实属不易。这种爱岗敬业、倾情奉献的教师职业精神很值得我们学习。

习近平总书记在党的十九大报告中提出要培养能够担当民族复兴大任的时代新人。我们德育课教师要尽快实现习近平新时代中国特色社会主义思想这一马克思主义中国化的最新成果进校园、进课堂、进头脑。张捷树老师撰写的《中职德育课提高实效性的问题与对策研究》一书充满正能量,充满教书育人、立德树人的教育智慧和教育思想,不仅对于德育课教师有很好的示范、引领作用,对于其他教育工作者在教书育人、立德树人方面也有较大的启示。

福建省职业技术教育中心主任:

2018 年 8 月 26 日

前　言

教育部印发的《中等职业学校德育大纲(2014 年修订)》(教职成〔2014〕14 号)指出:"德育课是各专业学生必修的公共基础课,是学校德育的主渠道。德育课教学应充分体现社会主义教育的方向和本质要求,充分反映马克思主义中国化的最新成果,全面反映中国特色社会主义理论体系的基本内容、社会主义核心价值观的基本要求。要紧密联系实际,坚持以价值观教育引领知识教育,改进教育教学方法,注重实践教育、体验教育、养成教育,做到知识学习、情感培养和行为养成相统一,切实增强针对性、实效性和时代感。"新形势下,中职德育课的历史使命是:按照习近平总书记在党的十九大报告中提出的立德树人新要求、新使命,高举中国特色社会主义伟大旗帜,学习好、宣传好、贯彻好习近平新时代中国特色社会主义思想,加强中华优秀传统文化教育和社会主义核心价值观教育,实现习近平新时代中国特色社会主义思想和党的十九大精神进校园、进课堂、进头脑,培养中职生爱党爱国爱社会主义的理想信念,引导中职生踏上建设富强民主文明和谐美丽的社会主义现代化强国的新征程,努力把自己培养成为德智体美劳全面发展的高素质劳动者和技能型人才,为实现中华民族伟大复兴的中国梦做出自己应有的贡献。深入研究中职德育课提高实效性的问题与对策,有利于德育课教师明确德育课的崇高使命、自觉主动地采取切实有效的教学策略,从而完成教学任务,实现教学目标。

本书研究的主要问题,是本人在使用中职德育课新教材以后开展德育课教学改革、实验的基础上,结合近几年主持省、市德育课题研究,特别是主持 2017 年福建省中小学德育研究专项 A 类课题"中职校文化课中提高中华优秀传统文化教育的有效性研究"(项目编号:DY201721A)、三明市教育局"2017 年社会主义核心价值观融入中小学德育研究课题"(编号:smdy2017008)和三明市基础教育科学研究 2016 年市级立项课题"中职学校创建示范校背景下校园文化的传承创新与发展研究"(项目编号:JYKT-1627)研究过程中重点思考的问题,着重研究的是中职德育课的历史使命、面临的主要问题、提高实效性必须采取的教学策略等问题。凭借近几年担任福建省学校德育研究与指导中心专家组成员、三明市中职学校学科带头人培养对象教学实践导师、三明市中职德育学科教学指导中心组组长和三明工贸学校张捷树名师工作室领衔人的工作平台,并结合担任学校创建福建省改革发展示范校办公室成员、创建福建省示范性现代职业院校建设工程办公室常务副主任兼办学机制项目组组长等工作机会,本人对中职德育课提高实效性的问题进行了宽视野、全方位、深层次的思考,就如何实现习近平新时代中国特色社会主义思想和党的十九大精神进校园、进课堂、进学生头脑,如何提高中职德育课实效性问题提出了一些拙见,其中本人主持完成的教学成果"系统思维视角下的德育课实效性教学策略研究与实践创新"被福建省教育厅授予 2018 年教学成果奖二等奖。所以,本书既是上述省、市德育课题的研究成果,也是三明工贸学校创建"两个示范校"的成果。本书撰写过程中,得到了上级有关领导和学校领导的关心、鼓励,本书的出版得到了学校的大力支持,本人非常感激;福建省职业技术教育中心主任、德育课专家杨运齐高级讲师在繁忙的工作中非常关心本书的出版,并对书稿进行了审阅,还为本书撰写了序言,在此表示衷心的感谢和最真挚的敬意。本书的许多观点参考了职教期刊的许多专家、学者的文献,在此也一并表示感谢。希望本书的出版,在中职德育课教师的交流中,能够达到抛砖引玉的目的,从而共同提高德育课教学的实效性,也希望本书对其他教育工作者、读者有一定的参考价值。

提高德育课教学的实效性和吸引力,责任重大,任务艰巨,需要广大一线教师在教学实践中开拓进取,潜心研究,提炼升华。由于思想水平和理论水平的限制,本书所论述的问题,无论从广度和深度来说,都是很肤浅的,在论述中难免有缺点,诚望读者批评赐教。

张捷树

2018 年 8 月

目　录

第一章　中职德育课的历史使命

　　以习近平为核心的党中央带领全国各族人民开创了全面建成小康社会、建设富强民主文明和谐美丽的社会主义现代化强国、实现中华民族伟大复兴中国梦的中国特色社会主义新时代。在这个新时代,中职德育课的历史使命,就是要按照习近平总书记在党的十九大报告中提出的"要以培养担当民族复兴大任的时代新人为着眼点"的立德树人新要求、新使命,高举中国特色社会主义伟大旗帜,学习好、宣传好、贯彻好习近平新时代中国特色社会主义思想,加强中华优秀传统文化教育和社会主义核心价值观教育,实现习近平新时代中国特色社会主义思想和党的十九大精神进校园、进课堂、进头脑,培养中职生爱党爱国爱社会主义的理想信念,引导中职生踏上建设富强民主文明和谐美丽的社会主义现代化强国的新征程,努力把自己培养成为德智体美劳全面发展的高素质劳动者和技能型人才,为实现中华民族伟大复兴的中国梦做出自己应有的贡献。中职德育课教师必须提高教学的实效性,实现教学目标、完成历史使命。

一、党和国家对学校德育工作及德育课教学工作的战略要求

　　中职德育课教师,为了完成德育课的历史使命,首先必须贯彻落实好党的十八大以来党和国家提出的关于学校德育工作、德育课教学工作的一系列战略要求。

2012年11月8日至14日,中国共产党召开了第十八次全国代表大会。党的十八大对学校教育提出了新要求:要深入开展社会主义核心价值体系学习教育,用社会主义核心价值体系引领社会思潮、凝聚社会共识。"倡导富强、民主、文明、和谐,倡导自由、平等、公正、法治,倡导爱国、敬业、诚信、友善,积极培育和践行社会主义核心价值观。"①根据党的十八大精神,学校德育工作中开展社会主义核心价值体系教育,必须加强社会主义核心价值观教育。

为了贯彻好党的十八大精神,教育部办公厅关于印发《中等职业学校德育课贯彻党的十八大精神教学指导纲要》(以下简称《指导纲要》)的通知,指出:"中等职业学校德育课教学是中等职业学校贯彻落实党的十八大精神的重要途径。在中等职业学校经济政治与社会、哲学与人生、职业道德与法律、职业生涯规划四门德育必修课和心理健康选修课的教学中,要根据学生的身心发展特点和认知水平,结合具体教学内容,帮助学生领会党的十八大的主题;领会过去5年和10年党和国家事业取得新的历史性成就;领会科学发展观的历史地位和指导意义;领会中国特色社会主义的丰富内涵;领会夺取中国特色社会主义新胜利的基本要求;领会全面建成小康社会和全面深化改革开放的目标;领会建设中国特色社会主义的总依据、总布局、总任务;领会社会主义经济建设、政治建设、文化建设、社会建设、生态文明建设等方面的重大部署;领会全面提高党的建设科学化水平;领会党坚定不移反对腐败的决心;领会党对教育工作的要求;体会党对青年一代的关爱。要将学习宣传贯彻工作与校园文化建设、社会实践活动等结合起来,增强针对性和实效性,切实把党的十八大精神落到实处。"②《指导纲要》要求中职德育必修课和选修课必须结合具体知识总的教学,全面贯彻落实党的十八大精神。党的十八届三中全会《中共中央关于全面深化改革若干重大问题的决定》指出:"全面贯彻党的教育方针,坚持立德树人,加强社会主义核心价值体系教育,完善中华优秀传统文化教育,形成爱学习、爱劳动、爱祖国活动的

---

① 党的十八大报告辅导读本[M].北京:人民出版社,2012:32.
② 教育部办公厅关于印发《中等职业学校德育课贯彻党的十八大精神教学指导纲要》的通知(教职成厅〔2013〕1号)[EB/OL].[2013-03-25].http://www.moe.edu.cn/srcsite/A07/moe_950/201303/t20130325_149948.html.

有效形式和长效机制,增强学生社会责任感、创新精神、实践能力。"①强调学校德育工作必须坚持"立德树人",提出了培育和践行社会主义核心价值观必须"完善中华优秀传统文化教育"的要求,要求学校德育工作建立"有效机制和长效机制",必须加强"社会责任感"教育、"创新精神"教育和"实践能力"培养。

为贯彻党的十八大和十八届二中、三中全会精神,《中共中央办公厅关于培育和践行社会主义核心价值观的意见》(中办发〔2013〕24 号)要求切实把立德树人作为教育的根本任务,指出:"中华优秀传统文化积淀着中华民族最深沉的精神追求,包含着中华民族最根本的精神基因,代表着中华民族独特的精神标识,是中华民族生生不息、发展壮大的丰厚滋养。"培育和践行社会主义核心价值观必须"发挥优秀传统文化怡情养志、涵育文明的重要作用"。② 针对当前的新形势、新要求,就培育和践行社会主义核心价值观,进一步增强中小学德育的时代性、规律性、实效性,要求改进课程育人,"将社会主义核心价值观的内容和要求细化落实到各学科课程的德育目标之中。""推动学科统筹,特别是加强德育、语文、历史、体育、艺术等课程教学的管理和评价,提升综合育人效果。"这就要求作为学校德育工作主渠道的德育课教师,为了提高课堂教学实效性,必须打破学科界限,与语文、历史、体育和艺术等学科形成教育合力。"改进实践育人。各级教育部门和中小学校要广泛开展社会实践活动,充分体现'德育在行动',要将社会主义核心价值观细化为贴近学生的具体要求,转化为实实在在的行动。"这对德育课教师开展社会实践活动,利用社会正能量资源培养教育学生提出了新的要求。改进文化育人,"将社会主义核心价值观融入校园物质文化、精神文化、制度文化、行为文化之中。"这就要求德育课教师一方面要参与到校园文化建设中,另一方面要把德育课的教书育人工作与学校的育人工作融合在一起,结合学生身边积极向上的人和事开展教育活动。改进管理育人,"将社会主义核心价值观的要求贯穿于学校管理制度的每一个细节之中。"这就要求德育课教师能够在教学中,教育引导学生遵守学校的规章制度。

---

① 中共中央关于全面深化改革若干重大问题的决定[EB/OL].[2013-11-15].http://www.gov.cn/jrzg/2013-11/15/content_2528179.htm.

② 中共中央办公厅关于培育和践行社会主义核心价值观的意见[EB/OL].[2016-12-05]. http://www. sz. gov. cn/sswj/ztzl _ 78021/bmzdgz/dflz/dgdj/201612/t20161205 _ 5605051.htm.

　　教育部《关于培育和践行社会主义核心价值观进一步加强中小学德育工作的意见》(教基一〔2014〕4号)指出:"社会主义核心价值观是中国特色社会主义的本质体现。培育和践行社会主义核心价值观、加强中小学德育是推进中国特色社会主义事业的必然要求,是深化教育领域综合改革、促进学生健康成长的现实选择。"培育和践行社会主义核心价值观,"要深入开展中华优秀传统文化教育,弘扬以爱国主义为核心的民族精神和以改革创新为核心的时代精神,引导学生增强民族文化自信和价值观自信。"①《关于培育和践行社会主义核心价值观进一步加强中小学德育工作的意见》强调了培养和践行社会主义核心价值观对推进社会主义事业、促进学生健康成长的重要性,特别强调了深入开展中华优秀传统文化教育对培育和践行社会主义核心价值观的重要意义。

　　教育部《关于印发〈完善中华优秀传统文化教育指导纲要〉的通知》(教社科〔2014〕3号)指出:"加强中华优秀传统文化教育,是培育和践行社会主义核心价值观,落实立德树人根本任务的重要基础。""加强中华优秀传统文化教育,对于引导青少年学生增强民族文化自信和价值观自信,自觉践行社会主义核心价值观具有重要作用。"②中共中央办公厅、国务院办公厅印发《关于实施中华优秀传统文化传承发展工程的意见》指出:"文化是民族的血脉,是人民的精神家园。文化自信是更基本、更深层、更持久的力量。中华文化独一无二的理念、智慧、气度、神韵,增添了中国人民和中华民族内心深处的自信和自豪。""实施中华优秀传统文化传承发展工程,是建设社会主义文化强国的重大战略任务,对于传承中华文脉、全面提升人民群众文化素养、维护国家文化安全、增强国家文化软实力、推进国家治理体系和治理能力现代化,具有重要意义。"③中华优秀传统文化是中华民族的"根"和"魂"。对中职生加强社会主义核心价值观教育,必须加强中华优秀传统文化教育。

---

　　① 教育部《关于培育和践行社会主义核心价值观进一步加强中小学德育工作的意见》[EB/OL].[2014-04-01].http://www.moe.edu.cn/publicfiles/business/htmlfiles/moe/s3325/201404/167213.html.

　　② 教育部关于印发《完善中华优秀传统文化教育指导纲要》的通知(教社科〔2014〕3号)[EB/OL].[2014-04-01].http://www.moe.edu.cn/srcsite/A13/s7061/201403/t20140328_166543.html.

　　③ 中共中央办公厅、国务院办公厅印发《关于实施中华优秀传统文化传承发展工程的意见》[EB/OL].[2017-01-25].http://news.xinhuanet.com/politics/2017-01/25/c_1120383155.htm.

《关于印发〈完善中华优秀传统文化教育指导纲要〉的通知》和《关于实施中华优秀传统文化传承发展工程的意见》不仅指出了学校德育工作中加强中华优秀传统文化教育,帮助学生牢固树立社会主义核心价值观、最终落实立德树人根本任的重要性,而且提出了加强中华优秀传统文化教育、培育和践行社会主义核心价值观的总体方案。党和国家一再强调,培育和践行社会主义核心价值观必须加强中华优秀传统文化教育,是因为加强中华优秀传统文化教育,既能够教育中职生认识到社会主义核心价值观与中华优秀传统文化的历史渊源关系,理解牢固树立社会主义核心价值观就是传承和弘扬中华优秀传统文化;认同中华优秀传统文化,就应该认同社会主义核心价值观。又能引导青年学生在学习中华优秀传统文化过程中,深刻认识到中华优秀传统文化是中国人民几千年来克服艰难险阻、创造的文明,不仅对中国、也对世界的文明发展产生了巨大作用,从而培育中职生做人的志气和骨气,激励学生在职业生涯中努力培育和践行社会主义核心价值观,为实现中华民族伟大复兴的中国梦做出自己的贡献。

党的十八大以来,以习近平为核心的党中央"从理论和实践结合上系统回答新时代坚持和发展什么样的中国特色社会主义、怎样坚持和发展中国特色社会主义"这一重大时代课题,"以全新的视野深化对共产党执政规律、社会主义建设规律、人类社会发展规律的认识","形成了新时代中国特色社会主义思想"[1]。在建设中国特色社会主义新时代,中职德育课教师贯彻党的十九大精神,最重要的就是要把习近平新时代中国特色社会主义思想关于"坚持党对一切工作的领导""坚持以人民为中心""坚持全面深化改革""坚持新发展理念""坚持人民当家作主""坚持全面依法治国""坚持社会主义核心价值体系""坚持在发展中保障和改善民生""坚持人与自然和谐共生""坚持总体国家安全观""坚持党对人民军队的绝对领导""坚持'一国两制'和推进祖国统一""坚持推动构建人类命运共同体""坚持全面从严治党"[2]等十四条基本方略与党的基本理论、基本路线一同作为德育课教学的主要内容,加以宣传贯彻,细心又严谨教学,用马克思主义中国化的最新成果武装中职学生的头脑,教育学生跟定共产党,确保社会主义办学方向。

习近平总书记在党的十九大报告中强调:"青年兴则国家兴,青年强则

---

① 党的十九大报告辅导读本[M].北京:人民出版社,2017:18-19.

② 党的十九大报告辅导读本[M].北京:人民出版社,2017:20-26.

国家强。青年一代有理想、有本领、有担当，国家就有前途，民族就有希望。中国梦是历史的、现实的，也是未来的；是我们这一代的，更是青年一代的。中华民族伟大复兴的中国梦终将在一代代青年的接力奋斗中变为现实。"①学校教育必须"办好人民满意的教育"。"全面贯彻党的教育方针，落实立德树人根本任务，发展素质教育，推进教育公平，培养德智体美全面发展的社会主义建设者和接班人。"②实现中华民族伟大复兴的中国梦，不仅需要高等学校培养高素质的基础研究人才、高技术人才和文化精英，也需要职业院校"培养数以亿计的高素质劳动者和技术技能人才"③。

党的十八大以来关于学校德育工作的一系列战略要求，尤其是关于加强社会主义核心价值观教育的党的会议精神和一系列文件要求，是中职学校德育课教师必须在教学工作中认真贯彻落实的教育理论和教育方针。当代中职德育课教师必须肩负起传播马克思列宁主义、毛泽东思想、邓小平理论、"三个代表"重要思想、科学发展观、习近平新时代中国特色社会主义思想的历史使命，深入研究提高德育课教学实效性的有效途径和教学方法，帮助学生认清各种非马克思主义的错误和危害，教育学生增强"政治意识、大局意识、核心意识、看齐意识"④、"坚定道路自信、理论自信、制度自信、文化自信"⑤、"培育和践行社会主义核心价值观"⑥，把学生培养成为中国特色社会主义事业的建设者和接班人，以完成立德树人的根本任务。

二、中职学校德育大纲对德育课提出了新要求

中职德育课教师为了完成历史使命，必须认真贯彻好教育部新颁布的中等职业学校德育大纲，围绕中职学校的培养目标，让德育课真正担当起学

---

① 党的十九大报告辅导读本[M].北京：人民出版社，2017：69.
② 党的十九大报告辅导读本[M].北京：人民出版社，2017：45.
③ 国务院关于加快发展现代职业教育的决定[EB/OL].[2014-06-24].http://www.scio. gov. cn/ztk/xwfb/2014/gxbjhzyjyggyfzqkxwfbh/xgbd31088/Document/1373573/1373573.htm.
④ 党的十九大报告辅导读本[M].北京：人民出版社，2017：7.
⑤ 党的十九大报告辅导读本[M].北京：人民出版社，2017：17.
⑥ 党的十九大报告辅导读本[M].北京：人民出版社，2017：41.

校德育工作主渠道的作用。

(一)新大纲规定了德育目标,为德育课教学进一步明确了教育方向

为贯彻落实党的十八大和十八届三中、四中全会精神,深入贯彻习近平总书记系列重要讲话精神,进一步加强和改进新形势下中等职业学校德育工作,2014 年 12 月,教育部印发了《中等职业学校德育大纲(2014 年修订)》(教职成〔2014〕14 号)(以下简称《德育大纲》)。新修订的《德育大纲》体现了十八大以来党和国家的新精神及对教育工作的新要求,是新形势下进一步做好中等职业学校德育工作的重要基础性文件,各中职学校都必须结合实际,认真贯彻执行。《德育大纲》明确指出了中等职业学校德育目标:"把学生培养成为爱党爱国、拥有梦想、遵纪守法、具有良好道德品质和文明行为习惯的社会主义合格公民,成为敬业爱岗、诚信友善,具有社会责任感、创新精神和实践能力的高素质劳动者和技术技能人才,成为中国特色社会主义事业合格建设者和可靠接班人。"[①]这也是中职德育课必须努力实现的教学总目标。为了实现德育目标,《德育大纲》提出了六点具体的要求:"树立实现中国梦的远大理想,牢固树立中国特色社会主义道路自信、理论自信、制度自信,热爱祖国,热爱人民,热爱中国共产党,拥护党的领导。""培育和践行社会主义核心价值观,勤学、修德、明辨、笃实,使社会主义核心价值观成为自己的基本遵循,内化于心,外化于行。养成科学的思想方法。""养成良好的法治意识和文明行为习惯,提高道德素质和法律素质,增强公民意识,依法办事,待人友善。""树立正确的职业观和职业理想,提高综合职业素质和能力,热爱劳动,崇尚实践,奉献社会。""养成自尊、自信、自强、乐群的心理品质,提高心理健康水平和职业心理素质,人格健全,乐观向上。""树立安全意识、环保意识、节俭意识、廉洁意识,珍爱生命,尊重自然。"这六点具体要求,是党的十八大以来,中共中央对青少年加强社会主义核心价值观教育一系列战略思想的具体化,也是中职德育课要具体达到的教学目标。

---

① 中等职业学校德育大纲[EB/OL].[2015-01-07].http://old.moe.gov.cn/publicfiles/business/htmlfiles/moe/s3051/201501/xxgk_183069.html.

(二)新《德育大纲》规定了德育内容,为德育课教学具体明确了教育重点

为实现德育目标,《德育大纲》规定了中职德育内容:要求以中国特色社会主义理论体系为统领,科学设置教育教学内容,重点开展以下六个方面的教育:一要重点加强"理想信念教育"。主要是加强"中国特色社会主义和中国梦教育";倡导"富强、民主、文明、和谐,自由、平等、公正、法治,爱国、敬业、诚信、友善"的社会主义核心价值观教育;"马克思主义哲学教育";"立足岗位、奉献社会的职业理想教育"。二要重点加强"中国精神教育"。主要是加强"以爱国主义为核心的民族精神教育";"以改革创新为核心的时代精神教育";"中共党史与国情教育"。三要重点加强"道德品行教育"。主要是加强"社会公德、职业道德、个人品德教育";"学生日常行为规范、文明礼仪教育与训练";"生命安全、艾滋病预防、毒品预防、环境保护等专题教育"。四要重点加强"法治知识教育"。主要是加强"宪法法律基础知识教育";"职业纪律和岗位规定教育";"校纪校规教育"。五要重点加强"职业生涯教育"。主要是加强"职业精神教育";"就业创业准备教育";"终身学习和职业生涯可持续发展教育"。六要重点加强"心理健康教育"。主要是加强"心理健康基本知识和方法教育;青春期心理健康教育;职业心理素质教育;心理咨询、辅导和援助"。"除以上各系列教育内容外,学校还要根据国家形势发展需要进行时事政策教育。"①这六部分内容,也就是德育学科四门必修课和一门选修课教学必须强化的主要内容,教师必须结合教学大纲、教材体系、学期教学计划,有目的、有计划地开展专题教育。

(三)新《德育大纲》规定了德育课在学校课程体系中的性质和地位,为德育课教学提供了依据和保障

《德育大纲》指出:"德育课是各专业学生必修的公共基础课,是学校德育的主渠道。德育课教学应充分体现社会主义教育的方向和本质要求,充分反映马克思主义中国化的最新成果,全面反映中国特色社会主义理论体

---

① 中等职业学校德育大纲[EB/OL].[2015-01-07].http://old.moe.gov.cn/publicfiles/business/htmlfiles/moe/s3051/201501/xxgk_183069.html.

系的基本内容、社会主义核心价值观的基本要求。要紧密联系实际,坚持以价值观教育引领知识教育,改进教育教学方法,注重实践教育、体验教育、养成教育,做到知识学习、情感培养和行为养成相统一,切实增强针对性、实效性和时代感。"①《德育大纲》不仅明确了中职德育课的性质和地位,而且明确了中职德育课程在各个专业课程设置和教学中的地位和作用。因此,中职学校德育课教师应该清醒地认识到加强德育课教学的重要性,有目的、有计划做好德育课教学工作。

三、中职学校德育课程的性质、任务与目标

中职德育课教师为了完成德育课的历史使命,还必须与时俱进地贯彻落实好教学大纲精神,实现习近平新时代中国特色社会主义思想和党的十九大精神进校园、进课堂、进头脑。

(一)中职德育课教学大纲的主要精神

2008 年,教育部《关于印发中等职业学校德育课课程教学大纲的通知》(教职成〔2008〕7 号)指出:"中等职业学校德育课课程教学大纲是国家制定的指导德育课教学的纲领性文件,是进行教学工作的基本依据,也是衡量教师教学质量的基本依据。中等职业学校德育课教材的编写与审查、教学督导与评估、学习评价与考核都必须按照课程教学大纲的规定进行。"②

1.职业生涯规划

(1)课程性质与任务

《职业生涯规划教学大纲》规定:"职业生涯规划是中等职业学校学生必修的一门德育课。本课程以邓小平理论、'三个代表'重要思想为指导,贯彻落实科学发展观,对学生进行职业生涯教育和职业理想教育。其任务是引导

---

① 中等职业学校德育大纲[EB/OL].[2015-01-07].http://old.moe.gov.cn/publicfiles/business/htmlfiles/moe/s3051/201501/xxgk_183069.html.

② 关于印发中等职业学校德育课课程教学大纲的通知[EB/OL].[2008-12-10]. http://old. moe. gov. cn//publicfiles/business/htmlfiles/moe/s3051/201001/xxgk _ 79005. html.

学生树立正确的职业观念和职业理想，学会根据社会需要和自身特点进行职业生涯规划，并以此规范和调整自己的行为，为顺利就业、创业创造条件。"①

（2）课程教学总体目标

《职业生涯规划教学大纲》规定："使学生掌握职业生涯规划的基础知识和常用方法，树立正确的职业理想和职业观、择业观、创业观以及成才观，形成职业生涯规划的能力，增强提高职业素质和职业能力的自觉性，做好适应社会、融入社会和就业、创业的准备。"②

2.职业道德与法律

（1）课程性质与任务

《职业道德与法律教学大纲》规定："职业道德与法律是中等职业学校学生必修的一门德育课程。本课程以邓小平理论和'三个代表'重要思想为指导，深入贯彻落实科学发展观，对学生进行道德教育和法制教育。其任务是提高学生的职业道德素质和法律素质，引导学生树立社会主义荣辱观，增强社会主义法治意识。"③

（2）课程教学总体目标

《职业道德与法律教学大纲》规定："帮助学生了解文明礼仪的基本要求、职业道德的作用和基本规范，陶冶道德情操，增强职业道德意识，养成职业道德行为习惯；指导学生掌握与日常生活和职业活动密切相关的法律常识，树立法治观念，增强法律意识，成为懂法、守法、用法的公民。"④

3.经济政治与社会

（1）课程性质与任务

《经济政治与社会教学大纲》规定："经济政治与社会是中等职业学校学

---

① 关于印发中等职业学校德育课课程教学大纲的通知[EB/OL].[2008-12-10]. http://old.moe.gov.cn//publicfiles/business/htmlfiles/moe/s3051/201001/xxgk_79005.html.

② 关于印发中等职业学校德育课课程教学大纲的通知[EB/OL].[2008-12-10]. http://old.moe.gov.cn/publicfiles/business/htmlfiles/moe/s3051/201001/xxgk_79005.html.

③ 关于印发中等职业学校德育课课程教学大纲的通知[EB/OL].[2008-12-10]. http://old.moe.gov.cn/publicfiles/business/htmlfiles/moe/s3051/201001/xxgk_79005.html.

④ 关于印发中等职业学校德育课课程教学大纲的通知[EB/OL].[2008-12-10]. http://old.moe.gov.cn/publicfiles/business/htmlfiles/moe/s3051/201001/xxgk_79005.html.

生必修的一门德育课。本课程以邓小平理论和'三个代表'重要思想为指导,深入贯彻落实科学发展观,对学生进行马克思主义相关基本观点教育和我国社会主义经济、政治、文化与社会建设常识教育。其任务是使学生认同我国的经济、政治制度,了解所处的文化和社会环境,树立中国特色社会主义共同理想,积极投身我国经济、政治、文化、社会建设。"①

（2）课程教学总体目标

《经济政治与社会教学大纲》规定:"引导学生掌握马克思主义的相关基本观点和我国社会主义经济建设、政治建设、文化建设、社会建设的有关知识;提高思想政治素质,坚定走中国特色社会主义道路的信念;提高辨析社会现象、主动参与社会生活的能力。"②

4.哲学与人生

（1）课程性质与任务

《哲学与人生教学大纲》规定:"哲学与人生是中等职业学校学生必修的一门德育课程。本课程以邓小平理论和'三个代表'重要思想为指导,深入贯彻落实科学发展观,对学生进行马克思主义哲学基本观点和方法及如何做人的教育。其任务是帮助学生学习运用辩证唯物主义和历史唯物主义的观点和方法,正确看待自然、社会的发展,正确认识和处理人生发展中的基本问题,树立和追求崇高理想,逐步形成正确的世界观、人生观和价值观。"③

（2）课程教学总体目标

《哲学与人生教学大纲》规定:"使学生了解马克思主义哲学中与人生发展关系密切的基础知识,提高学生用马克思主义哲学的基本观点、方法分析和解决人生发展重要问题的能力,引导学生进行正确的价值判断和行为选

---

① 关于印发中等职业学校德育课课程教学大纲的通知[EB/OL].[2008-12-10]. http://old. moe. gov. cn//publicfiles/business/htmlfiles/moe/s3051/201001/xxgk _ 79005. html.

② 关于印发中等职业学校德育课课程教学大纲的通知[EB/OL].[2008-12-10]. http://old. moe. gov. cn//publicfiles/business/htmlfiles/moe/s3051/201001/xxgk _ 79005. html.

③ 关于印发中等职业学校德育课课程教学大纲的通知[EB/OL].[2008-12-10]. http://old. moe. gov. cn//publicfiles/business/htmlfiles/moe/s3051/201001/xxgk _ 79005. html.

择,形成积极向上的人生态度,为人生的健康发展奠定思想基础。"①

5.心理健康

(1)课程性质与任务

《心理健康教学大纲》规定:"心理健康是中等职业学校学生选修的一门德育课程。本课程以邓小平理论、'三个代表'重要思想为指导,深入贯彻落实科学发展观,坚持心理和谐的教育理念,对学生进行心理健康的基本知识、方法和意识的教育。其任务是提高全体学生的心理素质,帮助学生正确认识和处理成长、学习、生活和求职就业中遇到的心理行为问题,促进其身心全面和谐发展。"②

(2)课程教学总体目标

《心理健康教学大纲》规定:"帮助学生了解心理健康的基本知识,树立心理健康意识,掌握心理调适的方法。指导学生正确处理各种人际关系,学会合作与竞争,培养职业兴趣,提高应对挫折、求职就业、适应社会的能力。正确认识自我,学会有效学习,确立符合自身发展的积极生活目标,培养责任感、义务感和创新精神,养成自信、自律、敬业、乐群的心理品质,提高全体学生的心理健康水平和职业心理素质。"③

(二)与时俱进地贯彻落实好德育课程教学大纲

1.教学大纲的不足之处

总体而言,教学大纲规定的四门必修课"职业生涯规划""职业道德与法律""经济政治与社会""哲学与人生"和选修课"心理健康"的课程性质与任务中,指导思想上的表述停留在邓小平理论和"三个代表"重要思想。随着

---

① 关于印发中等职业学校德育课课程教学大纲的通知[EB/OL].[2008-12-10]. http://old. moe. gov. cn//publicfiles/business/htmlfiles/moe/s3051/201001/xxgk _ 79005. html.

② 关于印发中等职业学校德育课课程教学大纲的通知[EB/OL].[2008-12-10]. http://old. moe. gov. cn//publicfiles/business/htmlfiles/moe/s3051/201001/xxgk _ 79005. html.

③ 关于印发中等职业学校德育课课程教学大纲的通知[EB/OL].[2008-12-10]. http://old. moe. gov. cn//publicfiles/business/htmlfiles/moe/s3051/201001/xxgk _ 79005. html.

党的十八大和十九大的召开,科学发展观和习近平新时代中国特色社会主义思想先后被写入了党章和宪法,成了党和国家的指导思想,成为中国人民和中华民族凝心聚力、建设中国特色社会主义的指导思想的重要组成部分,由于时间关系,这些在 2008 年制定颁布的教学大纲中不可能体现;同样,在教学大纲的课程教学总目标中,"职业生涯规划"课程不可能提出贯穿全书的"我的梦"融入"中国梦"的目标要求,"职业道德与法律"课程对学生的道德法律素质要求不可能提出"培育和践行社会主义核心价值观"的要求,"经济政治与社会"课程不可能体现习近平新时代中国特色社会主义思想关于牢固树立"四个意识"、坚定"四个自信"、生态文明建设、"东西南北中,党是领导一切的"、"以人民为中心"、向宪法宣誓等新思想。这些都是 2008 年颁布德育课教学大纲相对于今天的中职德育课教学要求的不足之处,这些不足之处也必然反映到教材的编写上,需要中职德育课教师有个清楚而全面的认识,并在教学过程中加以弥补。

2.贯彻落实教学大纲的正确方法

教育部 2008 年颁布的教学大纲理论框架没有变,但是,党的十八大以来,以习近平为核心的党中央团结带领全国各族人民,紧紧围绕实现"两个一百年"奋斗目标和中华民族伟大复兴的中国梦,进行了一系列深层次的、根本性的变革,取得了全方位的、开创性的成就,中国特色社会主义进入了新时代,形成了马克思主义中国化的最新成果——习近平新时代中国特色社会主义思想,"是党和人民实践经验和集体智慧的结晶,是中国特色社会主义理论体系的重要组成部分,是全党全国人民为实现中华民族伟大复兴而奋斗的行动指南,必须长期坚持并不断发展。"[①]中职德育教师在今后德育课教学过程中,必须以全新的视觉认识四门必修课和选修课的课程性质与任务、课程教学总目标,即要通过深入学习党的十九大精神和习近平新时代中国特色社会主义思想,深刻领会习近平新时代中国特色社会主义思想的精神实质和丰富内涵,在德育课教学中全面准确地加以宣传贯彻。比如,在课程性质与任务中,要把科学发展观,尤其是习近平新时代中国特色社会主义思想与邓小平理论、"三个代表"重要思想一道,作为课程的指导思想,全面贯彻到"职业生涯规划""职业道德与法律""经济政治与社会""哲学与人生"四门必修课和"心理健康"选修课的教学计划和教学过程中。在课程

① 　党的十九大报告辅导读本[M].北京:人民出版社,2017:20.

教学总目标方面,还要具体补充习近平新时代中国特色社会主义思想的具体内容,把德育学科四门必修课与选修课的职业生涯教育、职业道德教育、法制教育、中国特色社会主义经济政治与社会教育、辩证唯物主义和历史唯物主义的观点和方法教育、心理健康教育与习近平新时代中国特色社会主义思想观点教育紧密结合起来,真正实现党的十九大精神和习近平新时代中国特色社会主义思想进校园、进课堂、进学生头脑,教育引导学生跟定共产党、适应新时代、踏上新征程。同时,还要把新时代中国特色社会主义建设事业的行业先锋、道德模范、优秀共产党员的先进事迹引入课堂教学,以帮助学生领悟习近平新时代中国特色社会主义思想形成、发展的必然性,深刻领悟学习、宣传和贯彻落实习近平新时代中国特色社会主义思想对于全面建成小康社会、建设富强民主文明和谐美丽的社会主义现代化强国、实现中华民族伟大复兴中国梦的重要现实意义和深远历史意义。从而做到,既不偏离教学大纲,又赋予教学大纲新的内涵、新的生命力。

综上所述,中职德育课教师,为了担当起德育课的历史使命,必须"要以培养担当民族复兴大任的时代新人为着眼点",不忘教书育人初心,坚持立德树人,高举中国特色社会主义伟大旗帜,通过教师教学理念、教学内容、教学方法、教学环境、教学评价等各方面的优化和创新,提高德育课教学的实效性,吸引学生的注意力,培养学生学习德育理论知识的兴趣;加强马列主义、毛泽东思想、邓小平理论、"三个代表"重要思想、科学发展观教育,特别要加强习近平新时代中国特色社会主义思想教育,高效实现习近平新时代中国特色社会主义思想和党的十九大精神进校园、进课堂、进头脑,提高学生的思想政治素质、道德素质,强化学生的法治观念、国家观念和公民意识,帮助学生增强"四个意识"、坚定"四个自信",引导学生跟定共产党、永远听党的话,立志朝着党和国家所期望的方向发展,成为自觉践行社会主义核心价值观、为建设富强民主文明和谐美丽的社会主义现代化强国、实现中华民族伟大复兴中国梦的中国特色社会主义事业建设者和接班人。

第二章　中职德育课提高实效性面临的主要问题

世界多极化和经济全球化的发展趋势下,各个国家综合国力的竞争更加激烈,以美国为首的西方国家在推行霸权主义、强权政治的过程中,大力推行文化霸权主义、拜金主义、享乐主义、极端个人主义等资本主义腐朽文化,出现了非马克思主义的社会思潮,腐蚀着我们的国民,尤其是青少年,使得人们的价值观更加多元化,我国出现了影响青少年教育的复杂因素。中职德育课教师为了完成德育课的历史使命,必须在习近平新时代中国特色社会主义思想指引下,深刻地认清楚意识形态领域马克思主义与非马克思主义斗争的复杂性、长期性、艰巨性和挑战性,认识清楚中职学校师生中存在的价值观念多元化对思想政治教育工作的影响和挑战。

一、中职德育课面临各种非马克思主义思潮的挑战

东欧剧变、苏联解体、冷战结束后,国际社会在经济全球化继续发展的同时,在国际政治舞台上出现了一超多强的多极化趋势。在这个时代,"世界范围思想文化的交流交融交锋、意识形态斗争和价值观较量,使社会主义意识形态话语权在政治生活、思想文化、个体精神生活领域发生了相应变

化,面临着种种冲击与挑战。"①在当代中国,以美国为首的西方敌对势力颠覆社会主义中国的图谋从未放弃,"对我国意识形态渗透可谓目标明确、领域广泛、渠道多样、手段翻新,甚至渗透的技术也非同一般,具有隐蔽性、欺骗性和高技术性。"②在这样复杂的国际形势下,我国国内一些别有用心的人,打着专家、学者的旗号与西方资本主义势力遥相呼应,制造世界观、人生观和价值观的混乱,出现了一些反马克思主义的社会思潮,比如违背客观历史事实的历史虚无主义、形而上学思维方式的"普世价值"论,偷换概念的"宪政民主"论,否定公有制、否定社会主义的新自由主义等。这些错误思潮,严重影响学校德育工作,严重影响德育课教学的实效性,也对中职德育教师的政治觉悟、专业素养、洞察事物的敏锐性和革命批判精神提出了更高要求,对中职德育课教学是一个极大的挑战:一方面,在互联网技术发达、各种信息快速传播的今天,错误思潮必然会对中职学生产生影响,从这个意义上说,中职德育课教师必须具有敏锐的洞察力和批判力,正确引导中职生认识清楚这些错误思潮的本质与危害;另一方面,中职生完成学业后,必然要走出校门,由"学校人"转变为"职业人",上述各种非马克思主义错误思潮对他们的影响将更直接,需要他们有较强的抵御能力,这种抵御能力的形成与提高,特别需要中职学校以习近平新时代中国特色社会主义思想为行动指南,加强德育工作,进行全校范围内的国内外形势教育,更有赖于德育课教师在教学过程中有目的、有计划地用心培养,提高中职生对各种错误思潮的分析批判能力。

(一)普世价值论,意在否定我国社会主义核心价值观

关于"普世价值"论。认同西方"普世价值"者认为,"西方国家倡导的民主、自由、平等、人权等应是人类共同追求的价值观",其理由是我们国家"把民主、自由、平等、公正等作为社会主义核心价值观的内容"③。西方国家为什么要宣扬"普世价值"呢?其实质是推销西方的所谓"民主国家体系"和"自由体制",是违背客观历史事实的历史虚无主义、形而上学思维方式的错

---

① 廖小琴.全球化场域中社会主义意识形态话语权的变化与建构[J].教学与研究,2015(4):12.

② 江平.当代意识形态存在的三重特性[J].教学与研究,2015(5):68.

③ 卫兴华.人民日报人民要论:掀开西方"普世价值"的面纱[EB/OL].[2015-11-30]. http://opinion.people.com.cn/n/2015/1130/c1003-27869065.html.

误价值观,其危害性就是误导我国青少年崇拜西方国家的资本主义社会制度,动摇中国特色社会主义道路自信、理论自信、制度自信和文化自信。中职德育课教师面对这样的错误价值观,一是必须在教学过程中加强马克思主义世界观、人生观和价值观教育,帮助学生确立正确分析问题、认识问题的立场、观点和方法。二是必须坚持把中华优秀传统文化教育与社会主义核心价值观教育紧密结合起来,帮助中职生认识到中华优秀传统文化与社会主义核心价值观有着历史的必然联系,社会主义核心价值观强调的自由、民主、平等是与中国国情相联系的,民主是中国共产党领导下的社会主义民主,自由是摆脱剥削、压迫的“人的全面而自由的发展”的自由,平等是建立在社会主义公有制基础上的平等,社会主义核心价值观是中国人民和中华民族实现“两个一百年”的奋斗目标和实现中华民族伟大复兴中国梦的价值引领,我们中国人都是中华儿女,传承和弘扬中华优秀传统文化是我们增强做中国人的底气和骨气的精神支柱。三是必须分析批判西方资本主义国家推行的“普世价值”论的错误本质及其危害性,帮助中职生深刻认识到西方资本主义国家所谓的自由、民主、平等虽然在表面文字上是一样的,但它维护的是私有制、资产阶级利益,是资产阶级的价值追求;帮助中职生认识到西方资本主义国家推行的“普世价值”论就是要阻碍中国的发展进步,就是要把我们的国家、我们的民族的价值观彻底搞乱,认识到“其本质是要否定中国共产党的领导、否定马克思主义意识形态、否定公有制为基础的社会主义制度”。① 其最终目的就是要阻碍中国形成建设中国特色社会主义的合力,要我们永远落后于他们,永远被他们控制;我们每一个中国人都必须头脑清晰,时刻警醒自己坚持自己的价值标准,自觉培育和践行社会主义核心价值观,在实现中华民族伟大复兴中国梦过程中实现个人价值和社会价值的统一。中职德育课教师要达成上述教学目标,首先自己必须坚持正确的价值取向,做培育和践行社会主义核心价值观的表率,做中职生正确价值观的引领者。

(二)宪政民主论,意在否定社会主义民主的本质

关于偷换概念的“宪政民主”论。有人认为西方宪政的目标是民主,似

---

① 卫兴华.人民日报人民要论:掀开西方“普世价值”的面纱[EB/OL].[2015-11-30].
http://opinion.people.com.cn/n/2015/1130/c1003-27869065.html.

乎宪政是实现民主的手段,或者说,先有宪政,后有民主。一些人正是借此发挥,认为现在不实行宪政,就是反民主,就是搞独裁。"大多数学者认为,宪政一词具有深厚的西方政治文化背景,是近代西方资本主义政治法律制度的基本标志。""西方宪政的实质。从其理论基础看,它是以私有财产神圣不可侵犯和个人主义价值观为根基的;从其产生的过程看,它是近代资产阶级革命的政治成果;从其代表的阶级利益看,它代表和维护的是资产阶级的根本利益和意志。"①为此,中职德育课教师面对"宪政民主"论,必须在教学过程中加强中国国情教育,加强中国特色社会主义政治制度、经济制度、文化制度教育,教育中职生充分认识到民主的阶级性,正确理解社会主义民主的本质,懂得社会主义民主与资本主义民主的本质区别就在于:资本主义民主是资产阶级的民主,社会主义民主和核心的本质是人民当家作主;在中国发展民主,就是发展符合中国国情、符合最广大人民群众根本利益的民主,就是要在中国共产党的领导下,充分发挥全国各族人民建设中国特色社会主义的积极性、主动性和创造性,建立和完善有利于建设富强民主文明和谐美丽的社会主义现代化强国,有利于实现中华民族伟大复兴中国梦的中国特色社会主义政治制度、经济制度和文化制度;中职生必须坚决拥护中国共产党的领导,自觉增强"四个意识",坚定中国特色社会主义道路自信、理论自信、制度自信、文化自信。中职德育课教师要达成上述教学目标,必须做到充分了解国情,充分认识到人民代表大会制度是我国的根本政治制度,中国共产党领导的多党合作和政治协商制度是适合中国国情的一项基本政治制度,中国的政治制度具有无比的优越性;引导学生,充分认识民主是社会主义的本质和核心,是中国共产党领导下的人民当家作主和依法治国的有机统一。

(三)历史虚无主义,意在否定我们作为中国人的底气和骨气

历史虚无主义思潮,是同"普世价值""宪政民主"思潮紧密联系的一种危害甚大的错误思潮。历史虚无主义思潮,就是一些别有用心的人,以"重新评价"为名,歪曲近代 100 多年来中国人民为反对内外敌人、争取民族独立和人民自由幸福而进行英勇斗争的历史,歪曲中国共产党领导中国人民

---

① 梅荣政.求是:我们千万不能上西方宪政民主的当[EB/OL].[2014-03-01].http://news.ifeng.com/shendu/qiushi/detail_2014_03/01/34320481_0.shtml.

夺取新民主主义革命胜利、人民掌握国家权力的历史，"把党史国史描绘成一部罪恶史、权斗史、阴谋史，否定已有定论的历史事件和历史人物，贬损革命前辈，诋毁党的领袖，甚至不惜编造事实，竭尽攻击、丑化、污蔑之能事。"历史虚无主义的目的，"是要搞乱人们的历史认知，进而从根本上否定党的历史和新中国历史，否定宪法确立的中国特色社会主义道路、理论和制度的发展成果。"①历史虚无主义思潮的本质，就是企图通过混淆广大人民群众，特别是青少年的思想认识，为西方资本主义世界观、价值观在我国广泛传播奠定思想基础，最终达到否定中国共产党的领导、否定社会主义制度、搞乱中国经济发展及政治稳定、攫取非法利益的目的。这需要我们通过加强中华优秀传统文化教育和社会主义核心价值观教育，帮助广大人民群众，特别是青少年在中华优秀传统文化教育中牢固树立正确的国家观、民族观、历史观和文化观。教师面对历史虚无主义，必须结合德育课相关知识点的教学，开展中国近现代史、中国革命史和中国共产党历史的教育，帮助中职生充分认识到：没有共产党就没有新中国，只有社会主义才能救中国，坚持中国共产党的领导是历史的选择、人民的选择；中国共产党过去能够领导中国人民实现民族独立和人民解放，实现国家富强和人民幸福，今后也一定能够带领中国各族人民建设富强民主文明和谐美丽的社会主义现代化强国、实现中华民族伟大复兴的中国梦。进而，引导中职生坚定知党史、感党恩、跟党走的信心和决心，巩固建设中国特色社会主义的共同理想，把中职生培养成为中国特色社会主义事业的合格建设者和可靠接班人。中职德育课教师要达成上述教学目标，必须全面了解中国历史、中国革命史和中共党史，在内心深处培育对中国共产党的崇高敬意和深厚感情，树立坚定的共产主义理想信念，成为立场坚定的中国共产党党员。

(四)新自由主义,意在否定党的领导和社会主义制度

否定社会主义的新自由主义思潮，"质疑改革开放、质疑中国特色社会主义的社会主义性质，也是一股不容忽视的错误思潮。"②近年来，有些别有

---

① 秋石.巩固党和人民团结奋斗的共同思想基础[EB/OL].[2013-10-16].http://news.ifeng.com/shendu/qiushi/detail_2013_10/16/30374719_0.shtml.

② 秋石.巩固党和人民团结奋斗的共同思想基础[EB/OL].[2013-10-16].http://news.ifeng.com/shendu/qiushi/detail_2013_10/16/30374719_0.shtml.

用心的人把发展中的矛盾和问题归咎于改革开放,认为改革"改过了头"、"背离了社会主义方向",质疑中国还是不是社会主义,或者干脆说成是"中国特色资本主义""国家资本主义""权贵资本主义"等;有的则鼓噪"改革停滞论""政治体制改革滞后论",主张所谓"全面彻底的改革"。对改革进行工作层面、政策层面的反思是可以的,但如果得出改革已经走入歧途、背离了社会主义道路的结论,或者认为改革不照西方模式和标准改,就是"不真改""不到位""不彻底",那实际上就是否定中国的改革开放,否定党的十一届三中全会以来的路线方针政策,进而否定中国特色社会主义。否定公有制的新自由主义思潮,是以美国为首的西方资本主义国家,借经济全球化向世界推销的新自由主义,"给拉美及苏东地区国家带来灾难性后果,也使自身深陷金融危机难以自拔,这实际上宣告了新自由主义的破产。"①这是一种已经声名狼藉的理论,但是,有些人仍然死抱着不放。他们集中攻击国有企业,把国企说得一无是处,称"国有企业与市场经济无法相容",极力主张国企私有化、国有资产私有化。客观事实是怎样的呢?例如,当年的俄罗斯,私有化只是快速造就了一批超级富翁和垄断寡头,俄罗斯经济不仅没有复苏,反而急剧衰落,绝大多数居民生活水平大幅下降;又如墨西哥的私有化改革,虽然卡洛斯·斯利姆买下了墨西哥国家电话公司,跻身世界首富行列,但同时,墨西哥也成了世界上贫富差距最大的国家之一。如果我们中国的电信业或者其他行业也搞私有化,以中国的用户和市场规模,完全可能造就一批富可敌国的富豪,但是,它不符合社会主义共同富裕的本质要求,也不符合中国广大人民群众走中国特色社会主义道路、实现共同富裕的愿望,人民群众是绝对不可能答应的。中职德育课教师面对这一错误思潮,必须在教学过程中,加强党的十一届三中全会以来,特别是党的十八大以来的中国特色社会主义思想、理论、纲领、路线、方针、政策的教育,加强中国共产党领导下中国特色社会主义制度优越性及改革开放四十年以来中国在经济体制、政治体制和文化体制改革方面取得的伟大成就教育,特别是必须加强党的十八大以来以习近平为核心的党中央领导全党全国各族人民全面深化改革、建设中国特色社会主义取得的伟大成就教育。通过用事实说话,讲好中国故事,教育中职生认清新自由主义思潮的本质和危害,热爱中国共产党,

---

① 秋石.巩固党和人民团结奋斗的共同思想基础[EB/OL].[2013-10-16].http://news.ifeng.com/shendu/qiushi/detail_2013_10/16/30374719_0.shtml.

立志跟定共产党、永远听党的话；引导中职生在建设中国特色社会主义事业的职业生涯中充满自信、立场坚定，攻坚克难、建功立业。中职德育课教师要达成上述目标，不仅要全面了解中国共产党领导中国人民进行革命、建设、改革的历史，而且要全面了解改革开放，特别是以习近平为核心的党中央进行全面深化改革所取得的伟大成就，在内心深处培育起中国特色社会主义制度的高度认同；不仅要通过资本主义与社会主义发展现实的比较，从中国特色社会主义短短的几十年发展所取得的伟大成就中认识到社会主义制度比资本主义制度具有无比的优越性，而且要培育起建设中国特色社会主义的道路自信、理论自信、制度自信和文化自信，理直气壮地宣讲习近平新时代中国特色社会主义思想这一科学社会主义思想理论。

上述错误思潮在一段时间的自由泛滥，对中华文化的传承创新与发展构成了威胁，对培育和践行社会主义核心价值观构成了威胁，对如何确保马列主义、毛泽东思想、邓小平理论、"三个代表"重要思想、科学发展观、习近平新时代中国特色社会主义思想在我国意识形态中的主流地位敲起了警钟。中职德育课教师必须具有扎实的思想政治教育专业功底、敏锐的马克思主义辩证思维和独到的社会主义核心价值观正能量见解，勇敢地做到：在培养什么样的人的问题上旗帜鲜明，在大是大非问题上敢于发声，在思想交流、交融和交锋中敢于亮剑，只有这样才能坚守马克思主义宣传舆论阵地、自觉培育和践行社会主义核心价值观、共筑中国特色社会主义共同理想；特别是，必须要用习近平新时代中国特色社会主义思想武装中职生的头脑，正确引导学生认清这些非马克思主义错误思潮反党反社会主义的反动本质，正确引导学生增强"四个意识"，坚定"四个自信"，自觉培育和践行社会主义核心价值观，做德智体美劳全面发展的中国特色社会主义事业建设者和接班人。

二、中职德育课面临中职生思想观念复杂的挑战

中职学校的学生大多正处于青春发育期，他们具有自我意识太强、情绪不稳定、容易冲动、既有较强的独立性但同时又有较强的依赖性等性格特点；中职生中的绝大多数都经历了中考的失败，他们一方面存在着学习兴趣淡薄、方法不当、习惯较差等明显弱点，这些给教育教学工作增添了极大的

难度;另一方面,在他们的内心深处,又有着得到教师关心、爱护、赏识、肯定、激励的渴望。下面分析中职生比较普遍存在的复杂思想及对德育课教学的挑战。

(一)文化素养不高、学习兴趣不浓,对中职德育课教师顺利完成教学任务是一个挑战

总体而言,目前进入中职学校学习的学生都是按照中考分数进不了高中学习的学生,很少有到上了高中分数线不去读高中而去念中职学校的,这种现象在农村中职学校受到父母"学而优则仕"传统观念的影响更为严重。因此,中职学生的现状是,表现会比较差,对于德育课教学中提出的要求,很多学生一时不以为然。

1.主要表现

在笔者长期的德育课教学和班主任工作中,发现许多中职生的综合素养比较低。一是学习能力比较低。表现在语文素养不高,对中华优秀传统文化了解得很少,在正确处理人际关系方面知识比较缺乏,人文素养比较低,因此,他们对德育学科的很多术语比较难理解,理论观点比较难听懂,作业也比较难完成,更谈不上预习。二是学习兴趣不浓。不少中职生上课喜欢玩手机、玩游戏,不爱看书、不爱听课,上课总打瞌睡,更谈不上课后自觉地开展复习。三是语言表达能力比较差。许多一年级学生写的请假条,基本格式根本不符合要求,错别字比较多;许多二年级学生还不会写作文,半期考或期末考试的作文题是空白。这些问题,直接影响到德育课教学的实效性,对于德育课教师完成教学任务、达成教学目标是一个很大的挑战。

2.主要原因

文化素养不高、学习兴趣不浓的主要原因,一是目前进入中职学校学习的学生绝大部分是没有考上高中的初中毕业生。这部分学生语数英三大学科的基础比较差,由于学科知识的相关性,他们学习德育学科所必备的文化素养比较缺乏,所以对德育学科的学习能力比较低。二是许多初中学校对语文、数学、英语很重视,但是会忽视历史课、思品课的教学,中职生在中国历史、基本国情等方面的素养比较薄弱,国家观、民族观、历史观、文化观比较淡薄,对中职德育课程中涉及的关于职业、政治、经济、法律、道德、哲学、心理健康等方面的基本术语难以理解,所以对德育课比较冷淡。加上中职

生总体上学习自信心不足,学习兴趣自然就不浓。这些原因的存在,不仅要求德育课教师在教学中能够尽量做到由浅入深、通俗易懂,而且还要求德育课教师能够做到学识广博、教学方法灵活,能够激发学生的学习兴趣。

(二)以个人为中心,缺乏诚信,缺乏职业精神,对中职德育课加强社会主义核心价值观教育提出了挑战

由于实行计划生育,现在的父母生孩子不多,即使农村中职学校的学生家庭基本上也只有两个孩子。由于城市化的推进,许多孩子的父母离开家乡到城市寻找赚钱的机会。孩子缺乏父母的教育,在管教比较宽松的环境下长大,许多中职生在个性方面、品德方面、价值观方面都存在着一些明显的缺憾,对德育课教学提出了挑战。

1.以个人为中心的现象

不少中职生的父母外出打工,全靠爷爷奶奶教育,教育不到位,孩子养成了以个人为中心的性格和脾气,组织纪律性比较差,平等观念、法治观念淡薄;也有部分中职生父母离异,在单亲家庭长大,缺少父爱或母爱,造成了性格上的缺陷和心理上的障碍,内心比较孤僻,不太会处理同学关系,有的甚至不相信同学和老师;还有的中职生因为学习成绩比较差,长期受到老师和同学的歧视,对同学和老师充满矛盾和对抗意识,在班级我行我素,违反班级课堂纪律,影响教学秩序。这对于德育课教师如何在习近平新时代中国特色社会主义思想指导下,加强社会主义核心价值观教育,引导中职生确立爱党爱国爱社会主义信念,把个人职业理想和社会理想紧密结合起来,建立平等互助、团结互助友善的同学关系,逐步确立起社会责任感和使命感等提出了挑战。

2.缺乏诚信的现象

由于我国目前市场机制还不够完善,市场交易活动中的缺斤少两、假冒伪劣、欠债不还、坑蒙拐骗现象;由于法制不够健全,政府机关存在的"门难进,脸难看,事难办"现象,以及少数公务人员办事不公、以权谋私现象;大众传媒中出现的虚假广告现象……这些与诚信原则格格不入的现象必然给认识能力较低、自控能力较差的中职生带来诚信危机。在社会环境的影响下,许多家长在教育子女方面出现了片面性,他们重智育轻德育,忽视或根本不进行道德品质方面的教育;不少中职生家长自身的思想道德素质相对较低,

不讲诚信,夫妻互不信任而离异;有的家长甚至把自身不讲诚信的错误思想道德观念带回家,当作人生的宝贵经验传授给孩子;这些都潜移默化地影响了中职生诚信观念的形成。为了学校的生存和发展,许多中职院校及其教职工在招生宣传时对学生做出这样那样的优惠承诺,可谓好话说尽,但学生入学后,学校可能因为各种办学困难很难兑现承诺,这便在中职生心目中埋下了学校、老师不讲诚信的阴影;在办学过程中,许多校领导重视中职生职业技能的提高而忽视其思想道德的教育。社会的诚信危机,导致不少中职生容易受到各种不良的社会现象,腐朽没落的世界观、人生观、价值观,特别是拜金主义、享乐主义、自由主义等错误思潮的影响,有的中职生上课迟到、找各种借口请假、考试作弊、说谎、抄袭作业;有的中职生之间还经常发生借钱不还、借物不还现象,因此吵架甚至大打出手,更坏的是个别中职生借钱物不还已经成为习惯;在顶岗实习期间,不少中职生不遵守企业的管理制度,任意离开实习单位;有的中职生毕业后不信守合同,随意跳槽,影响用人企业的生产等。中职生中比较普遍存在的这些不良现象,给我们德育课教师加强社会主义核心价值观教育带来了严峻的考验。德育课教师如何在课堂上鼓励学生培育和践行社会主义核心价值观,如何运用习近平新时代中国特色社会主义思想和党的十九大精神引导学生去追求国家层面"富强、民主、文明、和谐"的价值目标,社会层面"自由、平等、公正、法治"的价值取向,个人层面"爱国、敬业、诚信、友善"的价值准则,这不是具有渊博的知识和较高的教学水平就能解决的问题,还需要教师本人具有对习近平新时代中国特色社会主义思想有全面、深刻的认识和运用教育教学能力,同时具备爱岗敬业、高度负责的工作责任感和信守承诺、说到做到的高尚师德。

(三)工作马虎,缺乏社会责任感,对中职德育课加强社会主义职业道德和职业精神教育是一个挑战

现代企业对员工职业精神的重视程度,可以说大大超过了中职生的预期。现代企业对员工职业精神的要求主要可以归纳为以下几点:一是有远大的职业理想;二是有爱岗敬业精神;三是能够做到诚实守信;四是有创业精神;五是有良好的职业技能;六是有良好的职业作风。在省市德育课题的调查中,我们发现中职生在职业精神方面存在许多问题:一是多数学生缺乏远大的职业理想追求;二是半数以上学生缺乏良好的职业态度;三是许多学

生缺乏良好的职业纪律。在对本校往届毕业生的调查中,发现一些学生缺乏良好的职业技能。不少学生到了顶岗实习时,不能满足企业的用工需要。不少中职毕业生走上工作岗位后,其职业精神和职业道德的表现与企业、行业职业道德的基本要求有比较大的差距:一是对工作环境、工资待遇比较挑剔,经常跳槽变换工作。二是缺乏吃苦耐劳的精神,不愿到一线工作。不少学生在和我们课题组老师座谈时表示,希望到办公室工作,不愿到又累又脏的一线车间当普通工人。三是心浮气躁,急功近利,缺乏职业责任和实干精神等。这些都是中职生缺乏社会主义职业精神在职业道德方面的具体表现。

一些中职生职业精神缺失的危害:据我们调查的一些企业领导反映,缺乏职业精神,一是严重影响企业的生产工作安排,影响企业的产品或服务质量,影响企业的经济效益;二是因为企业对联办学校培养的学生不满意,对校企合作失去信心,影响到学校的办学与发展;三是由于学生在敬业、诚信等方面不能有理想的表现,不利于学生顺利就业、积累经验,最终直接影响到学生的职业生涯发展。中职生出现这种现象,中职院校对德育工作的忽视是主要原因,许多中职院校片面追求就业率,急功近利思想比较严重,德育课的地位被降低,德育课教学的作用不同程度地被各种负面思想和行为抵消,职业道德教育呈边缘化趋势。同时,作为学校德育工作的主渠道的德育课教学也存在许多问题:职业道德教育的内容过于宏观,而德育课教师所任教的班级数一般都比较多,会面对很多不同专业的学生,教学中要做到针对学生所学专业开展职业道德教育,必然要求德育课教师花费大量的时间去比较详细地了解研究这些专业学生面对的职业群的职业道德要求,然后进行教学,这对德育课教师就提出了比其他学科教师投入更多时间和精力的要求;另外,德育课教师主要宣传党的思想理论、纲领、路线和方针政策,如何在课堂教学中和实践教学中改进教学方法,用自身严谨的工作态度和精益求精的教师工匠精神给学生树立爱岗敬业、勤业精业的学习榜样,也是一个必须思考和身体力行的问题。面对这些问题,中职德育课教师必须从教育思想理念的提升到教学艺术水平的提高,全方位思考如何提高习近平新时代中国特色社会主义思想和党的十九大精神进课堂、进头脑的教学实效性,加强社会主义职业道德和职业精神教育的问题,并在教学实验、教学探究、实践教学中不断改进教学方法、提高教学水平、提高教学实效性。

三、中职德育课面临学校教师队伍中复杂价值观念的挑战

中职学校生源的复杂性，班主任工作具有极大的艰巨性，教学工作具有极大的挑战性；职业教育社会地位相对较低，家长对职业学校的认可度较低，中职学校教师的社会地位不高；中职学校每年都面临巨大的招生压力，相关考核制度影响着教师教学工作积极性的发挥；如此种种，使得教师的价值观念出现了多元化。

(一)许多教师认为上好课并不能产生成就感

在横向比较中，普通高中有高考，高考成绩是衡量教师教学水平高低和班主任工作成功与否的指挥棒。尽管有一些偶然因素存在，但是学生在高考中考出了成绩，家长认可、学校认可、各级领导认可，普通高中的教师会有满满的成就感。但是，因为中职生大部分被分配到企业工作，工资低，而且工作很不稳定，学生和家长对于这样的结果都不很满意，所以中职学校的教师比较难有成就感。一方面，中职学生没有学习积极性，不喜欢听课，喜欢玩手机、打瞌睡、讲闲话，有的甚至哗众取宠影响课堂教学，教师上课必须花费很多的时间组织教学，身心都比较疲惫；另一方面，每当教师出于职业良心教育学生，而少数特殊学生很有可能因为教师的严格要求而很不礼貌地嘲讽教师，个性强一些的教师则很可能会与学生发生语言和肢体冲突，而最终的结果，要么是家长不高兴找上门来，要么是管理部门因为害怕学生辍学而不敢过多批评学生，最多只好不了了之。许多中职教师经常会有无可奈何的感觉，爱岗敬业、教书育人、立德树人的价值观受到不断的挑战和考验，不知如何是好。面对这些教育对象，中职德育课教师如何提高自身的教育思想、调动学生的学习积极性，实现马克思主义中国化的理论成果进校园、进课堂、进头脑，当好党的宣传员，是一个比较严峻的考验和挑战。

令中职学校教师高兴的是，随着党和国家对职业教育重视程度的不断提高，中职学校教师也有了许多成长成才的机会，比如，教育主管部门开展的职业院校职业技能竞赛、教学技能竞赛、信息化课堂教学竞赛、教学能力

竞赛、文明风采作品竞赛、专业带头人、名师名校长培养等工作,给职业院校教师的专业成长提供了机会,也给职业院校的教师创造了获得成就感的机会。职业教育迎来了加快发展的春天,中职教师也迎来了专业成长的黄金时代。

(二)文化课教师成长成才的机会不如专业课教师

由于我国的职业教育起步较晚,加上办学资金困难,许多中职学校在办学过程中,都办了许多文化艺术类专业、对口升学类专业,有的还办了综合课程班(高考班),所以,中职学校的文化课教师占的比重还是比较大的,加上一些专业课教师是由文化课教师暂时兼任的,所以,文化课教师的数量与专业课教师大致相当。但是在教师的成长过程中,文化课教师的成长成才机会却大不如专业课教师。主要表现在,一是中职学校的文化课教师参赛获奖的机会更少,在职称评聘方面明显处于劣势。在普通高中,语数英等文化课是主要课程,年轻教师只要努力搞好教学工作和班主任工作很容易成长成才。但是,中职学校的文化课教师则普遍不受重视。比如,在中职学校应对的两大赛事——文明风采竞赛和职业技能竞赛中,对于适合于专业课教师参与或指导学生参与的职业技能竞赛,学校在组织发动、时间投入、奖励绩效等方面,力度都非常大;而适合于文化课教师参与或指导学生参与的文明风采竞赛,学校虽然好像也重视,但是时间投入保证、奖励绩效方面的重视程度则大大不如职业技能竞赛。不仅如此,上级组织重视程度也有很大的差异,职业技能竞赛,从市一级抓起,设置的奖励比例很高,专业课教师每年获得的奖励分数很多,获得的奖金也很多;而比较适合于文化课教师的文明风采竞赛,从省一级开始,而且奖励的比例非常低,获奖的可能性很小,奖金相比较于职业技能竞赛就少很多。更值得强调的是,大部分中职学校需要大量的文化课教师,学业水平考试的开启,则更需要文化课教师,一个学校的文化课教师占的比重大大超过了专业课教师,在这种教师队伍结构状况下,文化课教师评选晋级的机会就更少。二是上级组织在选拔培养教师方面,文化课教师的机会明显少于专业课教师。在普通中小学,文化课教师被评为骨干教师、学科带头人培养对象、名师和名校长培养对象的机会很多。中职学校,专业课教师在专业带头人评选方面有明显的政策优势,比如,福建省 2014 年就开展了首批专业带头人的认定,根据《福建省教育厅关于评选首批中等职业学校专业带头人的通知》(闽教人〔2014〕5 号)精神，"在各设区市和省属学校、单位推荐的基础上，经评审委员会评审、省教育厅审核并公示，确定游金水等 44 人为首批福建省中等职业学校专业带头人"[①]；近两年，文化课教师虽然也有培养学科带头人，但是没有直接认定学科带头人，学科带头人培养对象人数也很少。再比如，福建省在 2018 年《福建省教育厅关于开展职业院校专业带头人和名师名校长培养人选遴选工作的通知》中规定："2018—2021 年期间，在全省遴选培养 500 名专业带头人（高职院校 300 名、中职学校 200 名），100 名教学名师（高职院校 60 名、中职学校 40 名），50 名名校长（高职院校 20 名、中职学校 30 名）。专业带头人培养人选实行分期遴选、分批培养，2018 年首批遴选 200 人，高职院校和中职学校各 100 人。名师名校长实行一次性遴选培养。"[②]很明显，专业带头人的名额明显高于名师培养名额，而且专业课教师既可以参加专业带头人遴选，也有机会参加名师遴选；而文化课教师自然不可能参加专业带头人遴选，只能参加名师遴选，而且名额差距很大，文化课教师受到选拔培养的机会则比专业课教师少了很多。也许，从国家加快发展现代职业教育的角度看，很有必要加快培养专业课教师，但是，同样是大学毕业，同在一个学校工作，发展的机会却要比专业课教师少很多，这是文化课教师必须面对的客观现实。教师专业成长的这种现实条件，对中职德育课教师如何通过自身努力加快专业发展，提升综合素质，也是一个考验和挑战。

(三)许多中职学校考核制度难以引导教师专心教学

中职学校，尤其是农村中职学校，由于旧中国封建时代"学而优则仕"、"读书为做官"等思想的深刻影响，社会各界、广大家长对职业教育还有较大的偏见。在初中毕业生达到高中录取分数线的情况下，家长和考生的第一选择还是"上高中，考大学，读名牌大学"，似乎孩子进了中职学校，家长就颜

---

① 福建省教育厅关于公布首批中等职业学校专业带头人名单的通知[EB/OL].[2014-04-18]. http://jyt.fujian.gov.cn/xxgk/zfxxgkzl/zfxxgkml/rsxx/pxbz/201404/t20140418_3215021.htm.

② 福建省教育厅关于开展职业院校专业带头人和名师名校长培养人选遴选工作的通知[EB/OL].[2018-09-11].http://jyt.fujian.gov.cn/xxgk/zywj/201809/t20180911_4492613.htm.

面无光、低人一等，所以中职学校，尤其是农村中职学校的招生工作还比较困难，中职学校的招生工作成了学校生存和发展的头等重要工作。

在上述情况下，许多学校不得不采取突出招生工作业绩的考核制度，考核制度中的一些条款影响着教师们的工作积极性。一是招生工作的考核分数经常会左右教师工作的年度考核结果。为了学校的生存和发展，多数中职学校领导不得不给教师下达招生任务，并把完成招生任务工作情况作为教师工作年度考核中评先晋级的先决条件或者"一票否决"条件，即完不成招生任务则不能评先进、评职称，不能工资晋档；同时，由于招生分数在各项考核指标中的权重，加上教学常规的复杂性，教学常规工作考核的差距难以拉开，教学工作量和教学工作业绩往往容易被降为比较次要的尴尬地位，这让许多勇于承担教学工作量、安心教学、潜心科研的教师难以实现自身的价值，而让一些工作一般，甚至比较马虎的教师因为招生工作成绩突出而得到较好的评价结果。笔者以为，鉴于中职学校招生难的现状，为了学校的生存和发展，教师尽己所能开展招生宣传，也是应该的、可以理解的。但是，招生的结果与年度教学工作挂钩，而且权重太大，则是一个让教师无论如何也高兴不起来的事情。二是一些中职学校的巩固率考核制度让班主任的工作积极性受到一定的影响。出台一些制度要求教师鼓励学生完成学业是必需的，尽最大可能留住学生也是教师们尤其是班主任的重要职责。但是，有些学生并不是班主任，甚至学校领导能够留住的，原因是复杂的。学校推出巩固率考核制度与班主任的年度考核、评先、晋级挂钩，这在一定程度上限制了班主任对学生开展批评教育；因为对学生的批评教育，很可能会让一些原本就不愿意上学的学生找到退学的理由。目前，到中职学校，特别是到农村中职学校就读的中职生很多都是特殊生，在成长的过程中要么缺乏父母的监管教育，要么是缺乏父爱母爱，他们无视学校的纪律制度，缺乏对学校管理制度的敬畏之心，也缺乏对教师的尊重，在我行我素中很容易违反学校的规章制度，受到批评后，有一部分学生选择不辞而别，还有一部分学生是反复教育也很难奏效的，有一些辍学的学生是很正常的。他们中还有的父母长期外出打工，在爷爷奶奶的宠爱、溺爱下长大，他们习惯以个人为中心，对于教师们的教育左耳进右耳出，甚至根本就不听，自我约束、自我学习、自我教育、自我管理的能力很差，他们往往遇到一点学习上的困难就无心学习，甚至有的学生根本未跟老师打招呼，就不来学习了。因此，虽然我们应该尽最大的努力把学生留住，但是有少量的学生暂时离开学校也是很难避免的，事实也证明,许多中职生在工作一段时间后才能深刻体会到学习的重要性。如果学校对辍学率提出了过高的要求,这有可能会让部分班主任处于"既没有功劳,也没有苦劳"的尴尬境地,对班主任的工作积极性也是一个很大的考验和挑战,这种压力必然传导到教学工作中,从而影响教学的实效性。

学校年度考核制度,是评价教师教育教学工作的常规性重要制度,是教师工作的指挥棒,其中一些条款的规定必然破坏教师工作评价的制度环境,必然会淡化教师的工作热情,阻碍教师专业成长的步伐,还会导致学校评价机制的混乱和教职工价值观的多元化、复杂化,最终不利于校园文化建设,不利于学生的培养教育,不利于党的教育事业的健康发展。这种制度环境的改善,有赖于中职学校领导的决策,更有赖于中职学校招生压力的减轻。在这种制度环境下和教职工价值观多元化、复杂化的工作环境中,中职德育课教师如何坚守做到忠诚于党和人民的教育事业,始终坚持当好党的宣传员,又是一个考验和挑战。

(四)中职德育课的课程地位和教师地位有待提高

德育课在中职学校的学科地位普遍比较低,表现在有的学校德育课课时不足,有的学校没有思政专业毕业的德育课教师,有的学校德育课教师的职称评聘遇到困难,等等;许多学校把德育课以外的科目列为考试科目,唯独把德育学科列为考查科目,多数师生长期以来形成了德育课可有可无的错误思想。尤其需要指出的是,许多领导为了学校的名誉,采取加大绩效投入,正常教学工作让路,参赛学生可以不参加正常的半期考、期末考等考试的非常措施,造成一部分师生产生功利主义思想,这一政治思想方面的消极现象必然弱化中职德育工作,也必然导致德育课教学传播正能量过程中经常会遇到尴尬局面,德育课教师需要有足够的思想准备和充足理由应对师生中存在的各种利益矛盾和价值观的冲突。

在教师价值观念复杂化的校园文化氛围下,提高德育课的实效性,需要全面加强中国共产党对学校的领导,切实提高中职德育课的课程地位和德育课教师的地位;同时,中职德育课教师必须深刻领悟习近平新时代中国特色社会主义思想和党的十九大精神,并在教育教学实践中,努力培养自己更加高尚的社会主义职业道德和职业精神。

第三章 中职德育课教师提高自身素质是 提高教学实效性的前提

"百年大计,教育为本;教育大计,教师为本。有好的教师,才有好的教育。"①《国家中长期教育改革和发展规划纲要(2010—2020 年)》第十七章关于加强教师队伍建设部分指出,"严格教师资质,提升教师素质,努力造就一支师德高尚、业务精湛、结构合理、充满活力的高素质专业化教师队伍"②,这是中国教育改革与发展中教师队伍建设的纲领性意见。党的十八大报告指出:"加强教师队伍建设,提高师德水平和业务能力,增强教师教书育人的荣誉感和责任感。"③党的十九大报告指出:"加强师德师风建设,培养高素质教师队伍,倡导全社会尊师重教。"④2018 年 1 月,中共中央、国务院印发《关于全面深化新时代教师队伍建设改革的意见》(中发〔2018〕4 号),明确提出实施教师教育振兴行动计划。2018 年 3 月,李克强总理在十三届全国人大一次会议上作政府工作报告时提出,要加强师资队伍和师德师风建设。办好人民满意的职业教育,最关键或是最核心的要素是教师队伍素质;决定德育课教学实效性最关键或是最核心的要素是德育课教师自身的素质,要提高德育课教学的实效性,就必须提高德育课教师的综合素质。在党和国

---

① 国家中长期教育改革和发展规划纲要(2010—2020 年)[EB/OL].[2010-07-29]. http://www.gov.cn/jrzg/2010-07/29/content_1667143.htm.

② 国家中长期教育改革和发展规划纲要(2010—2020 年)[EB/OL].[2010-07-29]. http://www.gov.cn/jrzg/2010-07/29/content_1667143.htm.

③ 党的十八大报告辅导读本[M].北京:人民出版社,2012:36.

④ 党的十九大报告辅导读本[M].北京:人民出版社,2017:45.

家高度重视教师队伍建设的新时代、新形势下,中职德育课教师如何肩负起德育课的历史使命？如何确保提高德育课教学的实效性？打铁还需自身硬,最为重要的就是要提高德育课教师自身的综合素质。结合第二章分析的主要问题,本章就中职德育课教师必须提高的思想政治素质、职业教育素质、专业理论素质和基本能力素质进行研究。

一、思想政治素质

思想政治素质,是指人们从事社会政治活动所必需的基本条件和基本品质,它是一个人的政治思想、政治方向、政治立场、政治观念、政治态度、政治信仰的综合表现。思想是行动的指南,伟大的事业需要伟大的思想来指引。中职德育课教师是党和国家教育思想理论的宣传者、实践者,自身必须具备较高的思想政治素质,具有坚定的共产主义、中国特色社会主义理想信念。

(一)中职德育课教师思想政治素质的内涵

中职德育课教师的思想政治素质,可以概括为:与时俱进的政治思想、坚定正确的政治方向、毫不动摇的政治立场、理性正确的政治观念、严肃认真的政治态度、矢志不渝的政治信仰。

1.与时俱进的政治思想

马克思主义与中国革命的具体实践相结合,产生了伟大的中国共产党;中国共产党在革命、建设和改革开放的各个历史阶段,根据中国的国情创造性地坚持和发展了马克思主义,马克思主义中国化产生了毛泽东思想、邓小平理论、"三个代表"重要思想、科学发展观、习近平新时代中国特色社会主义思想等重大理论成果。德育课教师的所有教学活动,都必须以党的思想理论为指导,因此,必须具有与时俱进的政治思想,全面理解掌握马克思主义中国化的最新成果和马克思主义及其理论成果的与时俱进品质。当前,中职德育课教师在政治思想上的与时俱进,最重要的就是要自觉地积极参与到新思想"大学习"热潮之中,深入学习习近平新时代中国特色社会主义思想和党的十九大精神;通过认真学习、深入研究,全面把握习近平新时代中国特色社会主义思想在"系统回答新时代坚持和发展什么样的中国特色社会主义、怎样坚持和发展中国特色社会主义"[1]问题上提出的"八个明确"和"十四个坚持"的主要内容、科学内涵和对建设中国特色社会主义的伟大现实意义和深远历史意义,使自己的政治思想真正跟上新时代的步伐,符合新时代的要求;让习近平新时代中国特色社会主义思想全面指导我们德育课教学活动的各个方面、全部过程,让神圣的"三尺讲台"、培育新时代"四有"新人的文明校园成为传播正能量、培育和践行社会主义核心价值观的主渠道、主阵地,以确保我们在教育教学活动中的言行符合党和国家的期望与要求。只有做到与时俱进,才能做到德育课常讲常新,用马克思主义中国化的最新成果武装青年学生的头脑,确实有效地把一代又一代青少年引导到党的旗帜下,使其听从党的召唤,投身建设中国特色社会主义的伟大社会实践。当前,中职学校德育课教师就是要实现习近平新时代中国特色社会主义思想进校园、进课堂、进头脑,引导中职生学习新时代新理论,学会运用新时代的新理论分析、认识学习过程中和未来的职业生涯中遇到的新情况、新问题,真正做一个能够担当民族复兴大任的时代新人。

2.坚定正确的政治方向

"党政军民学,东西南北中,党是领导一切的。"[2]中国共产党是我国的执政党,这是写入了中华人民共和国宪法的。中职德育课教师坚定正确的政治方向,最重要的就是坚持党性原则。坚持党性原则,就是要坚决拥护中国共产党的领导、坚持社会主义办学方法。坚决拥护中国共产党的领导,就是要坚决拥护党的思想路线、政治路线和组织路线。拥护党的思想路线,就是要坚持以马列主义、毛泽东思想、邓小平理论、"三个代表"重要思想、科学发展观、习近平新时代中国特色社会主义思想为指导,坚决反对各种非马克思主义错误思潮,自觉培育和践行社会主义核心价值观,在思想上与党中央保持高度一致。建设中国特色社会主义,实现中华民族伟大复兴的中国梦,是当前最大的政治,拥护党的政治路线,就是要积极投身建设富强民主文明和谐美丽的社会主义现代化强国、实现中华民族伟大复兴中国梦的伟大社会实践,认真做好本职工作,坚持爱岗敬业,立德树人,无私奉献。拥护党的

---

① 党的十九大报告辅导读本[M].北京:人民出版社,2017:18.
② 党的十九大报告辅导读本[M].北京:人民出版社,2017:20.

组织路线,就是要自觉"增强政治意识、大局意识、核心意识、看齐意识"①,自觉维护党中央权威和集中统一领导,坚决拥护以习近平为核心的党中央的集中统一领导;就是要拥护中国共产党的章程,加入中国共产党,服从党的领导,坚持社会主义办学方向,忠诚党和人民的教育事业,立场坚定、旗帜鲜明地宣传贯彻习近平新时代中国特色社会主义思想,积极宣传贯彻党的思想、理论、纲领、路线、方针和政策,教育引导中职生热爱中国共产党、热爱社会主义祖国、热爱中国特色社会主义。总之,坚定正确的政治方向,就是要"自觉在思想上政治上和行动上同党中央保持高度一致"②。坚持社会主义办学方向,就是德育课教师必须在教学工作中"要以培养担当民族复兴大任的时代新人为着眼点"③,认真贯彻落实党中央关于加强学校德育工作、加强社会主义核心价值观教育、加强中华优秀传统文化教育等重要文件精神,认真贯彻落实德育课教学大纲、学业水平考试大纲,有目的、有计划地把中职生培养成为德智体美劳全面发展的建设中国特色社会主义事业建设者和接班人。

3.毫不动摇的政治立场

"实现伟大梦想,必须推进伟大事业。"④历史证明:没有共产党就没有新中国,只有社会主义才能救中国,也只有社会主义才能发展中国。实现中华民族伟大复兴的中国梦,是 13 亿中国人的伟大梦想,必须毫不动摇地推进建设中国特色社会主义伟大事业,中职德育课教师必须旗帜鲜明,坚定中国特色社会主义"道路自信、理论自信、制度自信、文化自信"⑤。中职德育课教师是中国共产党思想理论的传播者、宣传员,必须提高政治站位,做政治上的明白人;必须毫不动摇地拥护中国共产党的领导,坚信中国共产党的执政能力,坚信中国特色社会主义事业的光明前景,坚信实现中华民族伟大复兴中国梦的历史必然性;必须以毫不动摇的政治立场,理直气壮地引导中职生跟定共产党、永远听党的话,自觉增强"四个意识"、坚定"四个自信";必须做好中职生爱党爱国爱社会主义的引路人,充分运用中国革命、建设、改革、发展的伟大成果,讲好中国故事,提高宣讲习近平新时代中国特色社会

① 党的十九大报告辅导读本[M].北京:人民出版社,2017:7.
② 党的十九大报告辅导读本[M].北京:人民出版社,2017:20.
③ 党的十九大报告辅导读本[M].北京:人民出版社,2017:41.
④ 党的十九大报告辅导读本[M].北京:人民出版社,2017:16.
⑤ 党的十九大报告辅导读本[M].北京:人民出版社,2017:17.

主义思想的实效性，让习近平新时代中国特色社会主义思想深入人心，对中职生的职业生涯发展产生潜移默化、深远持久的影响，引导中职生做中国特色社会主义事业的建设者和接班人。

4.理性正确的政治观念

中职德育课教师具有理性正确的政治观念，就是必须高度自觉自愿地当好一个教书育人、立德树人的好教师，而不是做一个照本宣科、理论与实际相分离的教书匠。一要有敢于坚持真理、追求真理的执着，有教育好中职生的教育思想和教育智慧。马克思主义、毛泽东思想、邓小平理论、"三个代表"重要思想、科学发展观、习近平新时代中国特色社会主义思想等党的指导思想，都是符合中国国情、指导中国革命、社会主义建设、改革开放、实现中国梦想的真理性认识，德育课教师必须通过学思结合、理性升华，从内心深处找到信仰共产主义的刻骨铭心的理由，并在教学实践中不断探索学生成长规律、学校育人规律、德育课教学规律，提高教学艺术水平。二要有扎实的思想政治教育专业涵养，有教育好中职生的理论底蕴。作为党的思想、理论、纲领、路线、方针和政策的宣传员，要宣讲好习近平新时代中国特色社会主义思想和党的十九大精神，中职德育课教师必须具有建立在深刻理解、坚定信仰基础上的政治思想理论素养，能够深刻把握习近平新时代中国特色社会主义思想的精华，并培养辩证的革命批判精神和创新意识。建立在深刻理解、坚定信仰基础上的政治思想理论素养，就是在真正理解马克思主义、毛泽东思想、邓小平理论、"三个代表"重要思想、科学发展观、习近平新时代中国特色社会主义思想等党的指导思想的基础上，掌握科学系统的科学社会主义思想理论，在学校德育工作和德育课教学工作中能够做到从容淡定，晓之以理、动之以情、导之以行。把握习近平新时代中国特色社会主义思想的精华，就是要做到不仅能够掌握"八个明确"和"十四个坚持"的科学内涵，而且能够深刻认识到这一伟大思想在新时代引领中华民族、中国人民坚持和发展中国特色社会主义伟大实践中的伟大作用，并通过以文化人、以理服人、以情感人的生动宣讲，帮助中职生正确理解习近平新时代中国特色社会主义思想的精神要义，培育他们运用这一伟大思想指导职业生涯发展的自觉性和内在驱动力。培养辩证法的革命批判精神和创新意识，就是德育课教师能够坚持唯物辩证法联系的观点、发展的观点和全面的观点，深刻认识到马克思主义中国化的理论成果与时俱进、从毛泽东思想发展到习近平新时代中国特色社会主义思想的必然性和伟大意义；不仅把党的思想、理论、观点内化为自己的理想信念,而且还要结合工作岗位实践进行创造性思维,让中国共产党全心全意为人民服务、以人民为中心等基本政治理念深入自己的骨髓和灵魂,做到从教学活动过程中的指导思想到理论宣传中的言论、再到日常生活中的言行举止,都能够体现出热爱中国共产党、热爱祖国、热爱中国特色社会主义、热爱人民的理性正确的政治观念;对影响中职生健康成长的非马克思主义思潮,资产阶级的世界观、人生观和价值观,不仅敢于进行深入批判,坚持正确的舆论导向,而且能够选择中职生喜闻乐见的教学方法,分析各种错误思潮的反动本质与危害性,警示中职生在思想上、政治上分清良莠、提高警惕、站稳立场。三要有教育好中职生的决心、意志。俗话说,精诚所至,金石为开。中职德育课教师要相信没有教育不好的学生,只有容易懈怠的教师。为了中华民族美好的明天,中职德育课教师必须把握今天,励精图治,做好中职生艰苦细致的思想政治教育工作,坚定地培育中职生实现中华民族伟大复兴中国梦的理想信念,培育中职生立志振兴中华的中国精神和走中国道路的决心意志,引导中职生在中国共产党的领导下凝聚中国力量,为建设富强民主文明和谐美丽的社会主义现代化强国贡献聪明才智、建功立业。

5.严肃认真的政治态度

严肃认真的政治态度,是中职德育课教师当好党的宣传员的方向、灵魂和目标。中职德育课教师具备严肃认真的政治态度,就是要做到始终不忘讲学习、讲政治、讲正气。中职德育课教师讲学习,就是对共产主义的信仰,不能只是停留在口号上,而是要有科学社会主义思想理论作支撑。我们只有在不断学习党的历史的过程中,才能真正认识到中国共产党为中国革命、建设和改革开放做出的巨大贡献,只有在反复学习党章的过程中,才能真正深刻理解中国共产党全心全意为人民服务的宗旨、中国共产党两个先锋队的性质,坚信中国共产党成为执政党是历史的必然,是人民的选择,没有共产党就没有新中国,只有共产党领导人民建立的社会主义才能够发展中国,从而在内心深处形成坚决拥护共产党执政的坚定不移的理想信念和政治态度,坚定地加入中国共产党,从不动摇政治信仰。如果不加强政治理论学习,没有思想理论作支撑,一旦遇到风吹草动,就可能会人云亦云,甚至丧失信心、垮塌精神支柱。"中国共产党是有着明确政治信仰、政治纲领、政治路线和政治目标的先进政党。"①讲政治,就是要拥护中国共产党的领导,不能只是停留在思想汇报上,而是必须立场坚定、旗帜鲜明地坚决拥护党的思想路线、政治路线、组织路线和群众路线,必须严肃认真地参加党内政治生活,参加党组织开展的"群众路线教育""三严三实""两学一做"等主题教育活动,深刻认识到中国共产党章程和《中华人民共和国宪法》及法律是每一个共产党员从事政治活动、本职工作和参与社会生活的根本遵循,只有这样,才可能维护宪法和法律的权威,坚持党的领导与人民当家作主、依法治国有机结合起来,才可能维护我们党中央开展的"扫黑除恶专项斗争"等重大决策,当好学生维护党中央的权威和党的集中统一领导的表率。讲正气,就是中职德育课教师必须要有传播正能量的精气神,无论是在"三尺讲台",还是在校园活动、社会活动中,都能够做到立场坚定、旗帜鲜明、一身正气,都能够做到"坚决反对一切削弱、歪曲、否定党的领导和我国社会主义制度的言行"②,不管各种非马克思主义思潮的"风吹浪打",坚持在立德树人的德育课教学过程中"胜似闲庭信步",在任何时候、任何地点、任何场合都不会发生任何的思想动摇,都能够做到始终坚持与党中央保持高度的一致,引导学生向上向善、健康成长。

6.矢志不渝的政治信仰

中职德育课教师矢志不渝的政治信仰,就是坚决拥护中国共产党的纲领,遵守党的章程,履行党员义务,执行党的决定,严守党的纪律,保守党的秘密,对党忠诚,积极工作,为共产主义奋斗终生,随时准备为党和人民牺牲一切,永不叛党。中职德育课教师只有坚定了共产主义、社会主义的理想信念,才能够忠诚党的教育事业,自觉地为党工作,积极宣传贯彻落实党的思想、理论、纲领、路线、方针和政策,当好党的宣传员;才能坚持"以人民为中心"③的理念,在德育课教学坚持以学生为中心,一切为了学生的健康成长,为了学生可持续发展的根本利益,专心致志、心无旁骛地做好教书育人、立德树人的工作;才能在各种诱惑、各种困难、各种考验、各种斗争面前,保持清醒的头脑,在大是大非面前有正确的态度,敢于发声,针砭时弊,激浊扬

---

① 柳建辉.严肃认真开展党内政治生活——学习习近平总书记在省部级专题研讨班上的重要讲话[EB/OL].[2017-03-06].http://theory.people.com.cn/n1/2017/0306/c40531-29126204.html.

② 党的十九大报告辅导读本[M].北京:人民出版社,2017:15.

③ 党的十九大报告辅导读本[M].北京:人民出版社,2017:20.

清,在复杂的国际国内形势面前,不忘教书育人初心,坚守传播正能量的"三尺讲台",坚定不移、无怨无悔地当好中国共产党思想理论的宣传员、教育工作者,积极传播正能量,当好青年学生的引路人,引导中职生增强"四个意识",坚定中国特色社会主义道路自信、理论自信、制度自信、文化自信。

(二)中职德育课教师提高思想政治素质的途径与要求

1.加强政治理论学习,始终保持思想和理论的时代性和先进性

(1)必须认真学习习近平新时代中国特色社会主义思想和党的十九大精神

中国共产党是我国的执政党,面对新时代坚持和发展什么样的中国特色社会主义、怎样坚持和发展中国特色社会主义这个重大时代课题,党的十九大鲜明地提出了习近平新时代中国特色社会主义思想,构成新时代坚持和发展中国特色社会主义的基本方略;习近平新时代中国特色社会主义思想开创了马克思主义中国化的新境界,体现了鲜明的继承性、创新性、时代性、指导性,与马列主义、毛泽东思想、邓小平理论、"三个代表"重要思想、科学发展观一道成为我们党的指导思想。习近平新时代中国特色社会主义思想是马克思主义中国化的最新成果,是我们党坚定不移地走中国特色社会主义道路的科学指南。中职德育课教师必须通过不断学习党的十九大精神,特别是习近平新时代中国特色社会主义思想,保持清醒的头脑,主动地把自己的思想统一到党的理论、纲领、路线、方针和政策上来,保持思想和理论的时代性和先进性,紧密团结在以习近平为核心的党中央周围,跟定共产党,永远做好党的宣传员。

(2)必须认真学习党章、党纪和党规

中国共产党的章程和《中国共产党纪律处分条例》《中国共产党廉洁自律准则》等党的规章,是中国共产党的组织和党员必须遵守的规章制度。为了做好党的宣传员,德育课教师无论是不是党员,都必须通过学习提高党章意识和党的纪律意识,积极争取加入党组织,做到组织上和思想上入党。为此,除了参加学校党组织安排的党课、讲座、辅导报告、道德讲堂等学习活动外,还必须开展自学活动,深化对党的理论、党的纲领、党的宗旨、党的纪律、党员义务等方面的学习和认识,不断增强政治意识、大局意识、核心意识、看齐意识,坚决维护党中央权威和集中统一领导,进一步提高政治思想觉悟,

更加坚定为中国特色社会主义事业、共产主义事业奋斗终生的理想信念。

2.积极工作,在教职工中起先锋模范作用

中职德育课教师较高的思想政治素质,必须体现在行动上,坚持政治理论学习与踏实工作结合起来,坚持提高政治思想修养与提高教育教学质量统一起来,把争取思想上的进步与提高工作效率统一起来。

(1)在接受工作任务方面,当好教师的表率

在许多教师不愿意承担太多课程、不太愿意晚下班、不太愿意担任班主任工作的情况下,德育课教师应该身体力行,充分发挥本专业教师做学生思想政治工作的特长和优势,把立德树人的根本任务扛在肩上,主动承担班主任工作和晚自习下班等各项工作,坚持满工作量,甚至超工作量完成教学任务,牢记中国共产党"两个先锋队"的性质和全心全意为人民服务的宗旨,坚持做到勤勤恳恳、尽职尽责、无怨无悔,并做好所承担的各项工作。

(2)坚持教书育人、立德树人,当好学生的引路人

为了引导学生积极健康、向上向善,成为德智体美劳全面发展的社会主义事业的建设者和接班人,德育课教师必须自觉提高思想政治素质,坚定地信仰共产主义,坚定地走中国特色社会主义道路,不断增强"四个意识",坚定"四个自信"。必须自觉做到"敬业修德","以德立身、以德立学、以德施教、以德育德,坚持教书与育人相统一、言传与身教相统一、潜心问道与关注社会相统一、学术自由与学术规范相统一,争做'四有'好教师,全心全意做学生锤炼品格、学习知识、创新思维、奉献祖国的引路人"。① 必须自觉履行教学常规,坚持严谨治学,认真做好课前准备,充分利用每节课的 45 分钟,耐心开展课后辅导,帮助学生掌握正确的理论观点、科学的思维方法;必须充分运用现代职业教育有效的教学方法,通过赏识教育等成功教育方法提高教学水平,充分吸引学生的注意力,积极鼓励学生,重视帮助学生重拾学习信心,点亮学生努力学习、认同社会主义制度和中国共产党的领导和立志报国、感恩的智慧明灯与思想火花;以德育课教师特有的责任感和使命感帮助学生树立远大的职业理想,以德育课教师对党的事业的执着追求和无私奉献精神激励学生为实现中华民族伟大复兴的中国梦磨炼自己持之以恒、勤奋学习、刻苦钻研、不懈努力的坚强意志。 总之,就是要让德育课教学工

---

① 中共中央、国务院关于全面深化新时代教师队伍建设改革的意见[EB/OL].[2018-01-20].http://www.xinhuanet.com/politics/2018-01/31/c_1122349513.htm.

作的整个过程充满正能量,引导学生自觉培育和践行社会主义核心价值观,努力把自己培养成为能够担当民族复兴大任的时代新人。

(3)在遵守党纪国法、校纪校规、建设精神文明方面,做师生的榜样

德育课教师必须能够严格要求自己,自觉遵守党的纪律,模范遵守国家的法律法规,维护党的团结和统一,对党忠诚老实,言行一致,坚决反对一切派别组织和小集团活动,反对阳奉阴违的两面派行为和一切阴谋诡计;自觉遵守学校的教学常规,按照学校的教学工作要求,认真做好教学的各个环节工作,不出任何教学事故;坚持做到在教学工作、班主任工作、学校工作中依法执教、廉洁自律;自觉维护祖国统一和国家荣誉,坚决反对分裂国家和危害国家统一、安全等违法犯罪行为;以扎实的专业理论功底,做到理性分析批判各种非马克思主义社会思潮,为净化校园空气、推进学校精神文明建设做努力;在教职工学习、生活和工作场所,或在教职工和学生的微信群,注意维护网络安全,积极传播正能量、培育和践行社会主义核心价值观。

(4)在参与学校改革发展方面,做新时代的先锋

近几年,为了贯彻国务院关于加快发展现代职业教育的决定精神,许多省、市都开展了创建教育改革发展示范校工作,福建省还开展了创建示范性现代职业院校建设工程项目建设工作。这些创建工作,是职业学校加快发展的机遇,中职德育课教师理应站在时代潮流的前头,积极参与其中,力所能及地承担相关工作,为学校的改革发展开展项目建设、教学改革、校园文化建设、专题研究、培养青年教师、下企业实践、校企协同育人、服务当地经济社会发展、经验总结等工作,为学校加快发展现代职业教育的改革发展工作做出贡献。

3.忠于党的职教事业,克服各种困难

在党和国家的高度重视下,职业教育迎来了加快发展的春天,中职教育正赶上大力发展机遇期。但是,中职教育发展的时间较短,中国的许多老百姓希望自家的孩子上重点、读名校,对职业教育的认识还处于初级阶段,很不情愿把孩子送到职业学校。因此,中职学校在发展过程中必然会遇到招生难、班主任难当、德育课教学工作难开展等困难,中职德育课教师还可能会遇到自己理论功底不够扎实而难以说服学生、个别甚至自我迷茫等困难。德育课教师必须要面对这些问题并找到应对的策略,最为重要的就是需要我们具有忠于党、忠于祖国的崇高职业精神,表现为教书育人和为人师表的蜡烛精神,拼搏进取、永不言弃、持之以恒、校荣我荣、校衰我耻、无私奉献的

敬业精神，忠于职守、认真负责、刻苦勤奋、不懈努力的勤业精神，业务熟练、精益求精、尽善尽美、有所进步、有所创新的精业精神，互相关心、互相爱护、互相帮助、齐心协力、协同合作的团队精神，只有培育起这些崇高职业精神，支撑起人民教师立德树人的脊梁，才能真正使自己变得强大起来，努力形成教育教学合力，真正克服各种困难。

二、职业教育素质

学校以育人为根本，中职教师应该以爱岗敬业、立德树人为乐趣，不断提高开展职业教育的素质。中职德育课教师提高职业教育素质，必须拓宽职业教育视野，更新职教理念，以创新教学思维，提高教学技能。

(一)更新职教理念，提高德育课教师的职业教育素质

职业教育理念，主要是指中职德育课教师用以指导教学工作、开展思想政治教育的思想。通过对现代职业教育理论的学习和把握，全面提高教师自身的综合素质，确保教育教学工作中能够遵循学生成长规律、职业教育发展规律和思想政治教育规律，能够按照《德育大纲》和德育课教学大纲和学业水平考试大纲的要求培养学生的职业兴趣、完善学生的职业性格、提高学生的职业能力、引导学生培育正确的价值取向、培养学生的良好行为习惯，全面提高学生的综合素质。

1.树立育人为本理念

树立育人为本理念，就是指德育课教师必须从党和国家利益出发，牢记习近平总书记关于"坚持以人民为中心"[①]的要求，尊重学生权益，以学生为中心，一切为了学生的可持续发展，充分调动和发挥学生的积极性、主动性；遵循学生身心发展特点和职业教育教学活动规律，提供具有中职学校特色的思想政治教育，促进中职生健康成长的教育理念。其基本要求是：确立以人民为中心的价值理念，不断提高爱党爱国爱社会主义的政治思想觉悟，自觉培育教书育人、立德树人、敬业奉献的教师职业道德和职业精神，自觉培

---

① 党的十九大报告辅导读本［M］.北京：人民出版社，2017：20.

育和践行社会主义核心价值观;根据德育课教学大纲和《德育课学业水平考试大纲》的要求,结合中职生的实际情况,科学制订教学计划,正确确定教学目标、教学重点和教学难点,合理确定教学的难易度,灵活选择适合的教学方法,以提高教学的实效性;结合学生所学专业特点,有目的、有计划地开展立德树人教学活动;为了中职生职业生涯的可持续发展,能够有目的有计划地开展科学世界观、方法论、人生观、价值观教育。

2.树立科学发展理念

树立科学发展理念,就是指德育课教师必须牢记习近平总书记关于"坚持新发展理念"①的要求,遵循中职生的成长规律、德育课教学规律,树立有利于学生可持续发展的教育理念。其基本要求是:德育课教师必须从中职生可持续发展的要求出发,加强习近平新时代中国特色社会主义思想关于以人民为中心的发展思想的科学内涵教育和马克思主义与时俱进的理论品质教育,为学生的可持续发展提供精神动力和智力支持;培养教师自己终身学习与可持续发展的意识和能力,做学生终身学习的典范,以培养学生终身学习的习惯;把培育和践行社会主义核心价值观教育与加强职业生涯教育、职业道德教育、依法治国教育、社会主义市场经济教育、爱党爱国爱社会主义教育、构建社会主义和谐社会教育、马克思主义世界观和方法论教育有机结合起来,引导学生为可持续发展提高综合素质。

3.树立大德育理念

树立大德育理念,就是指德育课教师必须牢记习近平总书记关于"培育和践行社会主义核心价值观""要以培养担当民族复兴大任的时代新人为着眼点"②的要求,坚持能够从党和国家实现中华民族伟大复兴中国梦的伟大理想目标出发,坚持教书育人、立德树人,重视培养提高学生的思想政治觉悟、职业道德素质、法律素质、心理健康素质,强化学生的国家公民意识、遵纪守法意识、产品质量意识、创新创造意识、依法维权意识,培养学生培育和践行社会主义核心价值观的教育理念。其基本要求是:德育课教师能够在中职阶段全程加强习近平新时代中国特色社会主义思想和党的十九大精神教育,增强学生的"四个意识",坚决维护以习近平为核心的党中央权威和集中统一领导;坚持理想信念教育、中国精神教育、道德品行教育、法治知识教

---

① 党的十九大报告辅导读本[M].北京:人民出版社,2017:21.
② 党的十九大报告辅导读本[M].北京:人民出版社,2017:41.

育、职业生涯教育、心理健康教育与习近平新时代中国特色社会主义思想教育紧密结合起来,引导学生把"个人梦"与"中国梦"高度契合、在职业生涯规划过程中把自己的职业理想与建设富强民主文明和谐美丽的社会主义现代化强国有机结合起来,努力做德智体美劳全面发展的中国特色社会主义事业建设者和接班人;坚持中华优秀传统文化教育与社会主义核心价值观教育有机结合,培养学生"四个自信",跟定共产党、永远听党的话。

4.树立大职教理念

树立大职教理念,就是指德育课教师必须牢记党和国家关于加快发展现代职业教育的要求,从教育与经济相互融合的必然性教育中,帮助学生顺利实现从"学校人"到"职业人"角色转换的跨界教育理念。其基本要求是:德育课教师能够从国家全局利益、企业发展利益、学校整体利益、学生可持续发展的长远利益出发,把创新教育与热爱专业教育、正确人才观教育紧密结合起来,以培养学生的创新精神为核心,鼓励学生重视专业知识、专业技能的学习,重视职业素养、公民素养和非智力因素的培养,正确引导学生在"做人"和"做事"中重视德育、智育、体育、美育、劳动等诸方面的有机融合,为职业生涯的可持续发展做好充分准备,积极主动地与其他学科教师共同开发学生的智能要素,为学生实现成功的职业生涯提高基本素质、提供智力支持;正确处理德育课教学与专业课教学、其他文化课教学的关系,重视开展培育学生崇尚法律和道德的人文精神、科学精神教育,为中职生获得职业生涯的成功点亮积极进取、开拓创新的智慧明灯。

5.树立追求卓越理念

树立追求卓越理念,就是指德育课教师必须牢记习近平总书记关于"坚持以人民为中心""坚持全面深化改革"①的要求,能够坚持培养学生敢于挑战、敢于质疑、敢于冒险、敢于超越的创新思维、创造精神,培养学生精益求精、追求极致的社会主义职业精神的教育理念。其基本要求是:德育课教师对职教事业具有强烈的事业心和高度的责任感,具有严谨治学、精益求精的教师工匠精神,对解决学生的学习问题、心理障碍问题、人生理想问题充满爱心、耐心、信心和恒心,能够孜孜不倦、与时俱进地寻求解决提高德育课实效性问题的最佳方案;通过德育课教学,把这种理念潜移默化地转变为学生实现远大人生理想的不竭精神动力。

---

① 党的十九大报告辅导读本[M].北京:人民出版社,2017:20-21.

6.树立成功教育理念

树立成功教育理念,就是指德育课教师必须了解学情,能够针对学情运用正确的教育理论、选择适合的教育方法,把思想政治教育与鼓励学生成长成才教育紧密结合起来的教育理念。其基本要求是:德育课教师能够从学生职业生涯成功的渴望和需求出发,运用赏识教育等成功教育理论,以信任、尊重、理解、激励、宽容、提醒的心态和思维方式对待学生、教育学生,帮助学生在宽松、民主的学习氛围中,树立学习信心、激发学习兴趣、学会独立思考、创新学习方法;根据学生职业生涯成功的条件,鼓励学生培养学习兴趣、完善职业性格、提高职业能力,根据职业特点和要求调整价值取向、养成良好的日常行为习惯,激发创新创造的思想火花。

(二)中职德育课教师提高职业教育素质的途径与要求

中职德育课教师提高职业教育素质的途径主要依靠加强职教理论学习,深入企业实践、调研和提升信息化教学水平的教学能力。

1.加强职教理论学习,提升职业教育素质

(1)开阔职教理论视野,提高职业教育涵养

中职德育课教师加强职教理论的学习,一要通过学习党和国家的文件、会议报道、职教期刊的学术论文等,研究党和国家发展教育事业的战略思想、理论、纲领、路线、方针和政策,全面掌握党和国家对加快发展现代职业教育的根本要求、方针政策。二要研究国外发展职业教育的现状,了解国际社会发展职业教育的普遍共识和相关国家成功发展职业教育的典型经验,从中得到发展我国职业教育的启示。三要研究国内发展职业教育的理论,研究全国各地加快发展职业教育的改革与实践活动,了解其经验和教训。通过职教理论学习研究,更新教育观念,增强职教意识、拓宽职教视野、掌握职教规律,明确中职学校的培养目标是造就德智体美劳全面发展的高素质劳动者和技能型专门人才。四要研究现代职业教育教学方法中比较适合德育学科教学的方法,为选择、实验中职德育课教学方法开阔思路。

(2)加强专业理论学习和研究,让思想跟上时代的步伐

加强专业理论的学习和研究,一要学习研究马克思主义中国化的理论成果、中职学校德育大纲、中职德育课教学大纲和学业水平考试大纲,熟悉本学科的教学目标、单元目标、各课的目标并根据党和国家关于教育工作、

德育工作的理论、方针和政策,不断优化各层级目标。当前,最重要的就是要根据党中央、教育行政部门关于习近平新时代中国特色社会主义思想进教材、进课堂、进头脑的要求,研究确定好德育课四门必修课和一门选修课的教学总目标及单元目标和各课时目标。二要学习研究中职德育课教材,熟练掌握四门必修课"职业生涯规划""职业道德与法律""经济政治与社会""哲学与人生"和选修课"心理健康"的教学内容,全面掌握马克思主义中国化的最新理论成果,即习近平新时代中国特色社会主义思想并根据教学目标和五门课程特点、知识体系结构和内在逻辑关系,设计好习近平新时代中国特色社会主义思想进课堂的最优方案,以优化教学内容。三要了解、学习和研究思想政治教育专业的学术动态,特别要了解研究中华优秀传统文化中孕育的社会主义核心价值观内涵,掌握其历史脉络,以便教育学生。四要学习研究德育课教学方法,为实现习近平新时代中国特色社会主义思想进学生头脑而优化、创新教学方法。五要在精通本学科业务的同时,努力学习和造就自己相关专业职业素养、广泛了解各专业的实际情况,在各专业知识相互融通中,提高把握本专业理论知识的能力。六要努力培养自己"双师型"教师的素质、学科带头人素质和对职业教育的热爱之情,让思想政治教育专业在职业学校的教育中,发挥更大的优势和作用。

(3)进行创造性思维,总结和提炼职教理念

在德育课教学、班主任工作等德育工作方面,每个教师都会有经验、教训、感悟等,关键是要养成勤学习、爱思考的习惯,要结合教学反思、课题研究,将它们综合起来思考,通过经常性反思、发散性思考、创造性思维,使这些宝贵的经验、教训、感悟等升华为职教理念,并通过科学的表述,争取在职教类专业杂志上公开发表、交流,共同推进职教事业的发展,充分展示德育学科在培养能够担当民族复兴大任的时代新人方面的特殊作用。

2.深入企业实践、调研,改造自己的世界观

2005年《国务院关于大力发展职业教育的决定》和2006年教育部《关于建立中等职业学校教师到企业实践制度的意见》均提及了职业学校教师到企业实践的问题,体现出国家对职业学校教师专业实践能力的高度重视。中职德育课教师为了提高教学实效性,也必须深入贯彻落实《国务院关于大力发展职业教育的决定》和《关于建立中等职业学校教师到企业实践制度的意见》的精神,积极主动地争取机会到企业去实践锻炼和开展调查研究,针对所教专业学生将来从事职业的工作环境和工作特点等要求,真实地了解

现代企业的生产工艺流程,感受市场经济大潮中新工艺、新材料、新技术、高科技对社会生产发展的巨大作用,深刻认识人民群众在社会历史中的创造作用,促进教育观念的更新;把自己锻炼成为既有专业特色又有职业特色的德育课教师,加快专业化发展的进程;通过企业的顶岗实践和调研,积累教学工作贴近社会、贴近生活、贴近学生未来的职教素材,提高自己在更高层次上培养学生全面协调可持续发展的职业教育教学能力;在与人民群众相结合的伟大实践中,改造和升华自己的世界观、人生观和价值观,实现德育课教师教育观念的彻底转变,从根本上提高服务学生专业学习的教育教学能力。

3.提升信息化教学水平和教学能力,适应现代职业教育发展的需要

知识改变命运,技能创造人生,这是中职学校办学中一个重要的教育理念。在加快发展现代职业教育的进程中,党和政府对中职学校加大了投入力度,硬件建设和软件建设都得到了重视和保证。随着中职学校办学条件的不断改善,教师提升信息化教学水平并从整体上提升教学能力的要求也不断提高;国家、省、市教育主管部门为了推进职业院校的教学改革,非常重视课堂教学信息化的普及,对于创建示范校的职业院校,对教师课堂教学信息化提出了较高的指标要求,并且连续开展了好几届信息化教学比赛。在课堂教学信息化比较普遍的情况下,教育部于2018年又提出了以运用信息化手段辅助教学,以全面提高教师教学能力为主要目标的教学能力竞赛要求。在这一大背景下,中职德育课教师必须跟上教学改革的时代步伐,积极参与课堂教学信息化普及活动,通过参加比赛,自加压力,加快提升教学信息化水平,并从根本上提高教学能力,为提高德育课教学的吸引力、实效性,扎实掌握现代教学手段和教学基本功。

三、专业理论素质

这里所说的专业理论素质,包括德育课教学相关的思想政治教育专业理论素养、德育工作理论素养和德育课教师专业理论素养。

(一)思想政治教育专业理论素质

思想政治教育专业理论素质,包括德育工作理论素质和德育课教师专业理论素质。

思想政治教育专业理论素质,是指中职德育课教师从事中职学校德育课程教学工作所必备的专业理论知识水平,主要是指从事中职德育课"职业生涯规划""职业道德与法律""经济政治与社会""哲学与人生"四门必修课和"心理健康"选修课教学工作所必备的学科理论知识的掌握、运用和不断加强专业理论知识学习的能力。在我国,为了进一步推进科技创新和生产力的发展,以习近平为核心的党中央,坚持全面深化改革,生产关系在不断调整完善,上层建筑在不断深化改革,为生产力的发展保驾护航。改革创新所带来的必然是理论的创新与发展,所以德育课教师不能仅靠学校学习的专业理论来应付几年后甚至几十年后的德育课教学,必须及时掌握马克思主义中国化的最新成果,为切实有效地实现最新理论成果进课堂、进学生头脑,奠定扎实的专业理论功底,来提高我们的专业理论素质。

(二)德育工作理论素质

中职学校的每一位教师都是德育工作者,他们或教书育人,或管理育人,或服务育人,但是都必须坚持立德树人。德育工作理论素质,是指中职学校开展德育工作所必须具备的基本理论素质,包括党和国家的德育工作文件精神,特别是对习近平新时代中国特色社会主义思想的科学内涵和精神实质的把握、德育工作经验的积累、教育情景的创设能力等。中职德育课教师必须具备的德育工作理论素质,必须包括对中职德育工作目标、德育内容、德育原则和德育工作方法等方面的理论知识的熟练掌握和灵活运用,日常学生管理过程中处理学生问题、开展主题教育、开展安全教育等方面积累的理论知识素养和经验总结,综合运用各种教育资源创设教育情景及开展日常教育活动的素养和能力。

(三)德育课教师专业理论素质

德育课教师专业理论素质,是指担任德育课教学所必备的教育学、心理学、思想政治教育学科教材教法方面的理论知识素质和基本技能,主要是指德育课教师对这些学科的理论知识素质和运用这些知识开展教学设计、课堂教学、教学反思、课后辅导、学生日常管理、处理教学和管理相关信息、班主任工作设计、班会活动方案设计、开展主题教育活动等工作的教育理论支撑和基本技能。当前,要实现习近平新时代中国特色社会主义思想和党的十九大精神进课堂、进头脑,德育课教师的教师专业理论素质和运用理论的能力显得尤为重要。

(四)中职德育课教师提高思想政治教育专业理论素质的途径和要求

改革开放 40 年来,社会现状决定了当前学生知识面异常开阔,思维空前活跃,同时社会的瞬息万变也给教师提出了前所未有的新要求。所以中职德育课教师要适应形势发展的需要,加快专业成长。

1.必须通过自学,提高思想政治专业理论素质

习近平总书记在党的十九大报告中指出:"经过长期努力,中国特色社会主义进入了新时代,这是我国发展新的历史方位。"[①]在这个时代,国际形势错综复杂,面对新情况,中国共产党需要不断进行理论创新,不断丰富、补充和完善中国特色社会主义理论,不断用新的理论来指导伟大的社会实践,解决新问题。中国共产党理论上的不断发展和创新,需要中职德育课教师有年年当好新老师的思想准备,自觉地通过自学、参加学校举办的各种政治学习活动加强政治理论学习,与时俱进地跟上中国时代发展的步伐。这是思想政治教育学科与其他学科相比所特有的一个重要特征。

2.必须争取学校领导支持,多参加教育主管部门举办的政治理论培训

在党和政府的重视下,中职学校,特别是创建示范校、示范性现代职业院校的中职学校,教师具有更多外出学习培训的机会,中职德育课教师应该积极争取学校支持,走出校门,去参加各级举办的教师培训活动,特别是德

---

① 党的十九大报告辅导读本[M].北京:人民出版社,2017:10.

育学科的业务学习培训活动,听取专家教授对习近平新时代中国特色社会主义思想的讲解以开阔视野,通过消化吸收,提高理论素养,让自己站在更高的理论高度来驾驭德育课教学,使德育课教学更具有时代性和科学性,更符合党和国家的教育目标。

3.积极参与各类竞赛活动,增强提高思想政治教育专业理论素质的自励驱动

虽然家长不是很重视中职教育,但是,教育主管部门很重视。近几年,从教育部到教育厅,再到市教育局、职教中心,都很重视中职教师队伍建设,几乎每年都举办学科教师教学技能竞赛,以激励教师专业成长。为此,中职德育课教师应该积极参与德育学科的教学技能竞赛、信息化教学比赛、班主任基本功竞赛及后续开展的融教学技能竞赛和信息化教学比赛于一体的教学能力竞赛。通过参加这些竞赛活动,督促自己加强学习学科专业理论、教育学、心理学、教学方法、信息技术等理论知识,主动熟练掌握教育教学基本技能,并不断提高自我学习的能力,加快教师专业成长和教学业务成熟。

4.必须加强课题研究,为提高思想政治专业理论素质增加压力

加强课题研究,走教科研成长的道路,是教师专业成长的重要途径,也是中职德育课教师提高思想政治专业理论素质的重要途径。近几年来,各级教育主管部门每年都会发布德育研究专项课题申报文件。为了加快专业成长,中职德育课教师应该积极主动地主持或参与申报各级德育课题研究,也可以申报其他类别课题中的德育课题开展研究。通过主持或参与课题研究,激励自己加强业务学习,拓宽职教视野,加快专业成长。

5.搭建更多的专业成长平台,加快综合素质的提升

中小学教师队伍中的名师、学科带头人、名校长的培养工作起步比较早,培养的教师也比较多。中职学校教师培养工作会相对滞后一些,但是许多省、市已经启动了中职学校专业带头人、学科带头人的培养等教师培养工程。比如,福建省已经评选过专业带头人,三明市 2017 年也已经启动了学科带头人的培养,其中中职德育学科就有四位优秀青年教师被列为学科带头人培养对象,笔者也有幸地担任了他们的教学实践导师,增加了再成长进步的压力和动力。因此,中职德育课教师应该顺应形势发展需要,努力创造条件,争取早日获得省、市学科带头人称号,为加快专业成长获得更多的机会。

四、基本能力素质

　　探讨中职教师能力结构标准问题,明确中职教师队伍建设的方向和重点,是当前中职教育发展提升核心竞争力的关键,是发展职教事业的时代呼唤,也是中职德育课教师提高自身素质的重点内容。下面就中职教育发展的新形势对德育课教师能力结构的要求、中职德育教师能力素质的基本内涵及其优化的有效途径进行探讨。

(一)中职教育发展对德育课教师能力结构提出的要求

　　中职德育课教师应该具备怎样的能力结构? 这是由党和国家的要求、中职教师肩负的历史使命和必须面对、解决的现实问题决定的。

　　(1)党和国家发展职业教育的大政方针对中职德育课教师能力及其结构提出了新的要求。在第一章中职德育课的历史使命部分,分析了党和国家关于大力发展职业教育的大政方针表明,中职德育课教师不仅要提高能力素质,而且要优化能力结构,努力提高实施职业教育的能力、专业发展能力、德育工作能力、教育科研能力。

　　(2)第二章中职德育课提高实效性面临的问题主要表明,中职德育课教师还必须具有较强的教师监控能力、组织管理能力、德育工作能力和心理调适能力,必须具备构建工作关系网能力、招生工作能力。

　　综上分析,当代中职德育课教师必须具备以下十种能力:实施职业教育的能力、专业发展能力、德育工作能力、教师监控能力、教育科研能力、组织管理能力、发展与质量保证能力、构建工作关系网能力、心理调适能力和招生工作能力。

　　(3)中职教育的工作对象在客观上要求德育课教师有较高的能力素质和完善的能力结构以面对新情况、解决新问题。

(二)中职德育课教师能力的基本内涵

　　我们应该如何认识当代中职德育课教师必须具备的能力素质呢? 下面

我们对中职德育课教师十种能力的含义、基本要素及意义做粗浅的探析。

1.实施职业教育的能力

实施职业教育的能力是中职教师贯彻落实党的职教方针、从事职教事业的工作能力,是中职德育课教师能力中的核心能力。实施职业教育的能力,应该包括把握大纲完成教学任务的能力、学习能力、说课能力、信息化教学能力、学科术语的表达能力和教学反思能力等。

(1)宏观把握教学大纲和党的会议文件、驾驭教材、制定学期教学工作计划、完成教学任务的能力

宏观把握教学大纲和党的会议的能力,是指热爱职业教育,具有把党和国家的职教理论、方针、政策、培养目标及教学大纲、考试大纲贯彻落实到教学全过程的能力。国家颁布的中职学校德育课教学大纲,是中职德育课教师从事教学工作的法规性、纲领性文件;省一级教育主管部门制定的学业水平考试大纲,是地方性重要的教育政策,中职德育课教师必须具有把握、贯彻教学大纲和学业水平考试大纲的能力。我们党各个时期的会议文件都会对马克思主义中国化的最新成果进行高度概括,必须及时将这些最新理论成果补充到课堂教学中,中职德育课教师必须具有实现党的会议精神进校园、进课堂、进学生头脑的能力。驾驭教材的能力,是指根据教学大纲、考试大纲、党的会议精神等要求,正确处理教材,整合教育资源,达到教学目标的能力。中职学校使用的德育课教材,是根据教学大纲编写的国家级规划教材,体现了国家意志,中职德育课教师必须具有讲解教材知识点、整合教材内容、补充最新理论成果和进行教学设计的能力。制定学期教学计划的能力,是指教师根据教学大纲等教学文件精神及党的会议精神,制定必修课和选修课任何一门课程的教学工作安排计划的能力。德育课教师不能没有宏观考虑、整体安排就去上课,必须根据不同的专业、不同年级学生的特点及社会热点等确定所担任课程的总的教学目标、教学重点、教学难点、主要对策、时间安排等教学工作计划,以整体规范一个学期的教学工作思路。完成教学任务的能力,是指德育课教师根据学科教学大纲、学期教学计划,独立完成授课任务、达到教学目标的能力。为了完成教学任务,还要求德育课教师必须具有较强的职教意识、较宽的职教视野,以及及时了解掌握并运用所教德育学科新理论、新思想、新观点的能力;掌握职教规律,针对各个专业学生开展思想政治教育和指导实习、就业、创业的能力;较强的专业实践、教学组织、教学整合、教学创新的能力;具有依法执教、依法保护自己合法权益的

能力。中职德育课教师队伍实施职业教育整体能力的高低,从学校集体来说,关系到学校的德育工作能否扎实有效、办出自己的特色,关系到学生职业理想的引导、职业道德和职业精神的培育、政治思想觉悟的提高及马克思主义世界观、方法论的掌握和运用;就教师个体而言,这一能力不仅会影响到教师的工作效率,还会影响到领导、同行对教师的评价,它对教师其他方面能力的发展有较大的影响。因此,每一位德育课教师都应该高度重视提高实施职业教育的能力。

(2)学习能力

教师的教学工作是创造性劳动,必须具有理解客观事物并运用知识、经验等解决问题的能力,包括记忆能力、观察能力、注意能力、想象能力、逻辑思维能力,核心是逻辑思维能力。中职德育课教师需要具有学习能力,就是要有准确记忆学科术语的能力,观察社会和观察学生的能力,注意教学内容、教学方法、教学对象、监控教学过程的能力,凭记忆和想象对教学过程实现概括的、间接的反映的能力,对各种感知材料进行加工、创造性思维的能力,除了这些最基本的记忆力、观察力、注意力、想象力、思维力以外,还必须具有对新事物、新理论的理解能力,对教学内容进行归纳整理的能力、对教学方法进行创新性试验、合理选择的能力、对学生的疑惑能够理性应对、说服教育的能力,对于反映社会各种现象的信息具有收集、梳理、分析处理的能力,具有最基本的口头和文字语言表达能力,具有适应社会、融入社会的能力,等等。德育课教师的学习能力,关系到德育课教学内容能否做到与时俱进、教学方法能否做到改革创新、教师的专业能力能否不断发展,每一位教师都应该有意识地培养提高自己的学习能力。

(3)说课能力

说课是中职教师在教学活动中的教学常规,当教师在一定范围内开汇报课、公开课、示范课或参加教学比武时,都会被要求说课。说课"就是要说清楚自己对某一课题如何设计,怎样做,以及为什么要这样做"。① 中职德育课教师具有说课能力,就是在强化教学大纲、学业水平考试大纲意识和学情分析意识的基础上,一要具备说清楚教学设计的能力,这是说课的核心能力。说清楚教学设计的能力,表现在能够说清楚教学内容、教学环节安排,即能够说清楚教学内容的逻辑关系、各个教学环节的过渡与衔接;说清楚根

---

① 赵丽英.刍议中职教师说课能力的培养[J].中国职业技术教育,2014(8):31.

据内容的难易程度、学生的接受情况,你是如何分配时间的,就是能够让听课教师听清楚你教的是什么、你是怎样教的,以及这样教的大纲和考纲依据、教学方法依据、教育学依据和心理学依据分别是什么;同时,还要能够说清楚你是采用什么教学方法讲清教学重点、突破教学难点的,你是如何围绕教学重点和难点来安排师生互动、实现教学目标的。二要具备教学反思的能力,并能够体现实施职业教育的特色。具备教学反思的能力,就是能够讲清楚教学优点和亮点,存在的问题和不足,不断提高实施职业教育的能力。德育课教师的说课能力,关系到教师能否与同行教师开展教学设计、教学过程体验、教学反思等方面的教学经验交流,也关系到教师的业务成长,每位教师都应该掌握说课要领,增强说课能力。

(4)信息化教学能力

"信息化教学是在信息化环境中,教师与学生在现代教育思想、理论指导下借助现代信息技术组织的教学活动。"[①]为贯彻落实全国教育工作会议精神和《国家中长期教育改革和发展规划纲要(2010—2020 年)》,教育部于2011 年 10 月 22—25 日在沈阳市信息工程学校举办了旨在推动中等职业教育教学改革创新、提高教师教育技术应用能力和信息化教学水平、促进信息技术在教育教学中的广泛应用的全国中等职业学校信息化教学大赛,比赛项目分为多媒体教学软件比赛、信息化教学设计比赛、计算机网络技术信息化教学比赛。比赛特别强调:"如是中等职业学校德育课程和文化基础课程的教学内容,应依据教育部新修订的德育课程教学大纲(教职成〔2008〕7号)、公共基础课程教学大纲(教职成〔2009〕3 号)的教学要求,参照相关课程改革国家规划新教材(版本不限)进行制作和设计。"[②]教育部拉开了全国中等职业学校信息化教学大赛的序幕。这一规定表明,信息化教学手段是用以辅助教学、为提高教学质量服务的,德育课教学应该引起高度重视。此后,每年都由中国职业技术教育学会教学工作委员会组织一届全国中等职业学校"创新杯"教师信息化教学设计和说课大赛,各学科(专业)的比赛由说课、教学设计、课堂教学实录等组成。这一比赛活动,推动了信息化教学

---

① 龚双江.中等职业教育教研工作的方式与方法刍议[J].中国职业技术教育,2015(11):57.

② 教育部办公厅关于举办 2011 年"神州数码杯"全国中等职业学校信息化教学大赛的通知(教职成厅函〔2011〕50 号)[EB/OL].[2011-08-16].http://www.moe.gov.cn/srcsite/A07/s7055/201108/t20110816_171565.html.

的推广和普及,提升了中职教师运用信息化技术辅助教学的能力。全国中职学校"创新杯"教师信息化教学设计和说课大赛,还带动了各个省、市举办中等职业学校教师教学技能大赛,如福建省,先后举办了 2017 届、2018 届两届全省中职学校教师以教学设计、课件制作、片段教学和答辩等为主要环节,以同课异构为主要模式的教学技能大赛。这些比赛活动,极大地推动了中等职业学校的课程教学改革和教学内容、教学方法、教学理念的创新与优化,全面提升了全省教师的专业素质与教学能力。

信息技术与课程整合是信息技术应用于教育教学的核心,把信息技术与学科课程的整合作为新课改中教学改革的一项重要举措,也是当前我国推进教育信息化进程中的重点和难点。为此,很多中职学校都已着手进行信息技术与课程整合的探索,给每个班级配备了"班班通",要求所有教师运用信息技术开展课堂教学,取得了很大的成绩。

中职学校德育课教师必须适应信息化、数字化时代的要求,通过参加各级各类信息化培训,坚持能者为师,尽快掌握信息化教学的基本知识、基本技能,不断提高运用信息技术辅助教学的能力和水平,彻底改变只靠一本书、一支粉笔、一张嘴"打天下"的旧教学模式;要深入研究如何运用信息化教学改造传统德育课教学模式的问题,要在德育课教学过程中尽快实现在网络环境下教与学、教与教、学与学的有效互动,促进德育课教学方式与学习方式的根本性变革。同时,中职德育课教师必须做到更新观念,既不排斥多媒体技术,墨守成规;又不搭花架子,为多媒体而多媒体。我们应该牢记中职德育课课程性质、课程任务和课程目标,通过教学反思、创新思维、教学设计、师生互动,真正把信息技术与德育课教学有机结合起来,让信息技术为我们德育课教学完成立德树人、培育能够担当民族复兴大任的时代新人的根本任务服务。德育课教师信息化教学能力的高低,关系到课堂教学的吸引力和教学质量的提高,年轻教师比较有优势,老教师应该加强学习,不耻下问,加快提高。

(5)学科术语的表达能力

中职德育课程包括"职业生涯规划""职业道德与法律""经济政治与社会""哲学与人生"四门必修课和"心理健康"选修课,涉及伦理学、法学、经济学、政治学、社会学、哲学和心理学等多学科、多领域的知识,教学过程中需要教师表达的概念、原理、观点等学科术语很多,而且还要转化为通俗易懂的表达。"由于面对的是成长期的学生,教师不经意的话语,会对学生产生深刻的影响,决定着学生的学习态度与学习方法,也左右着学生的人生观和价值观。"①这就要求德育课教师表达的德育思想、观点必须科学、准确,做到在通俗易懂中渗透教育,在言简意赅中把握精髓,千万不能因为言语不清让学生听不明白,或者因为言不由衷让学生迷惑,更不能因为语言随意表达了错误的思想而误导学生。为此,德育课教师一要用心理解、记忆学科内容。课前功课要做足,必须精心备好课,不能马马虎虎,应付了事。二要集中精力、聚精会神讲好课。教师在课堂教学活动中,必须做到对教学内容深思熟虑,充满激情,尽情享受教书育人的快乐,这样才能保证不出差错;如果教师精力不集中,心猿意马,随便应付,信口开河,就很容易讲错,从而误导学生。三要有敢于承认教学失误的勇气,要有纠正错误的担当。对于大多数教师而言,在课堂教学激动处,偶尔说错一两个词语,或某句话表达得不够准确,这是有可能的。错误出现了,或者失误产生了,作为老师,你的态度如何就显得很重要。如果你为了自己的面子,故意不承认、不纠正,甚至学生提出来了你还在设法狡辩,则会使你的教学效果大打折扣,甚至学生会看不起你;你唯一的选择就是,向学生表示歉意,让学生明白有错就要改,也让学生看到老师对自己的严格要求和认真态度,更加愿意听老师讲课,产生好的教学效果。德育课教师学科术语的表达能力,关系到课堂教学的吸引力和教师在学生心目中的形象,每一位教师都应该加强思想政治教育专业的业务学习,扎实专业基本功,增强逻辑思维能力,掌握基本的语文基础知识和演讲技巧,提高教师的基本技能。

(6)教学反思的能力

"一个教师写三年教案,不可能成为教学名师,一个教师写三年教学反思,有可能成为教学名师。教学反思是课堂教学后的一个环节,是教师教学能力提高的核心因素。"②这就说明,教师只有坚持教学反思常态化,才能提高教育教学的艺术水平。当前,中职学校的教研氛围越来越浓,多数教师都会采取一定方式进行教学反思。教学反思正逐步成为中职教师的一种常态,因为"从备课到上课,再到课后的教学反思,整个完整的教学过程不仅是教师运用本体性知识和条件性知识与具体教育教学实践相结合的能力、机

---

① 李树峰.职业·行业·事业:兼论职教教师能力的三重境界[J].中国职业技术教育,2014(31):45.

② 赵丽英.刍议中职教师说课能力的培养[J].中国职业技术教育,2014(8):33.

智和个人魅力的体现,同时这种课堂互动也是教师对自我教学设计的一种检验,反思和摸索适合自己也深得学生喜爱的教学风格,进而与新的职教形势吻合,与社会发展和企业所需俱进"①。中职德育课教师必须跟上职教理论发展的形势与要求,进行经常性教学反思,并在反思过程中逐步提高教学反思的能力。

第一,坚持教学反思常态化。德育课教师要针对自己每次开展的教学活动进行反思。反思要及时,要养成书面反思的习惯,对教学中存在的问题或比较满意的方面要尽量做书面记录。通过教学反思,总结教学得失,挖掘教学中的亮点,诊断出教学中存在的不足及其症结所在,并对今后的教学策略进行调整,从而实现教师成长。

第二,在本校相关教师群体范围内进行教学反思。要在专业科、教研组、备课组举行的教研活动中进行反思,这种场合、人员结构下的教学反思,能够在同事们的肯定中坚定你具有某方面特长和优点的信心,也能够在同事们的帮助下认识到教学中存在的弱点和问题,以便在今后的教学中改进。这种教师间的相互交流、相互切磋最能够帮助教师实现专业成长。

第三,在阶段性反思中促进教师成长。阶段性反思,可以在一个单元后,也可以在期中,还可以是期末。阶段性反思,是建立在每节课反思的基础上的教学反思,可以帮助教师就如何提高德育课教学的实效性总结出带有普遍意义的经验和教训。阶段性教学反思,可以让德育课教师在专业成长方面加快量的积累,尽快促成质的飞跃,让自己站上一个又一个新的教学成长台阶。

第四,勇于在校级以上教研活动中进行教学反思。在加快发展现代职业教育的新时代,各个省市都开展了创建国家级或者省级示范校或者示范性现代职业院校项目工程培育活动,学校之间、教师之间的教学竞赛越来越频繁,为教师、特别是年轻教师的成长提供了很好的平台。德育课教师应该把握机遇加快发展自己,要争取在校外教研活动中,尤其是在省、市一级公开课的评课、教学技能竞赛、信息化教学竞赛和教学能力竞赛等的点评与交流活动中进行教学反思,让我们在更大的交流范围中,坚定自己成功的体验,吸取更多优秀教师的教学创意,让自己获得更多的成长机会。

第五,结合专题研究开展教学反思。已经出台实施的教师水平评价标

---

① 孙阳.提升职业学校德育课教师素质的策略研究[J].中国职业技术教育,2014(12):73.

准条件,各个省市普遍都提高了要求,特别是提出了做课题的条件。德育课教师的专业成长,应该充分利用这一条件,通过课题研究这一纽带开展专题性教学反思,可以就与课题相关的教学设计、教学方法、教材处理、各类信息资源整合等进行专题反思,也可以进行教育思想、教学理念等更高层次方面的反思,在教学反思中提出解决德育课教学过程中面临有关问题的优化方案。

总之,中职德育课教师必须学会教学反思,并养成教学反思的习惯,使教学反思成为常态,并不断提高教学反思的能力;要通过教学反思,在深刻感悟现代职教发展形势、取得成绩的同时,总结教学经验,升华教育理念,强化立德树人、教书育人的独特教学风格,为进一步提高德育课教学的实效性迈上新台阶。

2.专业发展能力

中职德育课教师提高思想政治素质、职业教育素质、专业理论素质和基本能力素质,都要依靠专业发展能力的提高。

(1)专业发展能力的含义

专业发展能力是指德育课教师与时俱进地使自己成为合格的中职教师的能力,是中职德育课教师能力中的关键核心能力。中职德育课教师专业发展能力应该包括:自主学习党和国家关于发展职业教育的理论、纲领、路线、方针、政策及其法律法规,特别是与教育相关的教育法、教师法、职业教育法的学习能力,自我提升思想政治觉悟、政策法规水平、职教理论水平和师德修养水平的政治修养能力;自主学习思想政治教育专业理论知识,自我提升德育课专业理论知识和教学技能水平的专业修养能力;运用马克思主义立场、观点和方法改造自己的主观世界,不断提高人民教师的社会主义职业道德和职业精神的自我管理能力;不断激励自己,不断产生奉献职业教育内在驱动力的自我教育能力。中职德育课教师专业发展能力"将在一定程度上决定中职教师的发展方向和成长速度,这一能力的高低强弱直接决定着教师其他能力的发展和提高"[①]。

(2)提高专业发展能力的途径

中职德育课教师要提高专业发展能力,必须规划好教师职业生涯、坚持走教科研成长的道路、具有不懈追求客观真理的教师职业精神。

---

①　张捷树.对教师能力结构标准问题的思考[J].福建职业与成人教育,2013(2):25.

第一，规划好教师职业生涯。一位教师成长得快不快，与有没有职业生涯规划有着密切的关系，因为教师职业生涯规划能够帮助教师目标明确地发展自己，能够帮助教师扬长补短地发展自己。因此，每位德育课教师都应该制定一份职业生涯规划，认真规划好教师职业生涯。教师职业生涯规划可以是书面的，也可以是写在心里面的。但是，教师职业生涯规划应该包括教师的主客观条件分析、确定的职业理想目标、专业理论等学习成长计划和以专业技术职务晋升为台阶的教学工作能力提升计划。德育课教师应该通过制定职业生涯规划，确立忠于党、忠于祖国的教育事业的职业理想，崇敬共产主义、中国特色社会主义伟大事业，通过终身学习不断加强师德修养，立志把毕生精力和智慧奉献给党和国家的教育事业，通过自身高尚的品德对学生产生潜移默化、深远持久的影响，激励自己不断成长为一名优秀的人民教师。

第二，坚持走教科研成长的道路。德育课教师必须通过主持研究或参与研究与教育教学工作密切相关的各级课题，使自己获得各方面的成长。走教科研成长的道路，要求德育课教师能够坚守教师工作的清贫、乐于从事德育教师耐心细致的思想政治教育、安于立德树人的平凡岗位，能够在马列主义、毛泽东思想、邓小平理论、"三个代表"重要思想、科学发展观、习近平新时代中国特色社会主义思想理论学习中孕育教书育人、立德树人的精神力量，能够在分析学情、学习大纲与分析教材、确定教学目标、讲清教学重点、突破教学难点、开展课后辅导、完成教学目标、开展教学反思中享受教书育人、立德树人的快乐，能够在课题研究、了解前沿学术、实验教学方法、解决教学中的重要问题中总结德育课教学的实效方法，能够在教学改革与教学创新中形成独特教学风格，能够在教学总结和教学反思中升华教学理念，能够在教学活动中实现教学相长，能够在各类教学竞赛、指导学生参赛中赢得荣誉和享受教育教学工作的快乐与幸福、提升教学水平、成长为职教名师。

第三，坚持终身学习。在教师的专业成长过程中，必须具有不懈追求客观真理的教师职业精神，这就要求德育课教师具有终身学习的兴趣和毅力。终身学习是指社会每个成员为适应社会发展和实现个体发展的需要，贯穿于人的一生的学习。德育课教师具有终身学习的兴趣和毅力，才能真正做到学无止境、活到老、学到老，让自己思维灵活、思想进步、专业理论跟上时代的步伐，才能培养学生的创新创造精神；才不至于在教学工作过程中简单思维、思想僵化、知识过时，被时代所抛弃。

第四，具备较高的思想政治素质。德育课教师必须具有克服一切困难的胆识和勇气，才能面对各种非马克思主义思潮保持清醒的头脑、面对市场经济的各种物质诱惑坚守思想政治教育的阵地、面对教学改革的困难拿出亮丽的教育教学成果。这些是德育课教师在专业成长过程中必定要面对的问题，也是必定要正确解决的问题。

第五，具备教师工匠精神。工匠精神是源远流长、博大精深的中华文化的重要内容之一，现代工匠精神具有"精益求精的创新精神""实事求是的科学精神""忘我工作的敬业精神"和"培育工匠精神与社会主义核心价值观是统一的"①等特征，中职德育课教师探求德育课教学规律和中职生成长规律以提高教学实效性，必须具有追求极致、精益求精的工匠精神，对于学生中出现的各种思想认识问题能够不计报酬地耐心引导、反复劝说，对于党和国家的教育思想能够不折不扣贯彻到底，对于各种非马克思主义思潮的错误和危害性能够思路清晰、旁征博引、以理服人地加以分析批判，引导学生健康成长。只有这样，才能真正实现德育课教师的专业成长。

3.德育工作能力

每一位教师都是德育工作者，但是在中职学校担任德育课教师，开展德育工作的能力显得尤为重要，这一能力包括德育工作意识、教书育人能力和学生管理工作能力。

（1）德育工作意识

"在全面发展教育体系中，德育是各育之首，是教育的灵魂。""德育意识成为影响德育工作实效的核心要素。"②中职德育课教师，要想提高德育工作能力，必须首先强化自己的德育意识，"修养自己的德行；必须在掌握了专业道德的原则、规范并形成了正确的专业道德认识基础上，自觉地将道德认识付诸实践，躬身力行，使之转化为道德行为。"③德育课教师有较强的德育工作意识，就是指有加强学校德育工作的敏锐意识，能够主动承担德育工作，能够根据工作需要积极参与学校德育工作的决策和具体实施活动；还应该根据学校德育工作的需要，积极培养自己参与文明校园建设、校园文化建

---

① 张捷树.中职校培育工匠精神的问题与对策[J].当代职业教育,2017(1):31-32.

② 肖凤翔,陈玺名.论中等职业学校教师德育意识及其养成[J].中国职业技术教育,2010(3):32.

③ 郑英.论中职德育教师职业素养修炼的三重境界[J].中国职业技术教育,2015(1):90.

设、改革发展示范校建设、示范性现代职业院校建设等方面的能力,为学校的改革与发展在德育工作方面做出更大的贡献。

(2)教书育人能力

中职学校的德育工作,主要指的是德育课教学工作,班主任、共青团等学生教育管理工作和学校党组织开展的思想政治工作,除了教书育人,还包括各个职能部门的管理育人和服务育人。教书育人是每个教师的基本职责,只有每位教师都具备开展德育工作的意识和能力,才能真正高质量、高水平地实现中职学校的培养目标。中职德育课教师具有开展德育工作的能力,要比其他学科的教师要求更高,中职德育课教师作为教师队伍的一员,必须上好德育课、发挥德育课在学校德育工作中的主渠道作用,就是德育课教师不能把德育课当作一般的文化课来上,而是应该按照党的十八大以来习近平新时代中国特色社会主义思想的要求,贯彻落实党的教育方针,牢记德育课教学大纲和中职学校德育大纲关于教书育人、立德树人的总要求,"能够将德育与专业相融合"①,真正把握好德育课程性质、完成德育课程任务、实现德育课程总目标,充分发挥好德育教师的专业特长优势,为培养德智体美劳全面发展的高素质劳动者和技能型人才,为实现中华民族伟大复兴中国梦培养中国特色社会主义事业的建设者和接班人。

(3)学生管理工作能力

班级不仅是中职生学习专业知识、掌握职业技能的集体组织,也是中职德育课教师开展德育课教学、加强思想政治教育最基本且稳定的基本单位。由于中职学校生源的复杂性和文化基础知识总体上比较薄弱,所以,中职学校的班主任工作不仅难做,而且尤为重要。中职德育课教师有较强的学生管理工作能力,就是德育课教师必须发挥专业特长、积极参与做好班主任等学生教育管理工作,在很多教师不愿意担任班主任工作的情况下,能够从学校德育工作需要出发,勇于接受班主任工作任务,用心经营好班级,扎实做好班主任工作,做到"把学生的全面协调可持续发展作为班主任工作的最高目标""把学生的实际生活需要作为班主任工作的立足点和出发点""把协调处理好各种工作关系作为班主任工作的基本保证"②,并坚持把德育课教学工作与班主任工作有机结合起来,把工业文化、企业文化与班级文化建设紧

---

① 郑英.论中职德育教师职业素养修炼的三重境界[J].中国职业技术教育,2015(1):90.
② 张捷树.用科学发展的思想指导中职班主任工作[J].中等职业教育,2012(3):26-28.

密结合起来,把社会主义核心价值观教育、中华优秀传统文化教育与热爱专业教育、职业理想和职业道德教育、爱党爱国爱社会主义教育、遵纪守法教育、劳动卫生教育、安全保卫教育、珍爱生命教育等专题教育紧密结合起来,争取实现班主任工作的最好效果,把班级建设成为文明班级、先进班级、示范班级,把学生培养成为合格的、优秀的中职毕业生。

4.教师监控能力

"教师监控能力是指教师为了保证教学的成功,达到预期的教学目标,而在教学的全过程中,将教学活动本身作为意识对象,不断地对其进行积极主动的计划、检查、评价、反馈、控制和调节的能力。"[①]

中职德育课教师的教师监控能力与一般教师的教师监控能力在本质上是一致的,同样应该包括:对德育课教学活动事先计划和安排的能力,即做好学期教学工作计划、进行教学设计、做好课前准备的能力;对自己实际教学活动进行有意识的监察、评价和反馈的能力,即自我掌控教学内容,督促自己讲清教学重点、突破教学难点、完成教学任务,组织学生开展教学评价,及时发现学生学习情况等方面的能力;根据教学设计、教学过程师生互动的实际、教学进度等情况对自己的教学活动进行及时调整、对教学活动进行反思、根据教学思路重新梳理教学内容、步骤、教学方法和有意识地自我控制教学活动的能力。

教师监控能力是实施职业教育能力的保障,这一能力的强弱关系到教学秩序的维护及其任务的完成和目标的实现。年轻的中职德育课教师由于经验不足,应该重视通过教师培训提高自己的教学监控能力;中青年德育课骨干教师,有了一定的教学经验,教师的资历比较深,职称也比较高了,承担的各方面工作任务可能也比较重,对教学监控能力的提高比较容易放松要求,往往在实际的教学中就更加重视对自我经验的运用,缺少对自己教学的监控,需要教师根据自己制定的教师职业生涯发展规划,自我激励加强教学反思和积极参加相关培训,增强教学效能感、提高教学监控能力;对于比较成熟的中年以上德育课教师,对自己以往的教学经验总结的比较多,会经常思考自己的教学情况,这时反而会更加重视对自己教学的监控,这时,中职德育课教师应该发挥中老年教师的作用,加强对年轻教师的培养,引导和警

---

① 董妍,俞国良.中等职业学校教师教学效能感和教学监控能力的研究[J].中国职业技术教育,2010(8):56.

醒他们重视加强教学效能感和教学监控能力的学习培训,以整体优化学校德育课教师队伍的能力结构。

5.教育科研能力

"一定的教育科研能力是指中职教师能够应用现代教育理论及其研究方法,分析中职教育教学发展过程中遇到的问题,并提出具有普遍指导意义的学术观点或问题解决方案的能力,也是中职教师重要的基本能力。"①

(1)中职德育课教师的教育科研能力的含义

在当前,中职德育课教师一定的教育科研能力应该包括:运用现代教育理论,特别是职教理论总结中职学校德育工作、德育课教学工作经验、有效解决教育教学工作相关问题的能力;根据贯彻落实党的教育方针、加快发展现代职业教育的需要,能够参与中职教育前沿课题研究的能力,能够申报或主持申报省、市级、甚至国家级课题研究的能力。一定的教育科研能力是中职德育课教师更新教育思想、实现专业成长、提高教育教学水平的关键能力,对于德育课教师其他各种能力的提升起着重要的作用。中职德育课教师应该在开展教育科研过程中,有意识地加强学习专业理论、教育理论、职教理论、教法理论、时事政治等知识,加强学习现代教育技术,并深入思考两者的融合,实现教师专业成长,为提高德育课教学实效性做好各方面的积累、奠定坚实的基础。

(2)中职德育课教师提高教育科研能力的途径

教师要具有一定的教育科研能力,并能够不断提高这一能力,必须积极参与课题研究,学会主持开展课题研究,在研究中不断总结经验、开阔视野、提高能力。当前,中职德育课教师尤其应该研究的问题是:从形式上讲,就是要研究能够提高德育课实效性的教学方法、信息化教学改革与创新、大中小幼德育工作一体化、学业水平考试、教师的专业成长等问题;从内容上讲,就是特别要学习研究习近平新时代中国特色社会主义思想进教材、进校园、进课堂、进头脑的实效性问题,研究中华优秀传统文化教育与社会主义核心价值观教育相结合的实效性问题,在"职业生涯规划""职业道德与法律""经济政治与社会""哲学与人生""心理健康"等学科教学中加强社会主义核心价值观教育的实效性问题,在德育课教学中开展理想信念教育、中国精神教育、中国梦教育等专题教育的实效性问题等,真正解决中职德育课提高实效

---

① 张捷树.对教师能力结构标准问题的思考[J].福建职业与成人教育,2013(2):25.

性问题。

6.组织管理能力

(1)中职德育课教师较强的组织管理能力的含义

较强的组织管理能力"是指中职德育课教师在中职日常教育教学工作中组织、管理和教育学生的能力,是中职德育课教师必备的基本能力"[①]。较强的组织管理能力应该包括较强的课堂教学组织能力和当好班主任等组织管理的能力。德育课教师较强的课堂教学组织能力,是指面对各种专业的学生,都能够接受教学任务,并提高优化、创新教学内容、教学方法和教学环境吸引学生的注意力,让学生把兴趣从玩手机转回到课堂来,让爱打瞌睡的学生专心听课,能够按照要求完成课后作业,能够顺利实现教学目标、完成教学任务等方面的能力。德育课教师当好班主任等组织管理的能力,是指能够接受任何班级的班主任工作,能够运用赏识教育等成功教育理论建设良好班集体;能够与学生开展交流、交心活动,建立有利于学生健康成长的师生关系,帮助学生克服心理障碍、重新获得学习信心;能够充分发挥班团干部的作用,通过培养班团干部成为班主任的得力助手,形成班级工作向心力、凝聚力,能够引导学生认真学习、刻苦钻研、发扬优点、克服缺点、向善向上、全面发展;能够组织学生有序参加学校、职能部门、年段等组织的各种教育活动,能够有序组织学生参加学校安排的各种社会实践活动,并引导学生深入思考、接受教育,让学生得到启发、收获成长。家校联系的组织管理能力,是指能够利用现代信息技术建立与家长的联系,搭建起家校共同教育学生的信息平台,通过与学生家长正常的交流、沟通,获得家长的信任,得到学生的支持,取得良好的效果。

(2)中职德育课教师提高组织管理能力的途径

组织管理能力是在实际工作中锻炼成长的,面对复杂的生源、复杂的社会环境,中职德育课教师必须重视组织教学、教学改革,做到勇挑重担,做好工作总结,以提高组织管理能力。组织教学是教师履行教学常规的重要环节,少数教师因为中职生不爱学习、组织教学比较困难,所以放松甚至放弃了组织教学,表现在硬着头皮进教室,进了教室只顾自己讲课,完全不理会学生的反应,下课了就算是完成了任务。这是很不负责任的表现,这种教学态度不仅不利于教学,而且也会弱化教师自身组织教学的能力。中职德育

---

①　张捷树.对教师能力结构标准问题的思考[J].福建职业与成人教育,2013(2):25.

课教师在课堂上是传播正能量的,必须重视组织教学,及时关注学生的表现、听课反应,对于认真听课的学生要及时表扬和鼓励,对于不认真听课的学生则要及时提醒、给予适当的批评。当然,我们必须正视学生的实际情况,对于表现特殊的学生要有足够的耐心,对于他们的进步表现要给予及时的肯定,还要利用课余时间交谈鼓励其树立信心、改正缺点。总之,我们必须讲究组织教学的艺术,并在经常性教学反思中提高教学艺术水平,以提高课堂教学的实效性。开展教学改革,主要指德育课教师必须重视教学内容的优化创新、教学方法的实验创新、教学模式的改革创新等,通过教学改革探索教学组织模式、提高教学实效性的有效方法、锻炼提高课堂教学的组织管理能力。勇挑重担主要指的是,中职德育课教师应该积极主动承担学校职能部门、学校领导安排的教育教学工作,让自己在一定工作压力下多做工作,学会在承担多种工作的情况下统筹兼顾、做好各项工作,锻炼提高自己的组织管理能力。在工作总结中提高组织管理能力,就是中职德育课教师要对自己所承担的教学工作、班主任等德育工作和学校安排的其他工作,进行定期的、分阶段的反思和总结,积累经验,吸取教训,在多次反复的工作总结中,使自己的组织管理能力更上新台阶。

7.发展与质量保证能力

(1)德育课教师发展与质量保证能力的含义

发展与质量保证能力是中职教师充分发挥主观能动性、利用一切有利条件完成工作任务的重要的基本能力。中职德育教师发展与质量保证能力应该包括:适应与不同性格、兴趣爱好同事进行广泛合作的能力;与同事分享彼此的专长、资源与经验的能力;与同事共同承担责任的能力;在利益冲突面前自我调控心理的能力。中职教师的发展与质量保证能力关乎中职校的教师团队建设、和谐校园建设和办学质量的提高。

(2)中职德育课教师提高发展与质量保证能力的主要途径

一要正确处理家庭关系。中职德育课教师要一心扑在工作上,没有家庭的支持是做不到的,必须确保家庭和谐稳定,为我们尽心尽力工作、专业发展提供坚强的后盾。二要有爱岗敬业、无私奉献的职业精神。上好德育课不容易,课前准备时间要多,德育课教师必须做到愿意投入、保证投入足够的时间和精力坚持终身学习,才能保证德育课在内容上与时俱进、在方法上提高实效。三要做到博采众长、独具特色。德育课教师要通过积极参与教研活动,参与集体备课,重视与同事加强沟通与交流,从工作需要、兴趣爱好和性格特征出发,形成受学生喜爱的教学风格,以激发学生的学习兴趣、提高德育课教学的实效性。

8.构建工作关系网能力

(1)构建工作关系网能力的含义

中职德育课教师提高构建工作关系网能力,是指中职德育课教师为提高教学实效性协调人际关系、构建和谐人际关系形成教育合力的能力,是当代中职德育课教师必备的重要能力。由于中职生源特别复杂,中职学校德育工作比较繁杂难做,无论是教学工作、还是班主任工作,或是其他学校工作,都不能仅靠教师的"单打独斗",需要其他同事的大力支持与配合,甚至在班主任工作中还经常需要学生家长的配合。值得注意的是,这里讲的构建工作关系网能力,不是指搞圈圈派派、拉帮结伙的能力,也不是阿谀奉承、拉关系的能力。

(2)德育课教师提高构建工作关系网能力的途径

中职德育课教师必须从立德树人的大局意识、整体意识出发,把自己放在班级、年段、学校的格局中,正确定位,从不同角色出发服从领导,认真配合同事工作;以谦虚谨慎的人品、虚心学习的工作态度处理与领导、同事的关系,靠出色的工作业绩赢得领导、同事的认可;主动与领导反映学生中存在的思想认识问题,请教教育教学方法,主动与同事交流教学心得,得到帮助和指导,主动与学生家长沟通,制定有针对性的教育方法。在工作中学会谦卑,低调做人,勤奋工作,不计较得失,不争名夺利,心胸宽广,多讲奉献。

9.心理调适能力

(1)较强的心理调适能力的含义

较强的心理调适能力是中职德育课教师不断加强心理调适和心理健康维护的能力,是中职德育课教师承担历史使命、战胜各种困难、实现工作目标的关键能力。中职德育课教师较强的心理调适能力应该包括:"有效的智力活动、良好的教育认知水平、情绪健康、意志健全、人格和谐、自我意识正确和适应能力良好。较强的心理调适能力是中职教师克服困难、自我激励的'调节器',心理调适能力强的教师,能够坦然面对自己的得失,在默默无闻的付出中履行好岗位职责,在教师职业生涯中实现伟大而崇高的人生理想。"①

---

① 张捷树.对教师能力结构标准问题的思考[J].福建职业与成人教育,2013(2):25.

(2)提高心理调适能力的建议

在中职学校,学生的专业已经基本定向,中职学生文化课基础比较薄弱,但是,许多学生对专业课,尤其是专业实训课还比较重视。中职德育课,虽然许多省份在开始学业水平考试,引起了一些学生的重视,但是多数学生还不重视,德育课教学提高实效性显得任重道远,德育课教学会经常遇到学生不愿意听、打瞌睡、玩游戏等尴尬局面,这就需要中职德育课教师有比较强的心理调适能力,学会与这一类学生加强交流与沟通,引导他们认识到上述行为的错误及对职业生涯发展的不利,逐步提高学生的认识,逐步改变课堂现状。中职德育课教师尤其需要正确面对个人荣誉、名誉,必须在自己的愿望不能实现时,能够学会宽容自己,为他人点赞,学会淡化个人名利,给自己一个好的心情,培育好的心态,为完成教学任务、实现教学目标提供保障。

10.招生工作能力

招生工作能力是指中职教师走出校门介绍、宣传职业教育和中职校办学特色,完成或超额完成学校下达的招生任务的能力,是当前多数中职教师必备的基本能力。中职德育课教师的招生能力应该包括:正确宣传党和国家发展职业教育公益性、普惠性政策的能力、在当前特别是宣传党的十九大精神和习近平新时代中国特色社会主义思想的能力、正确宣传学校办学取得突出成绩的能力、较强的语言表达能力和说服家长让孩子选择本校学习的能力。在中职学校招生还比较困难的情况下,为了学校的生存和发展规模,中职德育课教师必须具备招生能力。目前,由于党和国家对职业教育的重视,职业院校的教育教学水平有了比较大的提高,社会发展也让一些家长逐步改变了一些对职业学校、职业教育的看法,许多城市中职学校的招生压力已经减轻了许多,农村中职学校的招生工作也有了一定的好转。但是,多数中职学校的招生还有压力、有困难,学校还是要动员、依靠全校老师们共同完成招生任务。因此,中职德育课教师的招生工作能力还必须进一步提高。

(三)中职德育课教师能力素质提升和结构优化的有效途径

中职德育课教师提升能力并优化其结构,必须构建政府"加强宏观调控"、高校在培养培训方面"夯实基础"、中职校"周密部署"、中职教师"加强自励驱动"①的多方联动模式。

(1)从教育主管部门来看,主要是加大师资的培养力度、严把教师的入口关、规范教师工作考核、打破教师职务的终身制、加大名师培养力度和优秀教师的奖励力度。

(2)从高等学校来看,主要是必须重视德育课教师的培养,特别是要重视德育课教师各种能力的培养。

(3)从中职学校来看,主要是要多关心德育课教师的成长、支持参加各种培训、加强成长指导、建设优质教学团队、为教师优化教学环境等。

(4)中职德育课教师要为能力提升和结构优化加强自励驱动,应该加强学习、大胆实践、养成教学反思的习惯等。

总之,中职教师素质是中职学校发展的第一资源,是中职学校发展的核心竞争力。中职德育课教师队伍素质的提升,关系到中职生的健康成长,政府、学校和教师各方面都必须有长远发展的战略思维、共同努力,尤其需要德育课教师自身的学习训练、优化提升。

---

① 张捷树.对教师能力结构标准问题的思考[J].福建职业与成人教育,2013(2):26.

第四章　中职德育课提高实效性的教学策略

　　中职德育课教师提高自身素质是提高教学实效性的前提条件,德育课教师对教学策略的把握和运用则是自身素质在教学过程中的综合展示。中职德育课教师为了确保完成德育课的历史使命,必须在习近平新时代中国特色社会主义思想指导下,始终坚持教书育人、立德树人,在宣传贯彻党的思想、理论、纲领、路线、方针、政策的过程中有正确的现代成功教育思想做指导,以德育课教师的大爱之心换取中职生的学习自信心;必须全程系统采用确实有效的教学策略,使思想政治教育达到入耳入脑的效果,引导学生健康成长为德智体美劳全面发展、建设中国特色社会主义事业的建设者和接班人,真正实现习近平新时代中国特色社会主义思想和党的十九大精神进校园、进课堂、进头脑。

一、运用赏识教育理论

　　"任课教师的学生观、人才观,影响学生自信、自强心态的形成",直接影响教学效果;"任课教师具有正确的学生观、人才观,才可能为中职学生播种梦想、点燃梦想,对提高教学的针对性、实效性有着特殊重要的意义"。① 在当前社会许多家长对初中毕业生进入职业学校接受职业教育还有偏见的大背景下,面对文化素养不高、学习兴趣不浓、缺乏学习信心的中职生,中职德

---

　　① 蒋仍平,杜爱玲.职业生涯规划教学参考书[M].北京:高等教育出版社,2013:50.

育课教师应该具有怎样的学生观和人才观呢？如何帮助在初中阶段由于成绩不太理想而受到忽视甚至遭受歧视的中职生重拾学习信心呢？笔者以为，中职德育课教师应该具有爱无差等的学生观和中职生也能成才的人才观。中职德育课教师提高教学实效性，必须贯彻落实好党的教育理论，同时还应该运用好赏识教育等成功教育理论。笔者在长期的德育课教学中，深刻体会到运用赏识教育理论对提高中职德育课教学实效性的重要性，因为"爱学生既是教师的天职和师德的灵魂，也是教师获得成功的基础"，师爱"是师德的灵魂，是热爱教育事业情感的自然流露，是对学生美好未来坚定信念的体现"①。德育课教师只有对中职生充满发自内心的爱，才能发现学生的优点和长处，才能及时发现学生的进步和成绩，才能吸引学生的注意力，让学生在学习中逐步形成向师性，从而架起师生情感交流的立交桥，帮助学生重新树立学习信心，引导学生健康成长、德智体美劳全面发展。

现代教学论主张，教学任务不仅要求学生掌握知识和培养品德，而且要使学生获得能力，发展智力，培养学生的非智力心理品质，形成良好健康的品格，教会学生学习。面对大量中职生因为学习成绩差长期受到训斥、歧视而产生心理障碍，学习兴趣不浓的现状，为了正确地鼓励、引导他们成长成才，顺利地完成德育课教学任务，笔者先后认真学习了刘京海校长创立的成功教育理论和周弘先生总结的赏识教育理论。成功教育是追求学生潜能发现、发展的教育，是学生自我教育能力提高的教育。成功教育是为每个学生创造成功机会的素质教育模式，它以学生获得学习上的成功为途径，以表扬、鼓励为手段，以全面提高学生素质为目的。刘京海校长是上海市乃至全国最有影响力的校长之一，由他创导并坚持了 20 年的成功教育改革，有效地转变了大批学习困难的学生，在海内外有较广泛的影响，被原国家教委列为向全国基础教育重点推广的三个教育科研成果之一。在《赏识你的孩子——一个父亲对素质教育的感悟》这本书中，周弘先生以女儿婷婷的成长成才为线索，列举了上千个案例，结合他亲历的更多赏识教育案例，总结了他的经验：赏识导致成功，抱怨导致失败；赏识教育是热爱生命、善待生命的教育。孩子的心灵是否舒展是教育成败的关键。心灵舒展的孩子必然会欢乐而轻松地飞，赏识导致成功，抱怨导致失败。在成功教育理论和赏识教育理论的启示下，笔者较长时期以来坚持运用成功教育和赏识教育的理论和

---

① 蒋仍平,杜爱玲.职业生涯规划教学参考书[M].北京:高等教育出版社,2013:56.

方法教育学生,引导学生愉快地学习,快快乐乐地成长。

在长期的学习、思考中,笔者对赏识教育有了一些体会。赏识,是一种理念,一种现代教育思想,一种实践的智慧,一种正向关注、积极引导、不轻言放弃、相信成功的教育。它是激发人的潜能、激励人自信的教育,是学校提高教育教学质量的有效途径。所谓"赏识教育",就是"教育者以信任、尊重、理解、激励、宽容、提醒的心态和思维方式对被教育者实施教育,并且在教育的过程中,紧紧抓住被教育者所要发展方向上表现出来的优点、进步给予客观公正的肯定和赏识,让被教育者在'我能行''我是好学生'的感觉中走向成功的教育"①。中职德育课教师在赏识学生时,必须坚持在习近平新时代中国特色社会主义思想指引下,把握一定的原则,讲究一定的方式。

(一)赏识教育的原则

为了帮助中职生重拾学习自信心,培养学习兴趣,教师在实施赏识教育时,必须针对中职生文化素养低、学习兴趣不浓、自信心不足等具体实际,从有利于学生成长成才的角度出发,坚持以下原则:

1.充分信任学生

很多中职学生在初中阶段,由于习惯不太好,或者学习方法不太好,给老师印象不太好,加上学习成绩差一些,表现差一些,被打上了调皮学生的印记,或被贴上了"教不好、学不好"的标签。因此,信任对这些学生而言简直是一件很"奢侈"的事情,他们更多的是受到打击、嘲讽,自信心已经受到一定程度的伤害。当中职学校的招生老师满腔热情地欢迎中职生的时候,中职生非常高兴,得到了久违的尊重和信任;进入中职学校学习后,他们特别渴望这种尊重和信任能够延续,能够在今后的学习中享受到其他老师的尊重和信任。因此,德育课教师应该做其他教师的榜样,多尊重学生,多信任学生,相信中职生能够学好,相信中职生也能够成才。为此,德育课教师在教学活动中要经常采用谈话法、分组学习讨论法、时政评论法、任务驱动法、活动探究法、角色扮演法等教学方法,鼓励学生积极参与到学习活动中,在参与活动、表演、讲演过程中发现自己的优点,加上教师的赏识教育,让学

---

① 张捷树.把握赏识教育的原则,讲究赏识教育的方式[J].福建教育(职成教育),2011(2):9.

生重新树立自信心。同时,德育课教师还要鼓励学生在学习、生活中开展自我教育和自我管理,鼓励他们积极参与学校、年段和班级开展的学科竞赛、文艺活动、技能竞赛、文明风采作品竞赛、科技创新活动等,大胆地在这些活动中展示自己的技能特长、精神风貌,在教师的不断赏识下,强化自信心。教师只有做到充分信任学生、诚心鼓励学生,才能捕捉到赏识学生的瞬间机会;在教师的经常性赏识下,才能激励大部分学生勇敢地参与各种有益活动,才有可能鼓励学生对自己的优点和长处建立坚定不移的自信心。

2.充分尊重学生

教育是互动的过程,只有当学生感觉到被尊重,他们才可能尊重教师,亲近教师,与教师说真话。不少中职生在初中的学习生活中尝尽了不被尊重的滋味,他们的心理需求很少得到满足,德育课教师要做尊重学生的表率。教师尊重学生,就是要尊重他们的人格。

(1)认真倾听学生的提问和发言

由于中职生文化基础比较薄弱,他们在学习中会有很多的问题、困惑;而且很多中职生不知如何开口提问,或者不知从何处问起。因此,教师对提问学生的尊重就显得尤为重要。教师必须做到:不管学生提出的问题多么简单,或者有多幼稚,教师都应该耐心地听他们把话说完,不打断他们的提问。

(2)尊重学生

在回答老师的提问时,不同的学生对同一个问题会有不同的学习体会、内心感受,教师应该尊重学生的认知方式和情感体验;不能因为学生的回答不合自己的意见就任意批评,更不能讽刺和挖苦学生。教师要尊重学生的行为选择,如果我们的课上得不好,学生不爱听;或者为基础更差的学生补课,成绩较好的学生做其他学科的作业……教师都不应该强求学生,而是应该尊重学生的选择。教师还要在课堂上尊重学生的一些奇思妙想,中职生文化基础比较差,但是他们的智力并不一定差,许多学生会有很多的奇思妙想,我们应该尊重他们,多表扬鼓励。

(3)尊重学生的批评

中职生爱表现,如果发现教师的讲课有问题,如普通话不标准、用词不准确,他们可能会当场纠正教师。教师应该虚心接受,当场改正;不能因为面子问题,找各种理由辩解,更不可以找机会让学生难堪。只有这样,才能让学生尊重教师、亲近教师,耐心地听教师讲解知识、分析问题,从而顺利地完成教学任务,实现教学目标。

(4)尊重学生的隐私

每个人都会有不想让他人知道的一些秘密,学生不愿意说的事情不能勉强;学生只想让老师知道的事情,老师就一定不能拿到其他同学中去讲。尊重学生的意愿,不仅能培养学生的创造性思维、决策能力,还能锻炼学生的独立性和自主性,有时候甚至会得到意想不到的收获。当然,尊重并不等于纵容。在尊重学生意愿的同时,应当把"丑话说在前头",目的不仅是让学生做好心理准备,遇到困难不会轻易退缩,更重要的是让学生明白必须要为自己的决定负责。当中职生深深感受到教师的大爱和尊重时,会变得更有担当、更加自信。

3.懂得理解学生

人们常说"理解万岁"。伟大的人民教育家陶行知先生有这么一句话特别震撼我的心灵:"真的教育是心心相印的活动,唯独从心里发出来的,才能打到心的深处。"懂得理解学生,才能与学生开始心灵的沟通,让教育真正产生实效。

(1)理解学生的心理压力

许多中职生看到专业书籍一大堆,压力就很大;有的学生看到其他同学动手操作能力比较强,感觉自己一下子学不会,就认为自己不如别人聪明。我们德育课教师对这些学生一定要给予理解、尊重,应该告诉他们不要着急,只要认真学,肯定会有收获;今天学不会的,明天继续学,总有一天能够学会。

(2)理解他们的接受程度

中职德育课涉及太多的学科术语,而且比较抽象,学生听不太明白有可能是我们没有讲清楚,有可能是学生储备的相关知识信息太少。不管是何种原因,教师都应该换位思考,理解学生,并设计好教学进度、教学方法,还必须加强课后辅导,帮助学生解除疑惑。

(3)理解学生的情绪反应

对于中职生来说,在学习中取得进步非常可贵,他们发自内心的喜悦理应得到理解和鼓励;职业技能是他们今后谋生的手段,掌握技能是他们值得高兴的进步,应该给予充分的肯定和表扬。学生进步,学生高兴,德育课教师也应该为他们高兴,应该给他们微笑,应该给他们鼓掌。而对于出现厌学情绪的学生,教师应该多体谅他们的难处,找出他们学习的薄弱环节,了解他们喜欢的教学方法,尽量把难懂的知识通俗化,并不厌其烦地教他们,帮助他们掌握知识和学习方法。

只有理解学生,才有可能触及学生的心灵,得到学生的尊重,教育才能有效。正如教育家苏霍姆林斯基所说的,我们"应当了解孩子的长处和弱点。理解他的思想和内心感受,小心翼翼地去接触他的心灵",只有这样,才能赢得学生的信任,赢得学生的心,教育才能产生实效。

4.学会激励学生

每个人都希望得到赞美,赞赏在教育实践中起着激励作用。获得他人的肯定与赞美,是人生基本生活需求满足后精神上的高级需求,这种需求贯穿于人的整个生命过程。每个人的成长都是需要激励的,激励越多,动力越大,成长越快。根据美国心理学家詹姆斯的发现,一个没有受过激励的人仅能发挥其能力的20%～30%,而当他受过激励后,其能力是激励前的3～4倍。大部分中职生长期缺乏激励,需要中职德育课教师引起高度的重视,在教学过程中多给予肯定、表扬、赞赏。德育课教师对学生的激励,应该把握以下三点:

(1)相信每个学生都有闪光点,必须用心发现每个学生的优点和长处

马克思主义哲学告诉我们,世界上的任何事物都是一分为二的。中职生虽然在学习方面弱点比较明显,但是他们思维活跃,喜欢张扬个性,凸显自己的价值,这就是他们的优点;许多中职生擅长具体形象思维,动手能力强,这就是他们的长处。德育课教师认识到了这些就足够了,就能够建立起激励中职生的底气和自信。

(2)找到激励的切入点

中职生认真做好作业是激励的切入点,他们搞好卫生、帮助同学、关心班级等,都是激励的切入点;我们尤其应该发现并把握他们踊跃回答教师提问、议论国内外形势、关注各类参赛、批评假恶丑现象的激励时机,毫不吝啬地及时肯定、表扬和赞赏,逐步帮助他们形成积极进取、向上向善的内在驱动力。

(3)从细微小事入手

激励学生,不一定要等到学生有了特别大的成绩和进步之时,要重视关注学生日常学习生活中的细微变化,比如在课堂上勇敢地举手发言,或者改掉打瞌睡的毛病而认真听课,或者改掉讲粗话、脏话的习惯而使用文明用语,或者在同学中积极传播正能量,德育课教师都要看在眼里、记在心上,利

用合适的机会加以激励。教师真心诚意的赏识激励,可以帮助中职生逐步消除自卑心理,增添学习信心,增强自信和愉悦感,从而引导学生重塑自身形象,通过不断努力走向成功。

（4）做好中职生的榜样

德育课教师自身的言行举止必须充满正能量,把党和国家的要求牢记于心,并通过遵守教学常规、认真上好每一节课向学生展示教师爱党爱国爱学生的高尚情怀,让中职生感到教师的激励是真心的、发自内心的,得到德育课教师的激励和赏识是愉快的、光荣的,并让他们产生得到激励和赏识的渴望。

5.宽容学生

做人的道理,中职生需要一点一点地学习,良好思想品德的形成也不是一朝一夕的事,这是一个不断积累、不断内化升华的过程。这个过程中,中职生的学习成绩不是直接上升的,其良好品德的形成也会出现反复,需要德育课教师有宽广的胸怀去包容他们的缺点,有足够的耐心去等待他们成长。

（1）宽容学生的缺点

人无完人,正因为中职生行为规范、学习习惯、学习方法等方面有一些问题,所以成绩才较差,才会有缘与我们在中职学校相遇;否则,他们进了高中学习,就不会是我们的学生。我们只有面对现实,宽容学生的缺点,才有可能去了解他们、认识他们,并为他们的成长进步找到良策。比如,当学生不知如何回答问题,或者回答的内容与提问相差甚远时,我们不能用偏激的语言去批评学生,而应该找到学生不理解的症结所在、重点所在和难点所在,再以循循善诱的方法,帮助学生理解、掌握所学理论观点。

（2）宽容他们在改正缺点方面出现的反复

由于多数中职生的文化基础比较差,对许多理论观点的真正要义的理解可能有偏差,需要多次反复的理解、巩固,才能真正掌握,所以要宽容学生在学习上的差错;由于中职生意志品质不够坚定,许多学生想学好的愿望很难坚持,所以需要我们德育课教师通过沟通交流、赏识激励,帮助他们坚定不移地树立信心、持之以恒地努力进步。只有我们相信他们能够学好、变好,他们才会有决心和信心学好、变好;否则他们可能会半途而废,甚至破罐子破摔,影响职业生涯发展,自然也就谈不上认真听我们的课,我们德育课的教学任务就无法完成,教学目标就无法实现。

（3）给学生足够的时间改正错误和缺点

一个人的成长是一个过程，一个人要改掉缺点也需要一个过程。人们常说"江山易改，禀性难移"，要改变中职生不良的学习习惯和生活习惯，教师不能操之过急，要有足够的耐心。教师对于学生的缺点、错误的提醒，必须是发自内心的善意提醒，让学生感觉到教师是为了自己好；而不能是暴风骤雨似的让学生感觉到教师要求太严、不信任学生，教师的情绪不稳，或者失控，必然反过来影响学生，达不到教育的目的。

（4）把握宽容的度

我们可以允许中职生在学习过程中说错一些话、做错一些事，但是我们不能容忍他们一直说错话、经常做错事。对于他们说错的话，如果是政治性的，要教育他们知道说错话对个人成长的危害性，要提醒他们时刻警醒自己不要在政治上犯错误；对于他们违反校纪校规方面，要提醒他们"勿以恶小而为之，勿以善小而不为"，否则，放任自己，只会把自己引向违法犯罪的歧途，造成"一失足而成千古恨"的悲剧；必须通过有目的、有计划的赏识教育，达到晓之以理、动之以情、导之以行的效果。

6.及时提醒学生

一个人养成学习生活工作的良好习惯，将会终生受益。叶圣陶先生说："教育就是习惯的培养。"良好习惯包括良好的时间观念和效率、专注力、收集和整理的习惯、持之以恒的阅读。只要学生在教师的提醒下，每天改变一点点，那就是成功的开始；每天进步一点点，那就是成功的象征；养成良好的习惯，让习惯成为自然，才能完善美好的人生。但是，养成良好习惯的教育是一个过程，需要教师经常性的及时提醒。为此，德育课教师在提醒学生方面必须做到以下几点。

（1）注意提醒的方式方法

有的提醒，可以当着全班同学的面，有的却不妥。比如，当学生犯了错误，教师要能够及时提醒，让学生有一定的心理体验，产生自我改正的意识。教师也可以直接提出批评，但必须掌握批评原则：不伤害学生的自尊心。教师要在给足面子的前提下采用多种批评方式，如故事性批评、幽默性批评、"吃夹心饼干"式批评等，让学生乐于接受。如果学生不认真听课，上课打瞌睡、玩手机，这时可以也必须及时提醒学生注意遵守课堂纪律，并同时提醒其他同学；但是，如果学生的作业不完整，甚至做错了，就不能够在课堂上指名道姓地批评，而是应该在课堂上一般意义上地进行纠正，或者个别辅导时了解做错的原因,然后再给予指导。

(2)注意提醒的语气

德育课教师应该特别讲究使用文明用语,要让学生感觉教师是尊重爱护学生的,提醒学生也是为了维护课堂纪律和教学秩序,是为了全班同学的利益;而不应该太急躁,一定要避免恶语伤人。如果出现不尊重学生的言语,或者让学生感觉教师高高在上,很不客气、很不尊重,那么可能不仅达不到提醒的效果,而且还有可能出现师生对立的情绪,影响课堂教学秩序。

(3)注意提醒的场合

如果学生是一时分心没有听课,就不要停下来太过认真地提醒,只要一般号召性的提醒,或者走到学生的桌前轻轻地提醒,或者通过眼神暗示其注意听课就可以。如果个别同学作业不认真做,或者错误率太高,最好的办法就是找学生私下沟通,等了解具体原因后再做打算。

此外,德育课教师还要注意提醒后的适当交流,以避免不必要的误会。

(二)赏识教育的方式

学生的智力是先天的,兴趣和技能是后天培养的。中职德育课教师在教学活动中,应按照赏识教育的原则,用赏识教育理念公平公正地对待每一个学生,真正付出爱心,在和谐的赏识教育氛围中走进学生的内心世界,帮助学生找到自己的能力特长,激励学生成长成才。

1.有导向性

中职德育课教师对学生进行赏识教育,必须坚持思想政治教育导向。

(1)坚持正确的政治方向

坚持正确的政治方向,就是要坚持把学生培养成为建设中国特色社会主义事业的建设者和接班人。在中国共产党领导下的社会主义中国,中职德育课教学必须始终坚持正确的政治方向,就是必须坚持教育引导学生充分认识到中国共产党是执政党,是中国特色社会主义事业的领导核心,必须坚持中国共产党的领导;充分认识到只有社会主义才能救中国,也只有社会主义才能发展中国,所以必须坚持走社会主义道路;党的指导思想是指引我们前进的伟大旗帜,我们必须坚持马列主义、毛泽东思想、邓小平理论、"三个代表"重要思想、科学发展观、习近平新时代中国特色社会主义思想;"我国是工人阶级领导的、以工农联盟为基础的人民民主专政的社会主义国家,国家的一切权利属于人民"①,我们必须坚持人民民主专政。德育课教师无论怎样运用教育理论,这四项基本原则必须坚持。

(2)贯彻落实好习近平新时代中国特色社会主义思想

习近平总书记在党的十九大报告中指出:"要以培养担当民族复兴大任的时代新人为着眼点"②,努力培养高素质劳动者和技能型人才。在当前,德育课教师必须认真学习贯彻落实习近平新时代中国特色社会主义思想,认真贯彻落实"不忘初心,牢记使命,高举中国特色社会主义伟大旗帜,决胜全面建成小康社会,夺取新时代中国特色社会主义伟大胜利,为实现中华民族伟大复兴的中国梦不懈奋斗"③这一时代主题,帮助学生认识中国共产党的历史使命和青年一代必须有的历史责任和担当;帮助学生明确新时代中国特色社会主义思想和基本方略,引导学生在未来的职业生涯中全面贯彻落实新时代中国特色社会主义思想的精神实质和丰富内涵,引导学生清楚地认识到"从全面建成小康社会到基本实现现代化,再到全面建成社会主义现代化强国,是新时代中国特色社会主义发展的战略安排"④,青年一代必须在党的领导下走好人生路,为民族振兴攻坚克难、建功立业;教育学生树立新发展理念,不断增强科技创新意识、产品质量和社会服务的竞争意识,为"解放和发展社会生产力"⑤做出自己应有的贡献;教育学生充分认识人民当家作主的社会主义制度体系,"坚持党的领导、人民当家作主、依法治国有机统一"⑥,"增强政治意识、大局意识、核心意识、看齐意识"⑦,坚决维护党中央权威,坚决拥护以习近平为核心的党中央的集中统一领导;教育学生充分认识自觉培育和践行社会主义核心价值观的重要性,引导学生坚定中国特色社会主义"道路自信、理论自信、制度自信、文化自信"⑧;等等。

(3)贯彻落实新《德育大纲》

德育课教师必须在教学活动中贯彻落实德育原则,整合好德育内容,开

---

① 党的十九大报告辅导读本[M].北京:人民出版社,2017:35.
② 党的十九大报告辅导读本[M].北京:人民出版社,2017:41.
③ 党的十九大报告辅导读本[M].北京:人民出版社,2017:1.
④ 党的十九大报告辅导读本[M].北京:人民出版社,2017:29.
⑤ 党的十九大报告辅导读本[M].北京:人民出版社,2017:34.
⑥ 党的十九大报告辅导读本[M].北京:人民出版社,2017:36.
⑦ 党的十九大报告辅导读本[M].北京:人民出版社,2017:7.
⑧ 党的十九大报告辅导读本[M].北京:人民出版社,2017:17.

展好理想信念、中国精神、中国梦等专题教育，把德育课教学和学校德育工作紧密结合起来，在重视提高学生科学文化素养的同时，充分挖掘教材的德育因素，有目的、有计划地加强学生的思想政治教育、职业生涯教育、职业道德和职业精神教育、法治教育、经济政治与社会教育、哲学与人生教育和心理健康教育，及时发现并赏识学生思想上的进步，鼓励学生把"做事"和"做人"结合起来，实现德智体美劳全面发展；坚持把中华优秀传统文化教育与培育和践行社会主义核心价值观紧密结合起来，把德育课教学与传统节日的庆祝、纪念紧密结合起来，把赏识教育与感恩教育，爱党爱国爱社会主义教育，爱家乡、爱学校、爱班级教育结合起来，努力引导学生成为能够感恩亲情、回报社会、报效祖国的社会主义"四有"新人，从而把赏识教育与思想政治教育紧密结合起来，坚持教书育人，立德树人。

2.有计划性

中职德育课教师开展赏识教育，要有计划性，就是必须有系统思考，并做出整体安排。从系统整体的角度看，有针对全部学生的赏识教育计划，这是针对所任教的所有学生而言的。德育课教师开展赏识教育，要遵循学生的成长规律、职业教育规律和德育课教学规律，思考赏识教育的宏观计划。首先，对中职学校一年级的学生，赏识教育应该有别于二、三年级。应该通过赏识教育，着重帮助学生重拾学习信心，引导学生养成良好的学习习惯、生活习惯、劳动卫生习惯，帮助学生强化法治意识和公民意识。其次，对于二、三年级的学生，应该通过赏识教育，重点引导学生树立正确的国家观、民族观、历史观、人生观和价值观等，帮助学生强化社会责任、历史责任。总之，赏识教育要有计划性，德育课教师必须在正确导向的前提下，"确定赏识教育要达到的最低目标和各年级、各学期的阶段目标，灵活地把握不同年级、不同阶段学生的心理特点以及学生对教师赏识的心理需求，讲究赏识教育的层次性、递进性、目标性、循序渐进性，实现宏观性和计划性的统一"①。

3.有针对性

德育课教师开展赏识教育，要有针对性，就是要考虑学生的特殊性。这里讲的特殊性，一是指不同专业的学生要有所区别，对于不同专业的教学对象，德育课教师应该做好赏识教育的区别计划。比如，学前教育专业的学

---

① 张捷树.把握赏识教育的原则，讲究赏识教育的方式[J].福建教育（职成教育），2011(2):10.

生,在赏识的同时,需要重点培养学生的爱心;汽修专业的学生,在赏识的同时,需要重点培养学生的细心;电气自动化专业的学生,在赏识的同时,需要重点培养学生的创造性思维。二是指要兼顾特殊生。比如,学习成绩特别差的学生,特别需要培养其自信心;单亲家庭长大、性格比较内向的学生,特别需要培养其积极开朗的性格;性格比较孤僻或者暴躁的学生,特别需要培养其自律意识;等等。三是指对于缺点比较明显的学生,教师开展赏识教育,要有足够的耐心,做好长期关注、经常性教育和跟踪教育的计划。

4.有技巧性

古人说:江山易改,禀性难移。人的性格有外向型、内向型和中间型。不同性格的学生面对教师的赏识会有不同的心理需求。虽然说性格可以调适,但是需要比较长的时间。因此,德育课教师在开展赏识教育时必须讲究技巧性,正确把握教育方式。应该针对学生的不同性格,讲究赏识教育的技巧:赏识性格内向的学生,应该以个别方式进行;赏识性格外向的学生,应该以集体方式进行;赏识容易骄傲自满的学生,必须在赏识的同时指出其不足之处;赏识自卑心较强的学生,应该经常表扬其优点、闪光点;赏识平时表现较差的学生,对其进步、成绩,必须实事求是地给予赏识,指出其努力的目标。

(1)察言观色,留意细节,及时赏识

苏联教育家苏霍姆林斯基说:"教育的明智就在于,它能够发现每个学生特有的兴趣、爱好、特长和志趣,大胆地让每一个人的才能得到充分的发展。"唯物辩证法告诉我们,世界上的一切事物都具有两面性;中职学生也一样,每个学生有着明显的缺点,同时也都有着明显的优点和长处。由于中职生兴趣爱好、个性心理特征、行为能力和行为习惯等方面的差异,他们的优点和缺点会有不同的表现方式,对于赏识的心理需求也会因人而异。为此,德育课教师就需要通过课堂观察、批改作业、同事反馈和交流谈心等途径,深入了解学生的个体兴趣、性格特征、工作能力、文化基础、作业态度与学习能力、生活规律、消费方式、同学关系等各个方面的表现,寻找赏识学生的机会,有的放矢地通过表扬、肯定、赞美等,让学生获得心理上的满足感,从而培养学习兴趣,激发学习动力。比如,教师发现学生做作业认真、字写得很好、考试取得好成绩或者进步很大,或者回答问题时的普通话很标准、语言逻辑性很强,或者在班级劳动卫生时表现积极,或者主动帮助同学解决问题等情况时,就可以在上新课前,或者讲评作业时,或者结合讲解某些理论观

点时,有意识地面向全班同学进行通报表扬,充分肯定学生的优点,既让受到赏识的学生产生学习上的快乐感、成就感,树立"我能行"的自信心,又为全班学生树立学好德育学科的榜样和典范;同时告诉学生要得到表扬不是很难的事情,只要肯努力,大家都可以做得好,从而激励学生积极进取。

(2)讲究方法,循循善诱,善于赏识

"兴趣是最好的老师。"爱因斯坦的这句名言告诉我们:兴趣对学习有着神奇的动力作用。世界上有很多名人,都是因为得到了赏识,培养了极大的兴趣,激发出发愤图强的力量,所以取得了巨大的成功。著名的"成人教育之父"卡耐基是 20 世纪最有影响力的人物之一,他之所以能够获得成功,是由于受到其继母婉转的、巧妙的、艺术的赏识。德育课教师要提高教学的实效性,就必须培养学生对德育学科的学习兴趣,赏识是培养学生学习兴趣的重要方式;为了达到赏识的最佳效果,必须讲究方法,做到善于赏识。善于赏识,一是可以根据学生的学习表现,委任成绩比较好的学生担任德育课代表,委任上节课表现比较好、进步比较大的学生担任分组学习的小组长。这么做,就是对学生学习的充分肯定,是最好的赏识,既可以让他们发挥自己的优势,产生自信,实现由被动接受赏识到主动赏识自己的飞跃,还能够营造"比学赶超"的学习氛围。二是可以在教学过程中,对于积极思考、回答问题的学生及时提出表扬。德育课教师在教学中应该多采用讨论法,引导学生在积极思考中领悟理论观点的含义。只要是按照要求开动脑筋、积极思考的学生,不管平时表现如何,都应该给予充分的肯定,鼓励其深入思考,积极发言,从而逐步培养学生爱学习、爱思考的习惯,引导学生在不断进步中巩固学习自信心。三是可以在教学评价中,鼓励学生对同学取得的进步进行赏识。教师的鼓励自然很重要,但是学生相互之间的肯定也很重要。在一节课的学习任务完成之后,教师可以在教学评价中设计学生评价,就是学生对最后回答问题、完成课堂作业的同学进行描述性的评价。这对于认真学习、回答问题正确的学生来说,是一次班级表扬,这种表扬带给学生的内心愉悦将会激励学生进一步加强学习;对于回答得不理想的学生来说是一次鞭策,将提醒其下节课必须注意认真上课。这就容易让全班学生在教师的引导下形成正确的价值选择和价值判断,有利于教师逐步引导学生将社会主义核心价值观升华为自己的内心信念;同时,还可以培养学生反思学习的习惯和创造性思维,以逐步提高学生的学习、运用知识的能力。四是德育课教师还应该在日常生活中多关注学生,寻找机会赏识学生。比如,德育课教师在晚自习下班时,发现学生解决了学习中的难题,或帮助其他同学得到了表扬而心情愉快时,教师可以表示赞赏;在平时的观察中,发现学生的烦躁、紧张、不安的情绪时,预测到他们可能出现的问题、错误、矛盾、纠纷,便可以通过谈心的方式,鼓励学生发挥自己的优点和长处,积极主动地解决问题,为教师赏识、引导学生找到突破口。总之,通过赏识,循循善诱,帮助学生感觉到德育课教师的教学是晓之以理、动之以情、导之以行,而不是强行灌输,为大幅度提高教学的实效性培养起浓厚的学习兴趣。

(3)挖掘优点,创造机会,更多赏识

对学生的赏识,不能太吝啬。德育课教师应该做到:一要挖掘优点。即要通过联想发现学生的闪光点,找到赏识的理由。在中职学校,即使是最优秀的学生,学习也可能不会很好,回答问题也不可能每次都很好。但是,每节课都应该有赏识的对象,这就需要德育课教师在了解学生的基础上充分发挥想象力,发现学生潜在的优点,即使学生问题回答得不是很好,也可以从不同的角度和侧面来肯定学生、表扬学生。比如,今天提问的学生没有理解问题,答题不理想,也许他平时作业做得好,也许其他同学的回答还不如他好,也许他下一次会回答得很好,所以没有必要因为一次回答问题不理想而过分责备或批评学生;相反,应该找到这个学生在其他方面的优点,比如平时回答问题积极举手、做作业很认真、很遵守纪律等方面,肯定和表扬他在这些方面的优点,鼓励他下次答得更好。这样既维护了这个学生的自尊心,又提醒了他课后要注意复习、上课要注意听讲。二要创造机会。即在提问时,可以预先设定需要鼓励和表扬的学生,指定这位学生回答问题。如果回答得正确,就加以肯定和表扬;如果没有达到预期的效果,就鼓励他下次答好。还可以通过加大创新教学设计的力度,让更多的学生参与到教学中,让更多的学生在教学过程中有自我表现、展示才智的机会,因而也就为教师提供了更多赏识学生的机会,也会使得教师的赏识教育达到最佳的效果。有意识地创造机会赏识学生,会让学生感觉老师很在意他、重视他、关心他,达到亲其师、信其道的目的。三要多了解学生在其他方面的表现,掌握他们参加各种比赛获得奖励的信息。当这个学生回答问题欠佳时,可以找机会表扬他在其他方面取得的成绩,并提出认真上好德育课的希望。这样做,可以让那些原本对德育课不是很感兴趣的学生,对德育课产生兴趣,因为他们感觉教师很关注他、了解他、肯定他,也应该以认真上好德育课来回报教师,从而达到培养德育课学习兴趣的目的,为提高德育课教学的实效性创造了条件。

总之，"赏识无定法，贵在得法。教师要用赏识之心经营教学，多发现学生的优点和长处，多让他们体验成功和喜悦，确立起内部激励机制，逐步形成燎原之势，让学生在'我能行'的心态中得到鼓舞而更加进步"①。

（三）赏识教育并不排斥训诫教育

这里倡导德育课教师在教学过程中运用赏识教育，是因为中职生长期缺少肯定、表扬和赞赏，需要通过赏识来增强他们的自信心。但是，就教育而言，所有的教育都应该有适当的批评。德育课教师应该坚持把赏识教育与训诫教育有机结合起来，引导学生健康成长。一方面，许多中职生的心理比较脆弱，自信心不足，需要教师给予更多的鼓励、赏识；另一方面，中职生是高中阶段学生，正处于世界观、人生观和价值观形成的关键阶段，对于一些学生的错误行为也必须批评，有的甚至要严肃地批评。比如，有的学生反复提醒之后，还是玩手机，或是打瞌睡，或是讲闲话，有的甚至哗众取宠，影响正常教学。对于这些学生，德育课教师也不能一味地进行赏识，更不能把赏识教育当作教育学生的灵丹妙药，应该是该赏识时就赏识，不该赏识时就不要赏识，必要时，需要教师态度鲜明地给予批评教育，指出其缺点、错误及影响其他同学学习的不良后果。对于表现很差、赏识无效的学生，则需要德育课教师做更深入的调查研究，通过谈心做艰苦细致的思想工作，分析其错误行为对班级学习风气的不良影响、对其本人职业生涯发展的危害，让学生在逐步反省中真正认识到自己的错误，再帮助其制订改正的计划，并督促其落实改正计划，直到收到良好的效果，帮助学生在内心世界真正确立社会主义核心价值观，并学会选择正确的价值观观察现象、分析问题、分清是非、传播正能量。

（四）要运用好赏识教育理论，德育课教师必须有较高的素养

教师的举手投足，一言一行，都在学生的成长过程中起着潜移默化的作

---

① 张捷树.把握赏识教育的原则，讲究赏识教育的方式[J].福建教育（职成教育），2011（2）：11.

用。中职德育课教师必须按照前面分析的教师自身素质加以修养和锤炼，率先垂范，在学习、工作和遵守教学常规方面做好学生的表率。特别需要强调的是，德育课教师必须强化自己热爱学生的爱心、教育好学生的责任心和不断提高教学水平的进取心。

二、从系统思维的角度把握教学策略

对中职生的培养教育是一项系统工程，怎样引导中职生从失落、迷茫、价值观多元化的状态中走出来，引导他们培育和践行社会主义核心价值观，踏上积极健康向上的成长道路？如何帮助中职生认清楚社会中各种错误思潮、错误的价值观，认识到应该确立怎样的价值观、应该做一个怎样的中国人，应该担当起怎样的历史责任？如何进一步提高德育课教师自身的综合素质，特别是教学艺术水平？最重要的就是要坚持在马克思主义中国化的最新理论成果、习近平新时代中国特色社会主义思想指引下，辩证地运用赏识教育的思想理论，综合运用有效的教学策略，并把这一思想和实际行动贯彻到德育课教学的全过程，从根本上提高德育课教学的实效性。从 2009 年使用新教材开始，笔者便开始全面系统地思考中职德育课如何提高实效性这一重要问题。

(一)中职德育课提高实效性学情调查分析

2010 年，廖善星校长主持、笔者作为核心成员参与并申报了中国职教学会德育工作委员会课题"中职学校'校企合作、工学结合'办学模式下学生德育工作体制机制研究"。在课题研究过程中，笔者与其他成员进行了一次调查，调查的结果与结论对于如何提高德育课教学的实效性很有参考价值。

1.调查方法

(1)样本

第一，选取 2010—2011 学年已经与我校联合办学的福建华冠光电有限公司、美联(福建)实业、太子(福建)集团、三明梅园酒店四家企业作为企业调查对象，我们深入联办企业了解企业文化、企业管理人员对员工的素质要求及对联办学校的办学要求、对联办学校学生德育工作的建议。这些企业都是福建规模比较大的现代企业，其管理人员对中职学校"校企合作、工学结合"办学模式下学生德育工作体制机制的意见和建议有一定的代表性、合理性。

第二,选取 2012 年 7 月已经参加顶岗实习的华冠班、美妆班、太子酒店班、酒店工程班的学生作为调查对象,到联办企业向全体学生了解他们已有能力素质与顶岗实习工作要求的差距,了解他们的表现及他们对学校学生管理和教育工作的意见。他们还是学校的学生,但又接触了企业的实际工作,对自身能力、思想品德等各个方面的差距有较清晰的认识,对学校有较深的感情,对学校德育工作体制机制的意见和建议有较高的可信度。

第三,选取在企业就业并有一定代表性的校友作为调查对象,通过原班主任负责向他们了解工作情况、对母校办学的建议,尤其是他们对学校在培养学生职业理想、道德素质、市场经济意识、管理激励制度改革等方面的意见。他们曾经是学校积极上进的学生,如今职业生涯发展比较顺利甚至小有名气,他们关注母校的发展,体会也比较深刻,因此,他们的意见和建议对于"校企合作、工学结合"办学模式下的学生德育工作有较大的参考价值。

第四,在全校上下热烈讨论的基础上,重点听取学校领导干部、年段长、班主任的意见,了解他们对"校企合作、工学结合"办学模式下学生德育工作的认识,尤其是亲自担任过或正在担任班主任的老师的意见。我们认为,他们的意见尤其重要,因为他们有实践的比较,有理性的思考,有比较成功的经验和比较成熟的意见。

(2)调查研究方法

我们采用书面的问卷调查与座谈、讨论相结合的方法,获取第一手信息,对各类意见进行分类统计,分析出联办企业、顶岗实习学生、校友、学校领导干部和德育工作队伍对"校企合作、工学结合"办学模式下学生德育工作体制机制的意见和建议。我们的研究思路是从数据统计结果、多数人的意见到本质分析,综合学校的办学经验,力求得出比较科学合理的意见和方案。

2.调查结果与讨论

(1)对联办企业的调查统计结果

2011 年 7 月对福建华冠光电有限公司、美联(福建)实业、太子(福建)集团、三明梅园酒店四家联办企业各 10 位管理人员的调查中,就"你认为企业员工的第一位素质是什么"的问题统计结果见表 4-1。

表 4-1　四所联办企业对企业员工素质要求统计表

企业名称	你认为企业员工的第一位素质是什么		
	专业技能素质	职业道德素质	科学文化素质
福建华冠光电有限公司		10	
美联（福建）实业		10	
太子（福建）集团		10	
三明梅园酒店		10	

四所联办企业中,高层管理人员都把员工的职业道德素质放在了第一位。这说明:一是企业对员工的职业道德素质看得特别重,中职学校必须把德育工作放在首位;二是企业中高层管理人员对员工道德素质的重视具有普遍性,中职生必须把加强职业道德修养作为终身的要求,学校应该重视学生职业道德养成教育;三是中职生职业道德修养将成为就业、再就业的首要条件,学校必须对思想道德素质较差的学生的教育引起特别重视。这一调查结果,对德育课加强"职业道德与法律"课程的教学工作提出了特别要求。

我们在"你认为理想的员工应该具备怎样的素质"的座谈会中了解到:联办企业希望新就业的员工,能够在具备较高职业道德素质的前提下,有较扎实的专业技能,有一定的科学文化素养,特别是有长期扎根企业、奉献企业、在企业成长成才的职业理想及奋斗目标,希望学校能够特别重视职业生涯教育。这一调查结果,对德育课加强"职业生涯规划"课程的教学工作提出了特别要求。

(2)对联办专业在校生的调查统计结果

2011 年 11 月,我们统一安排对五家企业联办的 2010 级华冠班、美妆班,2011 级太子班、酒店班、电梯班进行了调查,其中对"你喜欢什么学科老师担任班主任"的回答统计结果见表 4-2。

表 4-2 "你喜欢什么学科老师担任班主任"的回答统计表

班级名称	你喜欢什么学科老师担任班主任		
	专业课老师	文化课老师	无所谓
2010 级华冠班	20％	20％	60％
2010 级美妆班	100％	0	0
2011 级太子班	70％	10％	20％
2011 级酒店班	75％	15％	10％
2011 级电梯班	90％	5％	5％

被调查的五个班对"你喜欢什么学科老师担任班主任"的回答统计结果显示：一是校企合作班级的学生普遍选择专业课老师担任班主任，说明学生普遍热爱自己的专业，对专业课老师具有向师性，有利于班主任结合专业课开展职业道德教育；二是专业性越强的专业，学生越倾向专业课老师担任班主任，因而学校必须加强教师队伍，尤其是专业课教师队伍建设，以提高德育工作的实效性；三是校企合作班级的学生普遍选择专业课老师担任班主任，说明学校应该主动、优先考虑专业课老师担任校企合作班级的班主任，以便加强学生管理和教育；四是学生喜欢自己的专业，学校可以考虑以企业冠名班级，以利于强化学生的专业意识和教师开展德育工作。这一调查结果表明，在这些专业性很强的班级，需要德育课教师积极配合专业课教师开展专业思想教育；如果需要担任班主任，则需要有更高的职业素养。

在学生"如何学好专业？我心中的班主任"问题的座谈中，我们发现学生普遍希望在校学习期间能够多了解联办企业的文化、人才规格要求、行业发展前景及其工作环境；他们普遍希望班主任能够理解他们、尊重他们、关心他们、鼓励他们，并且能够做他们的知心朋友。这一调查结果表明，德育课教师必须到企业去开展实践和调研，增强职业教育意识，教学中要实现校园文化与工业文化、行业文化、企业文化的融合。

（3）对顶岗实习学生的调查统计结果

2012 年 8 月，我们课题组深入联办企业对华冠班、美妆班、太子班的顶岗实习学生进行调查，其中他们对"你希望在学校期间最需要加强的是哪些教育"和"你认为学校在学生管理方面有哪些需要加强"的回答统计结果见表 4-3 和表 4-4。

表4-3　华冠班、美妆班、太子班的顶岗实习学生对"你希望在学校期间最需要加强的是哪些教育"的回答统计表

班级名称	你希望在学校期间最需要加强的是哪些教育		
	企业文化	创业精神	敬业精神
2010 级华冠班	90％	80％	100％
2010 级美妆班	85％	70％	100％
2011 级太子班	95％	60％	95％

表4-4　华冠班、美妆班、太子班的顶岗实习学生对"你认为学校在学生管理方面有哪些需要加强"的回答统计表

班级名称	你认为学校在学生管理方面有哪些需要加强		
	班级管理	年段管理	学校管理
2010 级华冠班	50％	90％	60％
2010 级美妆班	60％	85％	65％
2011 级太子班	70％	95％	70％

华冠班、美妆班、太子班的顶岗实习学生对"你希望在学校期间最需要加强的是哪些教育"的回答统计结果显示：一是顶岗实习学生对于企业文化、创业精神和敬业精神的重视比在校学习时大幅度提高，其中对企业文化和敬业精神的感受更为明显；二是说明当前在校生对联办企业的了解太少；三是说明联办企业对在校生的关注有待进一步加强。这一调查结果表明，德育课教师必须在教学中结合不同专业学生的特点，有针对性地加强职业道德和职业精神教育。

华冠班、美妆班、太子班的顶岗实习学生对"你认为学校在学生管理方面有哪些需要加强"的回答统计结果显示：一是学生普遍反映学校的班级管理、年段管理和学校管理都有待于加强；二是在三大管理中，年段这个中间管理环节比较薄弱；三是说明企业管理严格规范，学生对企业管理需要一个适应过程。这一调查结果表明，德育课教学必须在"职业道德与法律"课程教学中加强遵纪守法教育。

在"你的专业技能、能力素质与当前工作存在哪些差距？你打算怎样努力"的调查座谈中，大部分顶岗实习学生认识到在校期间应该加强文化课的

学习和专业技能的训练,认识到在学校养成良好行为习惯的重要性。同时,他们表示会尽快适应企业工作,并抓紧时间学习,缩短差距。这一调查结果表明,德育课教师在教学工作中必须理论联系实际。

(4)对部分校友的调查统计结果

2012年7月,我们分别选取了学校改办中职学校最早招生的2002届美术装潢设计、计算机运用与维修和电子电器运用与维修三个专业的各20个学生为调查对象,其中他们对"你认为职业生涯成功的关键因素是什么"的回答统计结果见表4-5。

表4-5　2002届美术装潢设计、计算机运用与维修和电子电器运用与维修专业部分
学生对"你认为职业生涯成功的关键因素是什么"的回答统计表

专业名称	你认为职业生涯成功的关键因素是什么		
	有远大的职业理想	有较强的专业技能	有诚实守信的品德、爱岗敬业的精神
美术装潢设计	85%	70%	100%
计算机运用与维修	90%	85%	100%
电子电器运用与维修	95%	75%	100%

2002届美术装潢设计、计算机运用与维修和电子电器运用与维修专业部分学生对"你认为职业生涯成功的关键因素是什么"的回答统计显示:一是学生普遍认为职业生涯成功的关键因素是有远大的理想和有诚实守信的品德、爱岗敬业精神,较强的专业技能虽然重要,但不是关键因素;二是市场经济是诚信经济,市场呼唤诚信;三是学校必须在加强专业技能训练的同时,十分注意加强在校生的职业理想教育、诚信教育和爱岗敬业精神教育。这一调查结果表明,德育课教学必须加强理想信念教育和社会主义核心价值观教育。

在我们邀请的部分校友座谈中,他们对"你认为中职生应该具备怎样的素质才能获得职业生涯的成功?"的回答主要是:中职生要有远大的职业理想,并有阶段目标和长远目标,回报父母、社会,报效国家的感恩之心是职业生涯成功的动力;要有良好的行为规范,这样才能在社会立足;要诚实守信、爱岗敬业,事业才能成功;要开拓创新,才能走出自己的路。这一调查结果

表明,德育课教学必须引导中职生把个人的职业理想与实现中华民族伟大复兴中国梦的社会理想紧密结合起来。

(5)对学校领导和德育系统干部教师的调查结果

学校领导和德育系统干部教师普遍认为:"校企合作、工学结合"是中职学校办学模式的新事物,但又是中职学校生存和发展的重要途径,我们应该对这种办学模式引起高度重视;这种办学模式下的学生德育工作体制机制,与传统办学模式的体制机制应该是个性与共性的关系,我们既要总结传统办学模式中学生德育工作体制机制的长处,并加以传承,又要考虑这种办学模式的特殊性,寻找适合这种办学模式的学生德育工作体制机制的新模式,在管理和教育方面进行大胆的改革创新。这一调查结果表明,德育课教学必须重视校企协同育人。

(6)对中职德育课教学的调查

校企合作联办专业的学生普遍认为:一是教学中应该多运用多媒体教学,多展示经济建设中的成功企业实例,帮助他们树立职业生涯成功的信心;二是希望能够多介绍国内外经济形势,帮助他们理解国家的经济政策;三是多介绍一些成功校友的经验,让他们更能够了解社会并缩短融入社会的时间;四是希望多参与教学活动,让他们在学习中增加乐趣,锻炼能力;五是希望多举一些身边的榜样,帮助他们分析应该怎样向他们学习、学习他们什么。这一调查结果表明,德育课教学必须优化、创新教学内容、教学方法和教学环境,不断提高教学的实效性。

3.调查结论与提高德育课教学实效性的关系

通过调查分析,我们课题组针对"校企合作、工学结合"办学模式下的学生德育工作体制机制向学校提出了如下六点建议,这些建议对德育课教学提高实效性有着重要的启示。

第一点调查建议:在学校管理体制上,应该从整体考虑的前提下突出专业特点。校企联办办学模式虽是学校众多办学模式中的一种,但其专业发展方向明确,顶岗实习和首次就业的方向都很确定,而企业对学生的能力素质要求也比较明确;所以,为了让学生尽快进入专业角色,在管理体制上,学校应该顺应学生的要求,选派思想品德较好、专业素质较高的任课教师担任班主任,以便形成班级管理的核心,让学生安下心来学习专业,掌握技能,形成班级特色。同时,学校应该成立专门的管理机构,加大对校企合作年段教师队伍的管理,要让这部分教师树立新的观念,既要要求他们围绕办学目标进行专业课和文化课的教学,又要围绕教学目标开展职业理想、思想品德、行为规范等教育,以形成教育的合力,培养出既符合国家要求,又能够满足企业需要的合格中职毕业生。

这一点调查建议启示德育课教师:在专业性很强的班级进行德育课时,应该积极配合班主任加强学生的专业教育,引导学生热爱专业、学好专业、牢固专业思想。

第二点调查建议:在教育内容上,既要坚持中职德育的方向,又应该突出校企合作专业的特点。校企合作专业的学生是中职生的一部分,都应该培养成为社会主义事业的建设者和接班人,但他们的发展方向很明确,就是成为企业的高素质劳动者和技能型人才。为此,我们在教育内容上,一方面,应该坚持德育工作的原则、立场,大力加强中国特色社会主义理论体系教育,帮助他们理解领会邓小平理论、"三个代表"重要思想和科学发展观的基本内涵,用社会主义核心价值体系引领他们健康成长;另一方面,我们应该根据联办学校的培养要求和学生的实际需要,对他们进行工业文化、产业文化、企业文化的教育,帮助他们理解企业的管理制度、人才规格要求,帮助他们看到企业的发展前景,鼓励他们感恩亲情、回报社会、报效祖国,勇敢地走进企业,扎根企业,无怨无悔地为企业做出自己的贡献。

第二点调查建议启示德育课教师:德育课教学必须优化教学内容,把实现马克思主义中国化的最新理论成果进校园、进课堂、进头脑与工业文化、产业文化、企业文化进校园、进课堂、进头脑有机结合起来,从德育课教学的角度真正实现校企协同育人。

第三点调查建议:在教育方法上,应该讲究灵活、适应、高效。因为校企合作专业学生的技能要求往往会比较凸显,学生对集中说教性的教育会比较排斥,因此,我们就应该把教育思想渗透到学生的日常生活中,通过各种形式、各种途径的经常性教育,使教育产生持久的潜移默化的影响;由于学生文化基础较差,学习比较吃力,而将来的发展又需要一定的文化素养,我们就要充分利用这一点,我们学校、教师更应该尊重他们、鼓励他们、帮助他们,从而让他们在没有任何压力的情况下不知不觉地接受教育,让他们在对教师的尊敬感激中接受教育,让他们在适应中职学校学习、生活的过程中学会自我教育;由于校企合作专业的学生享受着很多企业提供的优惠措施,我们可以通过物质奖励和精神奖励相结合的方式,大力表扬、奖励在各种学习活动中取得成绩、为班级和学校做出贡献的学生,从而唤起他们的自尊心、自信心,激励他们牢固树立竞争意识,培养他们的创业意识、创业能力和创业精神。

第三点调查建议启示德育课教师:在校企合作比较深入的班级开展教学活动,必须很好地运用赏识教育等成功教育理论,结合各自优惠政策,引导学生感悟到党和国家的关怀,感受到联办企业的温暖,树立学习信心;认识到必须加强自我学习、自我教育和自我管理,不断提高专业能力、方法能力和社会能力。为此,德育课教师必须根据不同专业学生的特点,进行教学方法的优化与创新,选择合适的教学方法,以提高德育课教学的实效性。

第四点调查建议:为了巩固教育成果,学校必须建立健全激励机制,营造良好的学习、工作环境。一方面,对教师而言,校企合作专业的学生比较难管理,因为这些学生文化基础较差又偏向技能学习,受制度的约束方面比较难,因此教师,尤其是年段长、班主任的工作会比较辛苦,而且经常性的技能竞赛会对他们造成精神上的压力,需要学校在奖励、考核、评优、晋级方面给予适当的考虑,甚至倾斜,需要对相关的制度进行修改和完善;另一方面,对学生而言,要能够正确对待企业提供的各种优惠政策,要学会珍惜。中职学校也应该与企业达成共识,相应地制定和修改学生方面的奖励、评选先进的制度,尤其要通过建立健全激励机制,把竞争激励机制引进班级管理,以激发学生的学习热情,使学生努力掌握一流技术,督促学生自觉纠正不良行为,养成良好行为习惯,引导学生把积极进取、奋发向上、学会感恩作为自觉追求,形成爱学习、会学习、能学习的校园文化,从而使企业奖学金的激励作用得到充分发挥,使校企文化在学生的思想情感中升华。

第四点调查建议启示德育课教师:在德育课教学活动中,必须加强遵纪守法教育,必须强化感恩教育,强化公平竞争意识、产品和服务质量意识、可持续发展意识。

第五点调查建议:应该加大德育课教学改革的力度,提高德育课教学的有效性。德育课是中职德育工作的主渠道,中职德育课教学不仅要适应新教材的特点,加大教育思想观念的更新,改进教学方法,选用现代教学方法,而且要根据联办专业的特点,广泛了解合作企业的经营发展状况、发展前景、就业形势,以及企业文化、工业文化和相关产业文化,并将这些信息合理地渗透到相关内容的教学中,并改变以往单一依据书面考试成绩评定学生成绩的方式,建立综合参与体验与探究情况、平时行为规范的表现情况、参与职业技能竞赛情况、参与职业生涯规划作品竞赛情况及卷面考试成绩等多渠道信息评定成绩的评价机制，以激发学生的学习兴趣，提高德育课教学的实效性。

第五点调查建议启示德育课教师：德育课教学必须通过教学内容、教学方法、教学环境、教学评价等方面的优化创新，充分发挥现代信息技术等教学手段辅助教学的积极因素，改变德育课教学过于枯燥、沉闷、严肃的现状，积极营造学习德育理论知识的轻松愉快的氛围，提高德育课教学的有效性。

第六点调查建议：推动政府建立校企合作长效机制，在深化校企合作的过程中完善德育工作机制。目前，我省的校企合作多为校企双方的自觉自愿行为，双方的合作，企业大多简单地从经济利益出发考虑合作问题，在对在校生的教育方面，企业比较少发挥作用。为了更好地培养教育学生，应该充分发挥企业在学生德育工作方面的积极性，让他们有目的、有计划地参与到学生德育工作中来，这就需要政府出面，营造一个大的浓厚氛围，并建立一定的制约和激励机制，引导企业主动参与到学生德育工作中来。这样，中职学校"校企合作、工学结合"办学模式下的学生德育工作就由一个积极性变为两个积极性，教育的合力就会得到大幅度的增强，从而可以在更大范围、更高层次上建立健全学生德育工作的体制机制。

第六点调查建议启示德育课教师：可以采取"引进来"与"走出去"相结合的方式，必须进一步优化育人环境。

总之，上述调查结论对德育课教学提高实效性具有重要意义。德育课教师要提高德育课教学的实效性，就必须树立"大德育""大职教"理念，积极参与班主任等学生管理工作，必须形成教学合力；必须坚持贯彻落实中职学校德育大纲，党和国家的理论、纲领、大政方针，特别是要实行习近平新时代中国特色社会主义思想进教材、进校园、进课堂、进头脑，加强培育和践行社会主义核心价值观；必须优化、创新教学内容，运用成功教育理论，实现校企协同育人；必须优化、创新教学方法，提高德育课教学的实效性；必须进行德育课教学的全方位改革、创新；必须充分利用校外资源，加强对学生的教育。

(二)中职德育课提高实效性教学策略的研究

通过上述课题调查研究，笔者比较全面地了解了中职学校学生的基本情况、用人单位对中职学校毕业生的要求，也比较充分地认识到校企协同对学校德育工作、德育课教师在教学工作中的地位及中职生成长成才的重要性。在第一轮、第二轮使用新教材的过程中,笔者对中职德育课如何提高中国特色社会主义理论教育,特别是在党的十八大召开后如何提高习近平新时代治国理政思想、中国特色社会主义思想进校园、进课堂、进学生头脑的教学实效性,进行了总结、反思,发表了一些论文,比如:《把握赏识教育的原则,讲究赏识教育的方式》一文发表于《福建教育(职成教育)》2011 年第 2 期,《在班主任工作中贯彻落实科学发展观》一文发表于《福建职业与成人教育》2010 年第 6 期,《用科学发展的思想指导中职班主任工作》发表于《中等职业教育》2012 年第 3 期,《加强社会主义核心价值观教育》发表于《福建职业与成人教育》2012 年第 3 期,《服务终身教育　促进社会主义文化大发展大繁荣》发表于《当代职业教育》2013 年第 4 期,《对教师能力结构标准问题的思考》发表于《福建职业与成人教育》2013 年第 2 期,《加强德育课上的职业生涯规划教育》发表于《福建职业与成人教育》2013 年第 3 期,《中职生诚信现状分析及德育课教学对策研究》发表于《职业教育(中旬刊)》2013 年第 7 期,《科学发展观视域下的中职生职业生涯教育》发表于《卫生职业教育》2013 年第 21 期,《中职德育课加强理想信念教育的策略研究》发表于《职教通讯》2013 年第 31 期,《中职德育课加强社会主义核心价值体系教育的教学策略》发表于《职业教育研究》2013 年第 12 期。笔者在撰写这些教学论文的过程中,结合德育课贯彻落实党的十八大精神、对中职生加强社会主义核心价值观教育的要求,对德育课教学提高实效性进行了深入思考,认为中职德育课提高实效性问题是一个整体性发展问题,是一个必须系统思考、整体谋划的教学实践课题,必须打破常规思维定式,进行全方位的系统思考和创新思维。为了提高中职德育课教学的实效性,许多教育专家、德育课教师在实践中创建了诸如"活动—发展""问题解决""协同教学""快乐德育"等许多教学模式,或者实验教育家总结的"个性化发展""开放式""翻转课堂""快乐、动态、合作""情景化""行动导向""参与式""有效课堂""创业教育"等教学模式,并有了大量可以借鉴的成功经验。但是,这些教学策略、教学模式都没有系统考虑德育课教学实效性的问题。为从整体上应对当代中职学校德育课教学面临各种非马克思主义思潮的挑战、中职生思想观念复杂化和中职教师价值观念复杂化等问题,从根本上提高德育课教学的实效性,在学校领导的支持下,笔者结合多年来的教学实践,结合各级德育课题研究,"运用辩证唯物主义联系观点,把提高德育课教学实效性问题放在学校德育工作的整体及其发展过程上来反思和研究,从静态的要素和动态的发展相结合的角度,系统总结出'五坚持、五优化、五创新'的教学策略"①,并于 2013 年 12 月以来,在学校的支持下,结合学习贯彻党的十八大和十八届三中全会精神,以主持的省、市课题,即 2014 年福建省中小学德育研究课题"中职学生职业精神和职业道德培养研究"(编号:DY201404B)、2014 年福建省中青年教师教育科研项目 B 类社科课题(职业教育专项)"农村中职学校参与新型农民培养和农村劳动力转移培训实训研究"(编号:JBS14543)、2015 年福建省教育厅重点课题"职业院校'双师型'教师队伍建设"、2016 年福建省中小学德育研究课题"中职学科教学培育和践行社会主义核心价值观的策略研究"(编号:DY201653B)、三明市基础教育科学研究 2016 年度市级课题"中职学校创建示范校背景下校园文化的传承创新与发展研究"(编号:JYKT-1627)、三明市教育局 2017 年课题"中职德育课加强社会主义核心价值观教育的创新策略研究"(编号:smdy2017008)、2017 年度福建省中小学德育研究课题"中职文化课中加强中华优秀传统文化教育的策略研究"(编号:DY201721A)等课题研究为纽带,对这一教学策略进行了德育课课堂教学、社会实践等多方面的检验。四年半的实践检验证明:这一系统教学策略有助于德育课教师面对和解决影响德育课实效性的多种问题,有利于全面提高德育课教学的实效性,特别是有利于中职德育课加强社会主义核心价值观教育,实现职业生涯教育、职业道德与法律教育、经济政治与社会教育、哲学与人生教育、心理健康教育同理想信念教育、中国精神教育、中国梦教育的有机统一,引导中职生学习、培育和践行社会主义核心价值观取得良好的实效。2018 年 4 月,教学成果论文《系统思维视角下的德育课实效性教学策略研究》在《职业教育(中旬刊)》发表;2018 年 6 月,由笔者主持完成的"系统思维视角下的德育课实效性教学策略研究与实践创新"这一教学成果,被福建省教育厅授予 2018 年省级教学成果奖二等奖。

(三)中职德育课提高实效性"五坚持、五优化、五创新"教学策略简介

要提高德育课教学的实效性,必须综合运用教学策略,系统规范教学行为,多管齐下培养学生的学习兴趣,提高教师教学水平,以期达到立德树人效果的最大化。

---

① 张捷树.系统思维视角下的德育课实效性教学策略研究[J].职业教育,2018(4):33.

1.中职德育课"五坚持、五优化、五创新"教学策略的基本含义

(1)中职德育课教学"五坚持"的含义

所谓"五坚持",就是德育课教学必须坚持贯彻落实中职德育工作五个原则,坚持培育和践行社会主义核心价值观,坚持校企协同育人,坚持更新教育理念、开展适合教育和坚持做好学生的表率。中职德育课教学做到"五坚持",归结起来,其核心要义就是中职德育课教师必须坚持党的领导,当好党的宣传员和学生的引路人,确保德育课教学的社会主义方向。

第一,德育课必须坚持贯彻落实中职德育工作五个原则,是由德育课的性质、地位和目标决定的。中职德育课是德育工作的主渠道,坚持德育工作的原则,就是确保德育课的社会主义性质和方向。2014 年 12 月,教育部新颁的中职学校德育大纲,规定了中职德育工作必须坚持"方向性和时代性相结合""贴近实际、贴近生活、贴近学生""知行统一""教育与管理相结合""解决思想问题与解决实际问题相结合"等五个德育工作原则。归结起来,中职德育课教学坚持这五个原则,就是指德育课教学必须坚持中国共产党的领导,这也是贯彻落实新《德育大纲》、发挥德育课教学在中职学校德育工作中的主渠道作用的需要。在第一章介绍的 2008 年教育部颁布的德育课教学大纲关于课程的性质、地位和目标来看,贯彻落实教学大纲也必须贯彻好德育工作的五个原则,坚持党的领导。

第二,德育课必须坚持培育和践行社会主义核心价值观,是由德育课完成立德树人根本任务决定的。习近平总书记在党的十九大报告中指出:"社会主义核心价值观是当代中国精神的集中体现,凝结着全体人民共同的价值追求。"①青少年是祖国的未来、民族的希望,各级各类学校都应该加强社会主义核心价值观教育,通过教育引导青少年培育和践行社会主义核心价值观,让社会主义核心价值观成为我国青少年弘扬中国精神、凝聚中国力量、实现伟大梦想的主流价值观。中职德育课要真正发挥德育工作主渠道作用,就"要以培养担当民族复兴大任的时代新人为着眼点",在中职生学习阶段全程加强社会主义核心价值观教育,其目的就在于帮助中职生牢记国家层面的价值目标、社会层面的价值取向和公民个人层面的价值准则,增强中职生的自觉意识;就在于教育他们跟定共产党,永远听党的话,立志做德智体美劳全面发展的中国特色社会主义事业合格的建设者和接班人。

---

① 党的十九大报告辅导读本[M].北京:人民出版社,2017:41.

　　第三,德育课必须坚持校企协同育人,是由中职学校的办学特点决定的。校企合作、工学结合是职业院校办学的重要形式,中职学校的毕业生无论是直接就业,还是升入高职院校就读大专以后再就业,大部分都是进入企业工作。因此,德育课教学必须面向学生就业实际、职业生涯发展需要,充分发挥企业资源在育人方面的作用,坚持校企协同育人,即结合所教专业学生的未来工作实际需要,把相关行业、企业的发展规划、人才规格要求、管理制度、企业精神、劳动模范先进事迹等工业文化、行业文化、企业文化引入德育课教学,既让学生开阔视野,提前了解就业要求,又让德育课教学变得具体、生动、形象、切合实际起来,这样更加容易培养学生学习德育课的兴趣。同时,德育课教师必须重视了解学生的认识实践、跟岗实践和顶岗实习,把相关企业的具体要求引入德育课教学,把社会主义职业精神和职业道德教育具体化,提出学生在认识实践、跟岗实践和顶岗实习期间提高思想政治素质、道德法律素质、创新创造思维素质等方面的具体要求,帮助学生实现由"学校人"到"职业人"的逐步转变。

　　第四,德育课必须坚持更新教育理念、开展适合教育,是由加快发展现代职业教育的形势和要求决定的。由于党和国家对加快发展现代职业教育的重视,职业教育迎来了发展的春天,职业教育名师、名家正在成长、成熟,职业教育的理论不断地发展,职业教育的方法也在不断地实验、推广。中职德育课是中职学生所学课程的重要组成部分,德育课教师必须能够通过学习研究,消化吸收职业教育的改革、发展成果,让自己从事职业教育的理论、思想做到与时俱进。由于中职学生生源复杂,需要德育课教师掌握合适的教育教学方法,帮助学生在民主平等的教学氛围中重拾学习信心,帮助学生在轻松愉快的学习过程中培养学习兴趣,在入情入理、情理交融中激发学生担当社会责任和历史使命的爱国情感。由于社会生产力的发展,辅助教学的手段也在进步、更新,同样需要德育课教师接受新事物,改变教学习惯,优化教学手段,让枯燥无味的德育课堂变得生动有趣起来。

　　第五,德育课教师必须坚持做好学生的表率,是由教师职业的性质和必须解决的一些主要问题决定的。德育课教师和所有的教师一样,其天职就是传道授业解惑,所以必须坚持做到学高为师、身正为范、身体力行。面对国际文化的交流、交融和交锋的复杂形势,面对国内出现非马克思主义思潮的新情况,面对中职生思想观念、价值观念的多元化,面对中职教师价值观念的复杂化,德育课教师要提高教学的实效性,一要做到学高为师,即要有足够的思想理论素养指导学生分析问题、认识问题和解决问题。德育课教师只有在思想理论教育方面有足够智慧,才能做到循循善诱、由浅入深、通俗易懂、以理服人,帮助学生建构系统的德育知识体系;德育课教师只有做到学高为师,才能通过旁征博引、层层批驳,帮助学生认清各种非马克思主义思潮的错误与危害,才能帮助学生坚定建设中国特色社会主义道路自信、理论自信、制度自信和文化自信,引导学生自觉地学习、认同、培育和践行社会主义核心价值观。二要做到身正为范,即德育课教师对我们党的理论、纲领、路线、方针政策,尤其是对习近平新时代中国特色社会主义思想要有足够的信心,内在思想、信仰和情感与所教理论观点、立场和方法要相一致,不能口是心非,课上一套课后一套,要让学生从教师的内心世界、情感表达、职业精神和职业道德中,感受到所学理论、观点是有强大的生命力的,是不容置疑的,是能够指导实践取得胜利的。德育课教师只有做到身正为范,才能用习近平新时代中国特色社会主义思想武装学生,才能把学生吸引到实现中华民族伟大复兴中国梦的伟大事业中,激励学生励精图治、创新创造。三要做到身体力行,即德育课教师必须做到严谨治学、教书育人、立德树人,用自己的实际行动证明我们党的思想理论的强大;敢于运用习近平新时代中国特色社会主义思想分析批判各种非马克思主义思潮的错误与危害,让学生看到马克思主义中国化的理论成果在指导人们分清是非、解决问题方面的作用;敢于分析师生中的好人好事、先进典型、积极因素,敢于批评师生中存在的错误思想、违纪行为,引导学生见贤思齐、崇德向善、躬行践履。

(2)中职德育课教学"五优化"的含义

所谓"五优化",就是指德育课教学必须做到优化教学内容、优化教学方法、优化评价机制、优化教学环境和优化教师的情感表达。中职德育课教学必须做到"五优化",归结起来,其核心要义就是中职德育课教师要善于整合教学资源,提高教学吸引力,激发学生的学习积极性,提高教学质量。

第一,优化教学内容,即德育课教学内容必须符合党和国家的要求,符合中职生的成长规律和教学规律,符合学校的实际情况。教学内容符合党和国家的要求,就是德育课教学要体现时代性和科学性。教师要及时学习党的会议精神、重要文件、重要政策,把相关的精神补充到相关知识点的教学中;当前,最重要的就是要实现习近平新时代中国特色社会主义思想和党的十九大精神进校园、进课堂、进学生头脑,让德育课堂真正成为宣传贯彻党的理论、纲领、路线、方针政策的阵地,也让学生及时了解马克思主义中国化的最新成果,了解党和国家的大政方针与重大决策,让学生的思想情感与新时代的脉搏一起跳动,按照党和国家的要求健康成长。教学内容要符合中职生的成长规律和教学规律,就是德育课教学要根据循循善诱、由浅入深的学习规律,整合教学资源,让学生不仅能够听懂,而且能够产生思想共鸣,使德育知识观点的要求内化成为学生的内心信念和自觉要求,为此,德育课教师的心中要很明白德育工作文件要求开展的主题教育,要围绕理想信念、中国精神、中国梦等专题教育要求,在整个中职教学过程中,通过优化整合教学内容,做到专题教育思路清晰、条理清楚、层层递进、衔接自然、有始有终,取得实效。符合学校的实际情况,就是德育课教师要深入学生的班级、宿舍、食堂等,了解学生的学习情况、生活情况、思想状况,把合适的有助于德育课教学的好人好事、文明风尚、爱校情怀、奉献精神等信息素材补充到教学中来,让课堂教学更加切合师生实际,教学过程更加具体、生动和形象。

第二,优化教学方法,即德育课教学方法必须适合学生、适合教学内容、适合教学目标要求。教学方法适合学生,就是德育课教师选择教学方法要适合学生文化基础比较薄弱、爱表现等基本情况。中职生文化基础知识掌握得比较少,必须多采用有利于形象思维的教学方法,比如多采用案例教学法、情景教学法等教学方法,遵循从具体形象到抽象概括、从个别分析到一般领悟的学习方法,让学生先有感性认识,再形成理性认识;还要针对中职生追求个性自由、爱表现的个性特点,多采用分组学习方法、角色扮演法等教学方法,给学生充分展示个体学识、技能和智慧的机会,让学生感受到学习的快乐。通过上述适合学生的教学方法的运用,可以帮助中职生在民主平等、身心愉悦的氛围中,发现自己的优点和长处,重新恢复学习的自信心,逐步培养起学习的兴趣。教学方法适合教学内容,就是德育课教师选择教学方法要适合职业生涯教育、职业道德与法律教育、经济政治与社会教育、哲学与人生教育和心理健康教育的学科内容特点。比如在"职业生涯规划"课程中,要多采用案例教学法、角色扮演法、情境仿真法等教学方法,引导学生在职业生涯成功案例中,认识到建设中国特色社会主义伟大事业为每个有远大理想的中职生提供了成长成才的良好机遇,引导中职生树立正确的职业观、人才观、成才观、就业观、创业观,把"个人梦"和"中国梦"紧密结合起来,立志爱国奉献。比如在"职业道德与法律"课程教学中,要多采用对比法、问卷调查法,发挥学生的主体作用,引导学生在明确基本观点、澄清错误认识的基础上感悟和内化为追求高尚人格的情感信念;采用讲解法和启发式讨论教学法相结合的方法,让中职生在学习中认识到真正有修养的人是在无人监督的情况下能够自觉遵守行为准则的人;通过案例教学法、情景教学法,介绍中国著名科学家钱学森、钱三强、竺可桢、李四光、袁隆平、侯德榜、周培源、茅以升、邓稼先、童第周、钱伟长等的闪耀的科学精神和中国精神,引入大国工匠中国首飞上海飞机制造有限公司高级技师胡双钱、港珠澳大桥钳工管延安、国家高级工艺美术技师孟剑锋、沪东中华造船集团焊工张冬伟、南车青岛四方机车车辆股份有限公司高级技师宁允展、中国宣纸股份有限公司高级技师周东红、航天科技集团运载火箭技术研究院特种熔融焊接工高凤林、中国船舶重工集团公司第702研究所顾秋亮等的精益求精的工匠精神经典案例,创设教学情境,引导学生感悟、分析和理解我国社会主义职业道德规范和职业精神的要求;通过案例教学法、情景教学法,引导学生明确法律的基本知识,培养学生的法律意识,强化法治观念。比如在"经济政治与社会"第二单元教学中,由于教学内容的时政性很强,除了要多采用情景教学法介绍以习近平为核心的党中央领导全国各族人民建设中国特色社会主义事业取得的"一带一路"建设、京津冀协同发展、长江经济带发展、创新型国家建设成果等伟大成就外,还可以采用问题探究式教学方法,通过设计问题、确定探究主题,让学生比较自己的家庭生活、家乡的变化,从具体创设的材料、数据中认识到改革开放的伟大成就;又比如在"经济政治与社会"第三单元教学中,可以采用分组合作学习的教学方法,在学生讨论、交流和归纳的基础上,再由教师点评和总结,引导学生认识到我国人民代表大会制度、中国共产党领导的多党合作制度、民族区域自治制度等社会主义政治制度的优越性,坚定中国特色社会主义"四个自信"。比如在"哲学与人生"教学中,要多采用讨论法、案例教学法,引导学生在明确马克思主义立场观点和方法的基础上,感悟科学世界观和方法论对职业生涯发展的指导作用,从而提高学生运用马克思主义哲学分析、认识和解决问题的能力。比如在"心理健康"教学中,可以采用讲授法、小组讨论法、游戏活动法、角色扮演法、情景模拟法、自我反省法、人格感染法、实践活动法等教学方法,帮助中职生克服心理障碍,培育良好心态,掌握维护健康心理的正确方法。适合教学目标要求,就是选择的教学方法要有利于完成教学目标。教学有法,但无定法,德育学科的每门课程适合的教学方法有所侧重,但是具体的某个章节、知识点的教学,适合的教学方法又会有所不同,只要我们能够顺利地完成教学任务、达成教学目标的教学方法就是好的教学方法。因此,德育课教师必须认真研究每个章节、每个知识点的教学目标和适合的教学方法,做到灵活多样、有的放矢,以求教学效果的最优化。

第三,优化评价机制,就是要采取科学合理的方法评定学生的德育课成绩。教师对学生的评价是引导学生学习的指挥棒,学生对教师的评价是督促和激励教师不断总结反思、提高教学水平的有效途径。在学生的学习评价方面,过去通常的做法是:采取书面考试的办法或被列入考查科目、没有考试成绩而由教师根据学生的平时学习情况评定成绩的办法。如今,有的省份,如福建省,已经开始了学业水平考试,德育课开始被列入考查范围,书面考试已经显得很重要。根据现状,我们谈德育课优化评价机制,就是要在考虑学业水平考试的前提下,在课堂教学和课后作业中,加强对学生学习情况、学习效果的检查评价。在课堂教学过程中的评价,教师可以根据所学内容,设计问题让学生回答、讨论,根据学生答题情况评定成绩;在课后作业的过程中的评价,主要是根据学生完成课后作业的情况进行评价,学生可以按照要求上交课后书面作业或上交作业到微信或 QQ 信息平台,教师根据作业情况评定平时成绩。此外,还应该根据学生的表现情况评定成绩,以便督促学生遵纪守法、规范行为。同时,优化评价机制还应该包括对教师上课情况的评价,比如由学生对教师的教学情况进行评价,通过评价反馈,提醒教师改进教学,提高教学水平。通过两方面的结合,全面优化德育课教学评价机制。

第四,优化教学环境,就是根据德育课教学需要,设计相关情境,让学生在情理交融中受到教育。在一定的教育思想指导下创设的教学环境,会给学生一种全新的视听感觉,会让学生产生积极的情绪,这样很容易吸引住学生的注意力,调动学生的学习积极性,大大提高德育课教学的实效性。比如在选择情景教学法时,通过选择、设计富含思想教育情境的天宫、蛟龙、天眼、悟空、墨子、大飞机等重大科技成果的相关画面和充满正能量的影视、歌曲、微视频等在课堂展示,把学生的思绪带入情境之中,让学生产生思想共鸣,再通过学生的思考、讨论,逐步理解感悟相关的理论、观点,使学生的思想得到升华;又比如在选择案例教学法时,通过设计问题、播放视频、分组讨论等一系列环节,把学生引入情境,通过创境激趣,浓浓的情境氛围牢牢地吸引学生的注意力,学生在愉快而又热烈的学习气氛中完成学习任务,所学的德育知识观点蕴含在有趣的案例中,牢牢地刻在了脑海中;再比如选择角色扮演法,教师可以设计背景音乐、使用教具、学生参与等,调动学生的积极性、主动性和创造性,引导学生在充满情趣、绘声绘色的表演中,感悟和体验相关理论观点的含义。此外,我们还可以根据内容特点选择社会实践的教学方法,借助学校周边社区的思想教育资源,比如反映革命文化的革命烈士纪念馆等爱国主义教育基地、反映客家文化的客家祖地等中华优秀传统文化教育基地、反映改革开放时代精神文化的大型建设项目及成就展览等中国特色社会主义教育基地等,为德育课教学创设激动人心、豪情万丈、情理交融的教育情境,引导学生在具体、生动、形象的情境中,感悟中国共产党的伟大、中华民族的优秀、作为中华儿女的自豪,感悟建设中国特色社会主义理论,特别是习近平新时代中国特色社会主义思想对民族振兴、国家富强、人民幸福的重大意义。

第五,优化教师的情感表达,就是德育课教师能够做到在教学过程中不受任何外界因素的干扰,始终做到爱岗敬业、无私奉献,以满腔的热情和高度的责任感教育培养学生。为了当好党的宣传员,实现德育课教师忠于党的教育事业、培育中国特色社会主义事业建设者和接班人的职业理想,当面临外界各种物质诱惑时,时时处处警醒自己保持清醒的头脑,牢记肩负的历史责任和政治使命,在三尺讲台上坚守教书育人、立德树人的教育阵地,演绎人民教师以生为本、忠于党和国家教育事业的高尚情怀;当德育课教学面临各种非马克思主义思潮、错误的价值观挑战时,以德育课教师特有的坚定性,通过加强学习,坚定理想信念,提高理论素养和对各种错误思想的分析批判能力,引导中职生坚定民族立场,坚定拥护中国共产党领导的政治立场。当学生违反课堂纪律时,德育课教师必须表现出特有的教育艺术,即坚持正面批评教育与包容学生的缺点、允许学生在反复纠正错误和克服缺点的过程中逐渐成长相结合,让学生感悟到教师无私的大爱,感悟到不良行为对职业生涯发展的危害,从德育课教师关爱学生的情感中感悟到党和国家的温暖。

(3)中职德育课教学"五创新"的含义

所谓"五创新",就是德育课教学必须坚持教学内容创新、教学方法创新、实践教学创新、教学合力创新和教学评价创新。中职德育课教学必须做到"五创新",归结起来,其核心要义就是中职德育课教师必须持续地经营好课堂,与时俱进地注入新鲜血液,使德育课教学提高实效性常态化,确保思想政治教育旺盛的生命力。

第一,教学内容创新,就是德育课的教学内容必须及时反映马克思主义中国化的最新成果,根据专题教育需要整合相关内容。德育课教学及时反映马克思主义中国化的最新成果,就是指德育课教学内容必须介绍最新成果的科学内涵、发展过程、伟大作用及在今后的指导地位;必须把产生这一伟大思想的伟大实践以具体、生动、形象的画面展示在学生面前,让学生深刻感悟习近平新时代中国特色社会主义思想指导中国强大起来的伟大现实意义和深远历史意义,引导中职生认同新思想、跟上新时代、开启新征程。德育课教学,还必须根据党的十八大以来的要求,以培育和践行社会主义核心价值观为主线,开展理想信念、中国精神、中国梦等专题教育,这些专题教育必须是渗透于中职阶段的全程教育,必须进行必修课和选修课教学内容的梳理与整合,把握专题教育的逻辑线索,找到前后德育课程内容的契合点,引导学生在前后知识点的联系中建立知识体系;特别需要加强中华优秀传统文化教育,坚持把中华优秀传统文化教育与社会主义核心价值观教育紧密结合起来,渗透于德育学科知识体系的建构之中,让德育课教学更有生命力和影响力,也让各个专题教育主题更加突出,立场更加鲜明,目标更加明确,效果更加明显。

第二,教学方法创新,就是德育课的教学方法必须跟上新时代新要求,增加新时代的元素。跟上新时代新要求,主要是指德育课教师在教学过程中选择的教学方法,必须符合现代职业教育的要求,比如说,必须符合以生为本、学生为主体的教育思想,必须符合培养、提高学生的自我学习、自我管理和自我教育的能力的教育思想,等等。应该在各级各类培训、校际交流中开阔视野,要有教学方法创新、教学实验的教育理念,共同推进德育课教学改革,不能够墨守成规、故步自封。增加新时代的元素,就是德育课教师必须运用生产力发展、社会科学技术进步的成果和手段辅助教学,给学生焕然一新的视听感觉,以吸引学生的注意力,激发学生的学习兴趣;应该在现代职教理论的指导下,不断地实践成功的新教法,或者通过不断地总结教学经验,升华教育思想,创新自己的教学风格,形成教师独特的教学魅力。

第三,实践教学创新,就是德育课教学要争取学校领导的支持,充分利用社会实践等各种教育资源教育学生。中职德育课教学开展社会调查和社会实践活动,符合中职德育工作的要求。与德育相关的社会实践活动,可以是开展志愿者活动,也可以是参观爱国主义教育基地,还可以是与专业相关的社会服务活动等,我们德育课教师可以与学校的政教处、团委、保卫科等职能部门共同组织开展,让学生在真实情境中受到教育,在震撼心灵、内在驱动的过程中提高思想政治教育的实效性;与专业相关的实践活动,可以是认识实践、跟岗实践、顶岗实习,也可以是与专业技能相关的社区服务活动,能够帮助学生在与社会零距离接触的过程中,感受社会发展变化的节奏,体验社会发展对各类人才的要求,看到不同层次的人才享受的不同待遇,以此激励、鞭策学生按照经济社会发展需要努力学习专业知识和职业技能,积极培养产品和服务的质量意识、竞争意识。德育课教师必须充分利用布置任务、组织讨论,引导学生把学习技术与服务社会紧密结合起来,把感恩亲情与回报社会、报效祖国紧密结合起来,把实现个人价值与社会价值紧密结合起来,实现德育课教学平台的延伸,实现德育课教学实效性的进一步提高。

第四,教学合力创新,就是德育课教学必须从学校德育工作大局出发,改变单打独斗的教育方法,围绕教学目标,积极整合与德育工作相关的班级、年段、学校、家庭、社区等教育力量,汇集中职生健康成长的正能量。教学合力创新,实际上就是要把"大德育""大职教"教育理念进一步落实到行动上,从宏观上营造有利于德育课教学的良好氛围。要实现这一目标,中职德育课教师一要加强与相关任课教师,特别是语文、历史、地理、美术、音乐、体育、礼仪等任课教师的交流与沟通,主动提出共同贯彻落实《中共中央办公厅关于培育和践行社会主义核心价值观的意见》(中办发〔2013〕24 号)、教育部《关于培育和践行社会主义核心价值观进一步加强中小学德育工作的意见》(教基一〔2014〕4 号)、教育部《关于印发〈完善中华优秀传统文化教育指导纲要〉的通知》(教社科〔2014〕3 号)和中共中央办公厅、国务院办公厅印发的《关于实施中华优秀传统文化传承发展工程的意见》等重要文件精神的建议和方案,并争取学校教学部门、教研部门和政教处、团委等部门的大力支持。二要充分发挥德育课教师善于做思想政治工作的专业特长,积极参与学生管理工作。德育课教师应该主动承担班主任、年段长等学生管理工作,这样便于建立与其他任课教师的联系,也与学生管理部门有了更直接的联系,与相关的任课教师和职能部门管理干部会有更多的共同语言,更容易在教师队伍中宣传党和国家相关文件的精神,为实施上述建议或方案奠定思想基础。三要针对课程的单元探究内容,设计好社会实践活动的方案,并经学校批准,争取相关职能部门配合,力争把上述弘扬中华优秀传统文化、革命传统文化、社会主义先进文化、培育和践行社会主义核心价值观的建议或方案落到实处,在周密部署、扎实落实的基础上实现教育实效的最大化。

第五，教学评价创新，就是德育课教师根据德育课评价的目的、原则和标准，对评价方式进行创新。对于学生的学习评价，在评价方式上，德育课教师根据教学大纲规定的教学原则，可以在课堂教学过程中设计学生自主评价、小组评价、班级的集体评价、教师的导向性评价，以发挥学生主体在教学评价中的作用，实时监控教学过程，以便调整教学进度；在评价的依据上，学生在自主评价、小组评价、班级的集体评价过程中的结果是教学评价的重要依据，学生在课后完成的书面作业的整体质量，调查报告、学习总结等学习成果，要作为学生学习评价的主要依据。对于教师的教学评价，一是可以从学生的学习效果中得到反馈。如果全班多数学生对所学知识不理解，说明教学目标没有达成，教师必须反思自己的教学设计、教法选择、教学内容的处理是否存在问题，设法在课堂当即补充学习，或者在下节课适当补课，或者在课后通过微信等交流平台加以补充教学。二是可以由学生在课后给老师评价。由学生开展的无记名评价，可以比较真实地反映出学生在学习过程中存在的问题，或者是教师没有讲清楚，或者是教学内容的讲解不够通俗而学生难懂，或者是其他问题影响了教学过程，等等，学生反映的这些问题，教师可以在今后的教学中注意，加强教学监控。三是可以在与学生座谈、交流中得到反馈。为了了解学生的学习情况和教师的教学情况，教师可以在课后随机抽取一部分学生召开座谈会，与学生进行面对面的了解沟通，尤其是可以了解学生对德育课教学的意见和建议，便于教师改进教学。四是可以从学校每学期末组织的教学评估中得到反馈。目前，由于创建示范校和创建示范性现代职业院校的检查验收工作的需要，很多中职学校已经开始了学生评教活动。这种无记名的大面积评教活动，能够比较真实地反映出教师在遵守教学常规、开展教学活动、选择教学方法、进行课后辅导、评定考试成绩等方面给学生的印象，也就是说教师可以了解到自己的工作态度、教学水平和教学效果，评教的结果可以供教师进行学期教学反思参考。五是可以从教育厅组织的学业水平考试成绩中得到反馈。我们的德育课上得到底如何？效果如何？学业水平考试将开启统一命题、统一考试、统一改卷的新模式。这样出来的成绩相对会比较真实地反映学生的学习情况和教师的教学情况，德育课教师可以根据这个统考成绩来评价学生和教师自己。总之，教学评价创新，就是要求德育课教师更加灵活地运用这些评价方式，为调节和控制教学的过程提供决策依据，以便进一步发挥德育课程对学生成长成才的激励作用。

2.中职德育课运用"五坚持、五优化、五创新"系统教学策略的意义

（1）"能够较大地增强中职德育课教学的实效性。"[1]笔者所在学校 2009 级初教五年专、2010 级华冠班进行了"五坚持、五优化、五创新"教学策略的探索与实验,课堂教学气氛大为改观,大部分学生对学习德育课有了浓厚的兴趣,教学的实效性大大提高。在 2013 级、2014 级学前教育班、2017 级学前高考班,机械自动化、电气自动化、供用电和学前教育五年专的教学活动中,进行了"五坚持、五优化、五创新"系统教学策略的检验,提高德育课教学实效性的良好效果得到了进一步的验证。

一是学生学习德育课的兴趣得到了培养和提高,德育课学习成绩有了比较稳定和较大幅度的提高。在笔者连续担任德育课教学的四届近 500 名毕业学生和正在担任教学工作的 300 名在校学生中,所有任教班级学生的德育课学习积极性都得到了较大幅度提高。学前教育五年专、学前教育高考班的学生全部都能够认真听课,认真做笔记,积极回答问题,主动参与角色扮演、分组学习、探究学习等学习活动,他们做作业不仅准时,而且特别认真。电子电器应用与维修、机械自动化、电气自动化、供用电、工程造价等专业的学生,也对德育课教学产生了浓厚的兴趣,许多学生由原来爱玩手机转变为认真学习,并且认同了德育知识观点,激发了学习专业课程的积极性、主动性,在学习过程中逐步形成了好人好事有人夸、不良行为有人管的良好氛围。他们逐步培养起遵纪守法、尊敬师长、文明礼貌的文明风貌,对爱国守法、明礼诚信、团结友善、勤俭自强、敬业奉献的公民道德,文明礼貌、助人为乐、爱护公物、保护环境、遵纪守法的社会公德,爱岗敬业、诚实守信、办事公道、服务群众、奉献社会的职业道德的含义有了比较深刻的认知,形成了思想情感上的高度认同,表现在人人都能够遵守校纪校规,严格遵守校内实训和校外实践活动的操作规程,都能够按照学校要求和班级安排认真做好班级卫生、宿舍卫生和校园环境卫生;在他们上交的职业生涯规划作品中,都明确表示立志投身建设中国特色社会主义伟大实践,为实现中华民族伟大复兴的中国梦而努力学习,奉献青春,建功立业;另外,学风和考试风气也有了明显好转。总之,学生的综合素养得到了大幅提升,学生违纪现象大幅度减少。

二是笔者所任教班级学生设计职业生涯规划,运用所学知识分析问题、

---

① 　张捷树.系统思维视角下的德育课实效性教学策略研究[J].职业教育,2018(4):36.

认识问题的能力和创造性思维得到培养、提高。在学校组织的职业生涯规划作品竞赛活动中,每个学生在一、二年级都能够提交参赛作品,而且质量越来越高。2011年,在第八届全国中职生文明风采竞赛活动中,笔者指导的学生潘冬冬设计的《适应时代需要 设计美好生活》、曾翠萍设计的《成为一名成功的无线电装接高级技师》、陈明珍设计的《献身教育事业 培育祖国花朵》、肖梦欣设计的《青春年华 让理想放飞》等职业生涯规划作品均荣获全国一等奖,邱志华设计的《掌握一流技术 服务万家生活》、李蓉香设计的《青春年华 让理想的旗帜为我领航》、陈雅慢设计的《走进西部育桃李 播种希望报国恩》、陈彩霞设计的《奔赴山区农村 实现教育公平》等职业生涯规划作品均荣获全国二等奖,余琳瑶设计的职业生涯规划作品《我的未来我做主 走进西部展宏图》荣获福建省复赛二等奖;2012年,在第九届全国中职生文明风采竞赛活动中,指导的学生陈靓琪设计的职业生涯规划作品《爱心献给西部 成就感恩梦想》荣获全国二等奖,陈金水设计的《献身幼教事业 培育祖国花朵》、黄艺斌设计的《跳动的音符 美丽的人生》、苏秋兰设计的《激扬青春 赢在明天》等职业生涯规划作品荣获全国三等奖。学生参赛作品的大面积获奖,极大地提高了学生学习德育课的积极性、主动性和创造性,达到了以赛促学的目的。在2013年至2016年的连续几年竞赛活动中,笔者所任教班级学生几乎每年都全部上交职业生涯规划作品参赛,但是都没有获奖,笔者和学校相关部门的同志一直不明白什么原因,直到2016年才得知是因为版面设计的要求提高了。所以,2016年再次指导学生设计职业生涯规划作品参赛时,笔者分别与两位计算机技术比较好的教师合作,由他们负责指导版面设计,在教师们的共同指导下,2017年第十三届全国中职生文明风采竞赛活动中又取得了较好的成绩:笔者与魏源荣老师共同指导的学生伍金梅设计的《青春献给人民 实现教育公平》荣获福建省复赛二等奖,与魏源荣老师共同指导的学生林妙年设计的《为祖国培育花朵 让青春写满华章》、谢舒颖的作品《为祖国坚定信念 让青春绽放异彩》、罗津津的作品《献身西部教育 实现共同繁荣》,与李晓亮老师共同指导的学生李雯婷设计的《立志民族振兴 实现青春梦想》、邱文斌设计的《凭一流技术创业 献青春年华感恩》等职业生涯规划作品均荣获福建省复赛三等奖,与魏源荣老师共同指导的学生刘丽萍设计的《为祖国放飞理想 让祖国充满希望》、巫玉雯设计的《献身幼教事业 创造美好未来》,与李晓亮老师共同指导的学生巫升华设计的《服务全面小康 提高生活质量》、肖雅诗设计的《传

播中华优秀文化 建设美好精神家园》、陈颖慧设计的《青春献给人民 成就感恩梦想》、张琦设计的《把握青春年华 理想信念领航》、何志伟设计的《成为电梯安装与维修高级技师是我的职业理想》等职业生涯规划作品均获得优秀奖。这些学生作品参赛获奖,为学校赢得了荣誉,也为提高德育课教学的实效性形成良性循环提供了有利条件。2018 年的文明风采竞赛,笔者任教班级学生全部上交了职业生涯规划作品,学校经过认真评选,共选送 50 多件职业生涯规划作品参加省赛,但因为取消了全国评选,省赛结果没有公布。

　　三是笔者的教学改革策略与赏识教育理论运用相结合,对建设良好班集体产生了积极的影响,取得了突出的成绩。由于笔者对教学工作的重视及赏识教育理论运用得好,担任班主任的班级学生特别有凝聚力,学生从班主任乐业、勤业和精业的精气神中吸取了营养,做好班级的纪律、卫生、劳动、宣传、安全、参赛等各项工作成了学生自觉的选择,团支部干部和班委会干部被培养成为班主任工作的得力助手,整个班级以团支部为核心形成了认真负责、积极进取、团结友爱、互帮互助、向善向上的班集体,在参加各级各类比赛中获得了优异成绩。以笔者从二年级接手班主任的 2014 级学前教育五年专 1 班为例:建设了一支认真学习、努力工作、综合素质高的班干部队伍,副班长伍金梅成长为校学生会主席,班长林妙年、团支书陈慧敏成长为校学生会两位部长,另有六名学生干部被选为校学生会干事。学生们刻苦学习,多才多艺,硕果累累:在第十三届全国中职生文明风采作品竞赛中,共获得国家级二等奖一个、三等奖一个、优秀奖一个,在 2017 年三明市职业技能竞赛中,共获得一等奖五个、二等奖九个、三等奖七个,是国家级、省级竞赛中获奖人数最多的班级;在校园歌手大赛中,李洁、罗晶晶先后荣获冠军;在纪念"一二·九"歌咏赛中,取得了一等奖的好成绩;在学校组织的最优教室评比中,班级教室每学期都被评为最优教室;全班学生在参加客家祭祖献花篮、献帛、"献力红土地、重走长征路"、美丽中国唱起来、家和万事兴等外出演出舞蹈节目志愿活动中,表现出色,多次受到宁化县有关部门的称赞和表扬,为学校赢得了荣誉。该班级在二、三年级共获得学校九次文明班级表彰,2015—2016 学年、2016—2017 学年连续被学校评为先进班级;团支部先后被学校和宁化团县委表彰为"五四红旗团支部"。2017 年 9 月,该班学生转入三明医学科技学院后,共有 20 名学生通过竞聘进入了校团委、学生会担任学生干部,共有 17 名学生通过竞聘担任院系学生干部,表现非常优秀。此外,由笔者担任班主任的 2010 级华冠班、2013 级电子电器运用与维修 1 班,均获得学校五四红旗团支部和先进班级表彰。2017 级学前教育对口升学 1 班团支部,由于工作出色,经学校推荐,已经获得了宁化团县委表彰的 2017 年度"五四红旗团支部"称号。

(2)"能够实现中职德育课教师的专业成长。"[①]笔者在实验、运用这一系统教学策略过程中,先后主持完成了福建省中小学 2014 年德育专项研究课题"中职学生职业精神和职业道德培养研究"的研究和 2016 年福建省中小学德育课题"中职学科教学培育和践行社会主义核心价值观的策略研究";作为核心成员参与完成了中国职教学会 2011 年批准立项课题"中职学校'校企合作、工学结合'办学模式下学生德育工作体制机制研究"的研究,该课题荣获全国评比二等奖;现在正主持三明市基础教育科学研究 2016 年度市级课题"中职学校创建示范校背景下校园文化的传承创新与发展研究"、2017 年三明市教育局批准立项课题"中职德育课加强社会主义核心价值观教育的创新策略研究"和 2017 年福建省中小学德育研究专项课题"中职校文化课中提高中华优秀传统文化教育的有效性研究"等课题的研究。这些德育课题研究,推动着笔者不断地加强学习,扩大知识面,大大地提高了专业理论、职教理论素养;在自我反思的过程中,教学理念、教育理念得到了升华,对教学原则和教学目标的把握,对教学内容的整合和教学方法的选择,对教学环境的创设和教学评价的创新等方面都有了较大幅度的提高,为提高德育课教学的实效性奠定了坚实的基础。同时,笔者还利用主持和参与其他教改课题的机会,加强调查研究,为提高德育课教学的实效性做好了相关的准备,也使自己得到了全方位的锻炼成长。比如,笔者在主持 2013 年福建省职教学会批准立项课题"职业院校促进校企合作的体制机制研究"和 2014 年福建省中青年教师教育科研项目 B 类社科课题(职业教育专项)"农村中职学校参与新型农民培养和农村劳动力转移培训实训研究"(编号:JBS14543)等课题研究过程中,作为核心成员参与本校廖善星校长主持的福建省职教学会 2013—2014 年度立项课题"统筹城乡职业教育协调发展,培养新型农民,推进农业现代化的研究"和福建省教育科学"十二五"规划立项课题"校企合作长效机制研究"(编号:FJJKXB13-085)等课题研究过程中,组织相关课题组成员深入宁化县工业园区开展了大量的调查研究,在宁

---

① 张捷树.系统思维视角下的德育课实效性教学策略研究[J].职业教育,2018(4):36.

化县人社局等政府部门的大力支持下,为德育课教学宣传中国特色社会主义建设事业取得的伟大成就、讲解中国共产党领导下社会主义制度的优越性获得了大量具体的第一手资料和数据,为提高德育课教学的实效性增强了底气。2015 年 3 月至 6 月,应福建省职教中心的邀请,笔者代表福建省农村中职学校参与了福建省教育厅"十三五"规划重点课题"职业院校'双师型'教师队伍建设"赴重庆市的调研,撰写了调研报告,并参与了总报告的讨论与修改工作,不仅开阔了眼界,加大了专业成长的压力和动力,也为后面的课题研究和德育学科工作提升了素养。在上述各类课题研究过程中,笔者坚持学思结合,综合素质得到了提高,教学理念得到了升华,总结了大量的教育教学经验,先后在《福建教育(职成教育)》《福建职业与成人教育》《职业》《职业教育》《当代职业教育》《成人教育》《职业教育研究》《职教通讯》等职教期刊发表论文 30 余篇,有近 30 篇论文在全国性评比、福建省四届"职成杯"竞赛、中共三明市委宣传部论文评比中获奖。

(3)"有利于推动省、市德育学科的建设。"[①]笔者在实验、运用这一系统教学策略过程中,于 2012 年 3 月至 2015 年 3 月被三明市教育局聘为三明市德育名师工作室成员;2012 年 11 月,在福建省中职德育学科年会及三明市中职德育名师工作室成员会议上做了"中职生职业生涯设计指导"讲座,得到了好评;2014 年 5 月,在三明市骨干教师及名师工作室成员会议上做了"中职德育课教师专业化发展问题研究"的讲座,效果良好;2015 年 8 月,在福建省中等职业学校中青年教师首届职教论坛中,德育学科论文《加强爱国主义教育,提升中职学生的思想道德水平》及课件入选,并受邀参加论坛做讲座;2015 年 1 月,参加福建省中职学校德育学科骨干教师省级培训班,担任班长,应邀开省级公开课"公民享有民主权利",效果良好,被评为优秀学员;2016 年 4 月,经三明市教育局推荐,被福建省教育厅确定为福建省学校德育研究与指导中心专家组成员,在中共三明市委教育工委宣传部、教育局政教科领导的指导下,做了一些关于中小学德育工作的具体工作;2016 年 11 月,学校设立"三明工贸学校张捷树名师工作室",由笔者担任领衔人,负责具体指导 10 位中高级职称的教师,以打造优质、高效的德育工作教师团队,并于 2018 年 5 月与福建水利电力学院马列学院开展了组织学生学习红色文化、加强爱国主义教育活动;2017 年 5 月,参加三明市教科所组织的

---

①　张捷树.系统思维视角下的德育课实效性教学策略研究[J].职业教育,2018(4):36.

德育课"职业道德与法律"教师教学技能大赛,荣获一等奖;2017 年 9 月,被聘为三明市学科带头人培养对象跟岗学习教学实践导师,开设两节示范课,全程认真指导了三明林校高级讲师佘丽、三明职教园高级讲师黄桂梅、建宁职专高级讲师黄首元、明溪职专高级讲师李绍福等 4 位德育学科带头人培养对象,得到了好评;2018 年 4 月,被三明市教科所任命为中职学校德育学科教学指导中心组组长,成功地组织了德育学科、历史学科的教师信息化教学竞赛,为全体与会教师做了题为《学习贯彻党的十九大精神,增强德育课教学的实效性》的讲座,受到与会教师欢迎;2018 年 5 月,成功组织了 2018 年三明市德育学科的教师教学技能竞赛和 2018 年三明市中等职业学校"优芽杯"班主任基本功竞赛,在学校领导的大力支持下和本校相关职能部门的配合下,竞赛工作秩序井然,得到了三明市教科所分管领导的充分肯定和参赛教师的好评;2018 年 6 月,受聘福建省职教中心担任 2018 年福建省教师教学技能竞赛"职业生涯规划"赛项命题专家和评委组长,笔者带着学习的心态,与各位评委专家、参赛教师进行了交流,在向他们请教一些问题的解决方法时,也表达了我的教育教学理念,得到了他们的肯定和赞赏,在最后的点评中,向各位参赛选手和各校观摩的德育课教师阐述了我和其他评委们的教育教学理念,并提出了我对提高德育课教学实效性的建议,受到了欢迎。笔者在这些学科活动中自我提升的努力及教学理念的传播,对省、市德育课教师的教学实践产生了一定的示范、引领效果,对德育学科的建设起了积极的推动作用。

第五章　中职德育课提高实效性举例

　　中职德育课教师为了肩负起德育课的历史使命,必须正确运用教育理论和系统教学策略,加强中职生职业生涯教育、诚信教育、职业精神和职业道德教育、爱国主义教育、理想信念教育、中国特色社会主义文化自信教育和创新教育,帮助学生把党的思想、理论、纲领、路线、方针和政策,特别是引导学生把习近平新时代中国特色社会主义思想内化为坚定的理想信念、外化为爱党爱国爱社会主义的人生目标;加强中华优秀传统文化教育、中国梦教育和社会主义核心价值观教育,帮助学生树立正确的历史观、民族观、国家观、文化观,增强对各种非马克思主义思潮的批判能力和抵御各种诱惑的能力。本章通过举例的方式,以专题教育为主线,举例说明中职德育课教学实现习近平新时代中国特色社会主义思想和党的十九大精神进校园、进课堂、进头脑,并切实提高实效性的教学策略的运用。

一、加强职业生涯教育

　　习近平新时代中国特色社会主义思想和实现中华民族伟大复兴中国梦的理念,"为'职业生涯教育'提供了政策、理论支撑,为'职业生涯教育'提供了'灵魂'和明晰的主线"①。

---

　　① 蒋仍平,杜爱玲.职业生涯规划教学参考书[M].北京:高等教育出版社,2013:1.

(一)加强职业生涯教育的含义

职业是个人在社会中所从事的、有稳定收入的工作,既是人们实现人生价值、为社会做贡献的舞台,也是人们谋生——在社会中生存、发展的手段。职业具有四个基本特征,即有稳定的收入、要承担相应责任、是实现人生价值和进行自我完善的途径、是个人与社会相互联结的纽带。人的生存、生活离不开职业,职业是人生发展的载体。

职业生涯是指一个人一生的职业历程,即一个人一生职业、职位的变迁及职业理想的实现过程。职业生涯具有发展性、阶段性、整合性、终身性、独特性和互动性等特点。一个人一生中连续从事的职业,不仅包括过去、现在和未来那些可以实际观察到的职业发展过程,而且还包括个人对职业生涯发展的见解和期望。职业生涯是人一生中最重要的历程,是追求自我实现的重要人生阶段,对人生价值起着决定性作用。同时,职业生涯又是一个动态的过程,一个人一生在职业岗位上度过的、与工作活动相关的连续经历,并不包含在职业上成功与失败或进步快与慢的含义。不论职位高低,不论成功与否,每个工作着的人都有自己的职业生涯。

中职德育课加强职业生涯教育,最重要的就是指导中职生正确开展职业生涯规划。职业生涯规划是"圆梦"的计划,是个人对自己一生职业发展道路的设想和谋划,是对个人职业前途的展望,是实现职业理想的前提。职业生涯规划包括选择什么职业,以及在什么地区和什么单位从事这种职业,还包括在这个职业团队中担负什么职务,以及实现这些设想的措施等内容。职业生涯规划可以帮助学生目标明确地发展自己,帮助学生扬长补短地发展自己。

中职德育课加强职业生涯教育,就是教育引导中职生把个人职业理想与实现中华民族伟大复兴中国梦的社会理想紧密结合起来,科学合理地规划职业生涯,教育学生将"我的梦"融入"中国梦",开启充满希望的人生,做职业生涯的赢家;教育学生加强在校学习,掌握扎实的专业知识和职业技能,争取德智体美劳全面发展,不断提高综合素质和职业能力,为职业生涯的发展与成功添加筹码;教育引导中职生必须明白"三百六十行,行行出状元""一寸光阴一寸金,寸金难买寸光阴"的道理,把人生理想融入国家和民族的事业中,通过分析发展条件,确立为实现中国梦奉献智慧和力量的发展目标,学会"走一步、看两步、想三步",踏踏实实学三年,清清醒醒过一生;教育中职生充分认识到,梦想是激励人们奋发前行的精神动力,实现中华民族伟大复兴的中国梦是全体中华儿女的伟大梦想和共同愿望,为每个有理想、有追求的中职生提供了发展机遇,你的未来不是梦;教育引导中职生充分认识到,国家富强、民族振兴、人民幸福的中国梦,要靠每个人的不懈奋斗,中职生必须树立远大的职业理想、弘扬民族精神、培育中国精神,以执着坚定的理想信念、品学兼优的综合素质,做坚定不移地走中国特色社会主义道路的新时代新青年,为实现中国梦贡献青春年华、聪明才智。

(二)加强职业生涯教育的意义

中职德育课"职业生涯规划"这门课,是安排在中职一年级上学期教学的课程,很多德育课教师认为这门课是一门新课,其逻辑性、系统性不如"经济政治与社会"和"哲学与人生",感觉教学上很不好处理,也没有引起太大的重视。了解了职业生涯教育的意义,就应该把这门课的教学重视起来,并把职业生涯教育贯彻到其他几门德育课程的教学过程中。

1.加强职业生涯教育可以引导中职生树立正确的职业观、择业观、创业观、成才观

我国目前有超过13亿人口,有7.5亿劳动力,劳动力资源供大于求的状况将长期存在。加强职业生涯规划教育,就是要教育中职生树立务实的就业观,把自己培养成为动手操作能力强的高素质劳动者和技能型人才;通过职业生涯规划教育,可以引导中职生正确处理国家、集体和个人发展间的关系,把个人发展与经济社会发展联系起来,把个人的自信、自强、积极向上的精神与国家兴亡联系起来,把个人职业理想与实现中华民族伟大复兴中国梦的社会理想有机结合起来,立志为中国特色社会主义事业做出自己的贡献。

2.加强职业生涯教育可以指导中职生成功实现人生价值

不同的职业生涯规划决定不同的人生,中职生要成功实现人生价值,就必须对自己的人生进行科学合理的规划。加强职业生涯规划教育,可以引导中职生客观地分析实现人生价值的主观条件和客观条件,在"个人梦"与"中国梦"契合的基础上确定理想目标,在就业和职业选择中找到最适合自己的工作岗位、职业角色,并按照规划好的发展阶梯不断攀登,在不断的竞

争中逐步实现自己的各个阶段目标,最终实现理想的人生目标,实现自我价值和社会价值的统一。

3.职业生涯教育可以帮助中职生培养竞争力、创造力,提高综合素质

大多数中职生因为学习习惯不太好,缺乏学习上的竞争意识,缺乏积极进取精神。加强职业生涯规划教育,可以帮助中职生认识到平时努力学习的重要性;通过指导中职生制定学习训练计划,督促学生完成学习训练任务、改进学习方法、纠正不良习惯,帮助他们克服心理障碍、重拾学习自信心,从而养成良好的行为习惯、不断积累专业知识和技能、逐步培养创新意识和创造性能力,最终增强心理素质、提高专业能力、方法能力和社会能力,实现德智体美劳全面发展,为实现中国梦做出贡献、做好充分准备。

(三)加强职业生涯教育的教学策略

职业是个人在社会中所从事的、有稳定收入的工作,既是人们实现人生价值,为社会作贡献的舞台,也是人们谋生的手段;职业生涯是指一个人一生的职业历程,即一个人一生职业、职位的变迁及职业理想的实现过程;职业生涯具有发展性、阶段性、整合性、独特性、互动性等特点;中职生职业生涯规划具有专业定向后初次就业、必须面对就业难的现状、必须把个人与经济社会发展联系起来、引导自己形成学习的动力和终身学习的理念、指导自己就业和创业等特点。加强中职生职业生涯教育,就是要帮助中职生在了解自己、了解社会、了解所学专业和即将从事的职业的基础上,引导中职生把"我的梦"和"中国梦"高度契合,通过珍惜时间为自己添加未来的筹码,开启充满希望的人生。

中职德育课加强职业生涯教育,必须坚持更新教育理念、引领教学创新,优化和创新教学内容、加强全程教育,优化和创新教学方法、提高教学实效,创新教学评价、培养学生实现可持续发展的能力。

1.坚持更新教育理念,引领教学创新

坚持更新教育理念,是中职德育课系统教学策略"五坚持"之一。中职德育课加强职业生涯教育,必须在习近平新时代中国特色社会主义思想指引下,确立现代教育理念,以正确的教育思想引领教学创新。

（1）确立办人民满意教育理念

中职德育教师必须站在"要以培养担当民族复兴大任的时代新人为着眼点"①和"必须把培养社会主义建设者和接班人作为根本任务,培养一代又一代拥护中国共产党领导和我国社会主义制度、立志为中国特色社会主义奋斗终身的有用人才"②的高度,认真贯彻党和国家发展教育,特别是发展职业教育的战略思想,体现教学的方向性;坚持不忘教书育人初心,把"传播知识、传播思想、传播真理,塑造灵魂、塑造生命、塑造新人的时代重任"③扛在肩上,把对职业教育事业充满热爱、充满激情、充满希望的理想信念和坚定不移的意志品质作为必备素质,把立德树人、爱岗敬业、为人师表、不断提升专业化水平作为基本要求,把坚持宣传贯彻党的理论、路线、纲领、方针、政策作为职业生涯的最大乐趣,把当一名职业教育名家作为教师职业理想的最高境界,体现德育课教师献身党的职业教育事业的坚定性和乐观精神。

（2）确立以生为本的理念

科学发展观的核心立场是以人为本,习近平新时代中国特色社会主义思想要求"坚持以人民为中心"④,这是中职德育课教师处理师生关系的核心理论依据。中职德育课教师必须根据党的要求,确立以生为本的教育理念。针对中职生普遍存在对就业比较茫然、对职业生涯成功不自信的实际情况,中职德育课教师必须站在全面协调可持续发展的高度,运用赏识教育等成功教育理念教育学生,体现教育的针对性和人文关怀。为此,中职教师要在尊重学生、关爱学生的和谐气氛中形成民主、平等的师生关系,帮助学生在亲其师、信其道的学习过程中,提高综合素质、掌握职业技能。

（3）确立整体德育与个性化教育相结合理念

中职德育课教师必须从比较单一办学模式下的德育观念中走出来,用整体德育理念思考职业生涯教育的内容、方法,引导学生实现专业课和文化课共同进步,引导学生努力实现德智体美劳协调发展,体现教学的整体性。

---

①　党的十九大报告辅导读本[M].北京:人民出版社,2017:41.

②　习近平全国教育大会重要讲话金句速览[EB/OL].[2018-09-10].http://Dolitics.people.com.cn/nl/2018/0910/c/00-30284629.html.

③　习近平在全国教育大会上发表重要讲话[EB/OL].[2018-09-10].http://www.xinhuanet.com/politics/2018-09-10/c_1123406247.htm.

④　党的十九大报告辅导读本[M].北京:人民出版社,2017:20.

同时,必须树立个性化教育理念,根据学生的学制长短、专业特点和知识基础、兴趣爱好、能力特点等主观条件展开规划职业生涯的辅导、教育,体现教学的针对性,从而实现整体教育与个别指导的有机结合。

(4)确立与时俱进与反思性德育理念

习近平新时代中国特色社会主义思想教育我们"实践没有止境,理论创新也没有止境。世界上每时每刻都在发生变化,中国也每时每刻都在发生变化,我们必须在理论上跟上时代,不断认识规律,不断推进理论创新、实践创新、制度创新、文化创新以及其他各方面创新。"①因此,中职德育课教师在职业生涯教育中,必须针对社会经济的变化发展形势和学校举办专业变化发展的具体情况,坚持不断学习党和国家的教育理论,及时掌握职业教育发展的前沿动态和不断创新的教学方法,使自己的思想观念、专业素养、教育方法等各个方面做到与时俱进,体现教学的科学性和时代性;必须解放思想,进行经常性的教学反思,及时反思教学内容、教学方法、师德表现,使反思成为一种习惯,通过反思实事求是地解决职业生涯教育中的问题,提高教学水平,提升开展职业生涯教育的能力,提高教学的有效性。

2.优化教学内容,加强全程教育

中职生职业生涯教育是一个系统,为此,中职德育课教师必须"贯彻一条教育主线""抓住四个教育重点""正确处理好几个关系",把职业生涯教育贯穿于中职生的整个学习过程。

(1)贯彻一条教育主线,引导学生明确职业生涯发展方向

中职德育课加强职业生涯教育必须贯彻的教育主线是:学科内各门课程要坚持以习近平新时代中国特色社会主义思想指导学生规划职业生涯,引导学生实现职业生涯全面协调可持续发展。为此,在中职两年半教学过程中,必须从各单元教学的认知目标、情感态度观念目标和运用目标中充分挖掘职业生涯教育的因素,并汇聚到这一条主线上来。

(2)抓住四个教育重点,帮助学生逐步学会规划职业生涯

职业生涯教育不是"职业生涯规划"一门课能够完成的教育任务,必须把握德育必修课和选修课教学,必须抓住教学重点、全程开展。

第一,要在"职业生涯规划"课程教学中抓住"我的梦·中国梦"这一教育重点。要教育学生以习近平新时代中国特色社会主义思想为指导,树立

---

① 党的十九大报告辅导读本[M].北京:人民出版社,2017:26.

正确的职业观、职业理想、就业观和成才观,在职业生涯规划中把个人发展和经济社会发展结合起来,学会根据社会发展需要和自身特点开展自我分析和环境分析,在立志建设中国特色社会主义、为实现中华民族伟大复兴中国梦而奋斗这一总体目标指引下,围绕"我的梦"与"中国梦"的高度契合,确立近期目标、中期目标和远期目标,搭建科学发展的阶梯,采取确实有效的措施;必须教育学生在学会"做事"中学会"做人",实现德育、智育、体育、美育"四育"有机融合,全面提升职业素养,必须做好由"学校人"到"职业人"的角色转换,成功地播种梦想、点燃梦想;引导学生充分认识到,为了职业生涯的成功,必须活到老、学到老,强化终身学习理念。

第二,要在"职业道德与法律"课程教学中抓住培育和践行社会主义核心价值观这一教育重点。要教育学生在职业生涯发展中,引导学生积极培育和践行社会主义核心价值观,要用我们党和国家倡导的主流价值观作为自己的价值追求,在职业生涯发展中,遵守社会公德、职业道德、家庭美德,培养良好的个人品德,做一个品德高尚、无愧于时代的人;教育学生在职业活动、日常生活中要做到维护宪法的权威和法律的尊严,做一个遵纪守法的合格公民。总之,必须让学生认识到,良好道德品质的养成是一个不断积累、不断升华的过程,为了将来职业生涯的成功,必须从现在开始通过慎独和内省的方法,从讲究文明礼仪、遵守校纪校规、养成良好的行为规范开始,认真做到见贤思齐、积善成德、躬行践履,把提高道德素质和增强法纪观念结合起来,努力当好国家公民,防止不良行为,避免违法犯罪。

第三,要在"经济政治与社会"课程教学中抓住学习贯彻习近平新时代中国特色社会主义思想这一教育重点。"经济政治与社会"这门课程是加强习近平新时代中国特色社会主义思想教育的重要载体,中职德育课教师必须组织学生系统学习习近平新时代中国特色社会主义思想,重点加强习近平新时代中国特色社会主义思想关于"八个明确"和"十四个坚持"的教育,用习近平新时代中国特色社会主义思想和党的十九大精神武装学生的头脑。一要在教学中加强以习近平为核心的党中央取得的"改革开放和社会主义现代化建设的历史性成就"教育,教育引导中职生深刻地认识到,要实现职业生涯的成功,必须积极投身中国特色社会主义伟大事业、遵循社会主义市场经济规律、立足岗位敬业奉献;在社会主义市场经济活动中,必须增强效率意识、质量意识、竞争意识和创新意识;在日常生活中,必须学会理财,树立正确的消费观。二要教育学生充分认识到中国共产党是执政党,中国共产党的领导地位,是由中国共产党是中国工人阶级的先锋队和中国人民和中华民族的先锋队的性质决定的,是由中国共产党全心全意为人民服务的根本宗旨决定的,中职生必须培育爱党爱国爱社会主义的深厚感情,跟定共产党,在党的领导下茁壮成长;必须充分认识到:人民代表大会制度是符合我国国情的根本政治制度、中国共产党领导的多党合作和政治协商制度是适合中国国情的具有中国特色的政党制度、民族区域自治制度是我国的一项基本政治制度,社会主义政治制度具有无比的优越性,中职生必须热爱中国共产党领导下的社会主义祖国,坚定中国特色社会主义道路自信、理论自信、制度自信和文化自信;必须充分认识到:以习近平为核心的党中央,为了带领全国各族人民实现国家富强、民族振兴和人民幸福,正在推进全面深化改革,青年学生在职业生涯发展中必须深刻领会习近平新时代中国特色社会主义思想,高举中国特色社会主义伟大旗帜,为坚持全面深化改革等伟大事业建功立业;积极培育和践行社会主义核心价值观,依法参与政治生活,积极参与构建社会主义和谐社会,自觉维护国家利益。

第四,要在"哲学与人生"课程教学中抓住马克思主义世界观方法论这一教育重点。要教育学生深刻认识到习近平新时代中国特色社会主义思想是中职生科学规划职业生涯、走好人生路的行动指南,教育学生运用马克思主义的世界观和方法论、习近平新时代中国特色社会主义思想正确处理好个人与集体、个人与社会、个人与国家的关系。正确处理职业生涯规划中的近期目标、中期目标、远期目标之间的关系,正确处理学习期间培养兴趣、完善性格、提高能力、培养良好行为习惯等之间的关系,正确处理日常学习生活中实现由"学校人"向"职业人"转化的关系;引导学生高度重视习近平新时代中国特色社会主义思想对职业生涯发展中的实践活动的伟大指导作用,在职业生涯规划和发展中,牢记自己是中国人,必须做到心中有祖国,心中有集体,心中有他人,在职业生涯发展中坚持回报社会、报效国家、感恩亲情,努力实现自我价值和社会价值的统一。

(3)正确处理好几个关系,确保职业生涯教育任务的顺利完成

中职德育课教师加强职业生涯教育,还必须正确处理好几个关系:一要处理好德育课总目标与职业生涯教育分目标的关系,把职业生涯教育的目标与各门课程的教学目标有机结合起来,逐步实现职业生涯教育总目标。二要正确处理好德育课各门课程加强职业生涯教育的内在逻辑关系。要有目的有计划地引导学生运用四门必修课和选修课知识观点,从不同的角度完善职

业生涯规划,帮助学生巩固职业理想,通过长期修养提高综合素质。三要处理好必修课与选修课的关系,要在四门必修课教学中,有目的、有计划地渗透心理健康教育,引导学生实现专业素养、职业技能和心理素质的共同提升。

3.优化和创新教学方法,提高教学实效

中职德育课提高职业生涯教育的实效性,必须从教育教学的实际出发,积极探索破解职业生涯教育难题的有效途径,优化教学环境。

(1)创设和谐愉悦的课堂教学环境,帮助学生恢复学习自信心

中职德育课加强职业生涯教育,教师要牢记大部分学生学习不自信的实际,坚持运用赏识教育等成功教育理论,要善于及时抓住学生所要发展方向上表现出来的优点、进步给予客观公正的表扬、肯定和赏识,引导学生在"我能行""我是好学生"的感觉中心情愉快地学习,以帮助学生找回自信心。

(2)选择适合的教学方法,激发学生的学习激情

中职德育课加强职业生涯教育,可以使用的教学方法很多,但是教师必须根据学情和内容特点,优化和创新教学方法,把学生带入愉快的学习情境中。一要用好任务驱动教学法。比如,教师可以要求运用习近平新时代中国特色社会主义思想正确认识我们所处的社会环境、学校环境和家庭环境,指导学生在主观条件和客观条件分析的基础上确定职业理想、职业生涯目标,并根据职业生涯规划各个单元的相关知识设计完成职业生涯规划书的相关部分的作业任务。通过运用任务驱动法,帮助学生在完成环环相扣的学习任务中认识到兴趣可以培养、性格可以完善、能力可以提高、价值观可以调整、良好行为习惯可以养成,并通过全面正确地分析主、客观条件,确立崇高的职业理想、搭建合理的发展阶梯、精心设计出能够指导职业生涯成功的规划书,鼓励学生在关注未来和完成学习任务的过程中逐步培养学习德育课的兴趣。二要用好时政讲评法、角色扮演法等教法,调动学生参与学习的积极性,让学生在参与活动中体验学习的快乐,在快乐的学习中点燃学习的激情。三要用好多媒体技术辅助教学,实现信息化教学。针对文化基础知识较弱的中职生多使用信息化教学手段辅助教学,加上教师的精心设计、精彩表演、妙趣横生、寓教于乐,使原本比较枯燥的德育课变得生动活泼、形象直观起来,提高教学实效性。

(3)教学活动向第二课堂延伸,培养学习积极分子

第二课堂,主要是指学校统一安排的兴趣小组活动时间和其他可以利用的时间。中职德育课教师应该开动脑筋,发挥技能特长,充分利用兴趣小

组活动时间搭建职业生涯教育平台。对于有兴趣、报名参加的学生，要认真对待。教师可以根据兴趣小组报名情况，或者单独开始以设计职业生涯规划书为主要内容的兴趣小组，或者配合学生管理部门开设以社会主义核心价值观教育、国内国际形势教育等为主要内容的系列讲座，帮助学生看到职业生涯成功的希望和认识到为了职业生涯的成功所必须付出的努力，并通过他们影响和带动其他学生对德育课的关注、重视和兴趣。

（4）优化教学环境，形成教育教学合力

中职德育课教师需要主动发现和利用校园内有利于加强职业生涯教育的各种要素和资源。一是可以借助学校或职能部门举办的各类有益活动开展职业生涯教育，使职业生涯教育渗透到学校的整体德育工作中，让职业生涯教育对学生产生潜移默化、深远持久的影响；二是可以在与学生、班主任等面对面的具体活动中更多地了解学生的思想品德、行为习惯、技能特长等，以利于德育课课堂教学加强职业生涯教育的针对性；三是主动向有关职能部门乃至学校领导提出结合活动开展职业生涯教育的建议，让职业生涯教育真正成为学校德育工作的重要组成部分；四是可以通过互联网技术和微信、QQ等途径，搭建家校配合、共同加强职业生涯教育的工作平台，形成职业生涯教育的合力。

4.创新教学评价，培养学生实现可持续发展的能力

中职德育课在职业生涯教育中必须引导学生不断提高就业、创业的能力，为实现职业生涯可持续发展奠定基础。

中职德育课在指导学生设计职业生涯规划的过程中，一要通过加强职业教育，帮助学生认识到成功的职业生涯，既要有过硬的技能，也要有扎实的专业基础知识，更需要比较广博的文化课知识；既要有专业知识与职业技能，也要有良好的身体素质和心理素质；既要有吃苦精神，也要培养创新精神；既要有感恩的本领，更要有感恩的理想。二要通过加强习近平新时代中国特色社会主义思想教育，引导学生明确学习目的、端正学习态度、加强职业训练；逐步引导学生强化职业意识，确立远大的职业理想，树立终身学习理念，不断加强专业能力、方法能力和社会能力的学习和训练。

此外，还要"帮助学生为职业生涯的成功提升自我学习、自我教育、自我管理的能力"，"教育学生学会处理人际关系，为职业生涯的成功培养构建和谐工作关系的能力"，"鼓励学生积极参与竞争，为职业生涯的可持续发展培

养竞争意识和创新精神"①。

　　总之,马克思主义中国化的成果是我们党的指导思想,研究中职德育课加强职业生涯教育的教学策略,必须坚持以习近平新时代中国特色社会主义思想为指导,帮助中职生认识到应该树立实现中华民族伟大复兴中国梦的远大理想目标,认识到为了这一理想目标必须从今天开始、从小事做起,一点一滴地积累知识、培养技能,为将来感恩亲情、回报社会、报效祖国掌握过硬的本领,为建设中国特色社会主义培育强大的正能量。

二、加强中国梦教育

　　实现中国梦,关乎中华民族伟大复兴,是国家富强、民族振兴和人民幸福的必由之路;加强中国梦教育,是中职学校、中职德育课教学必须牢牢把握的主题。

(一)加强中国梦教育的含义

　　2012年11月29日上午,中共中央总书记、中央军委主席习近平和中央政治局常委李克强、张德江、俞正声、刘云山、王岐山、张高丽等来到国家博物馆,参观《复兴之路》展览。习近平总书记在参观《复兴之路》展览时强调:"每个人都有理想和追求,都有自己的梦想。现在,大家都在讨论中国梦,我以为,实现中华民族伟大复兴,就是中华民族近代以来最伟大的梦想。这个梦想,凝聚了几代中国人的夙愿,体现了中华民族和中国人民的整体利益,是每一个中华儿女的共同期盼。历史告诉我们,每个人的前途命运都与国家和民族的前途命运紧密相连。国家好,民族好,大家才会好。实现中华民族伟大复兴是一项光荣而艰巨的事业,需要一代又一代中国人共同为之努力。空谈误国,实干兴邦。我们这一代共产党人一定要承前启后、继往开来,把我们的党建设好,团结全体中华儿女把我们国家建设好,把我们民族发展好,继续朝着中华民族伟大复兴的目标奋勇前进。"②十八大以后,习近

---

　　① 张捷树.科学发展观视域下的中职生职业生涯教育[J].卫生职业教育,2013(21):29.
　　② 习近平.承前启后 继往开来 继续朝着中华民族伟大复兴目标奋勇前进[EB/OL].[2012-11-29].http://www.xinhuanet.com/politics/2012-11/29/c_113852724.htm.

平总书记将实现中华民族伟大复兴看作中华民族近代以来最伟大的梦想，并概括为中国梦，这是中国共产党的政治宣示。习近平总书记在2013年3月17日在第十二届全国人民代表大会第一次会议上的讲话指出："实现全面建成小康社会、建成富强民主文明和谐的社会主义现代化国家的奋斗目标，实现中华民族伟大复兴的中国梦，就是要实现国家富强、民族振兴、人民富裕，既深深体现了今天中国人的理想，也深深反映了我们先人们不懈追求进步的光荣传统。"[①]2013年3月23日，习近平在莫斯科国际关系学院作《顺应时代前进潮流 促进世界和平发展》的演讲中指出："实现中华民族伟大复兴，是近代以来中国人民最伟大的梦想，我们称之为'中国梦'，基本内涵是实现国家富强、民族振兴、人民幸福。"[②]2013年5月31日，习近平在接受拉美三国媒体联合书面采访时指出："在新的历史时期，中国梦的本质是国家富强、民族振兴、人民幸福。"[③]习近平总书记在党的十九大报告中指出："实现中华民族伟大复兴是近代以来中华民族最伟大的梦想。""今天，我们比历史上任何时期都更接近、更有信心和能力实现中华民族伟大复兴的目标。""中华民族伟大复兴，绝不是轻轻松松、敲锣打鼓就能实现的。""实现伟大梦想，必须进行伟大斗争。""建设伟大工程""推进伟大事业"。[④] 根据习近平总书记关于中国梦的一系列科学表述，中国梦的内涵可以从以下几个方面来理解。

1.中国梦是国家富强梦，体现了中国共产党是中国特色社会主义事业的领导核心

只有国家富强，民族复兴才有坚实基础，人民幸福才有根本指望。国家富强主要体现在：一是中国共产党"坚持以人民为中心"和"创新、协调绿色、开放、共享的发展理念"[⑤]等新时代、新思想为中心，全面推进社会主义经济建设、政治建设、文化建设、社会建设、生态文明建设，科学执政、民主执政、

① 习近平.在第十二届全国人民代表大会第一次会议上的讲话[EB/OL].[2013-03-18].http://cpc.people.com.cn/n/2013/0318/c64094-20819130.html? hk=z0so2.

② 习近平在莫斯科国际关系学院的演讲[EB/OL].[2013-03-24].http://www.gov.cn/ldhd/2013-03/24/content_2360829.htm.

③ 习近平接受拉美三国媒体联合书面采访时的讲话[EB/OL].[2013-05-31].http://www.gov.cn/ldhd/2013-05/31/content_2416330.htm.

④ 党的十九大报告辅导读本[M].北京:人民出版社,2017:13-17.

⑤ 党的十九大报告辅导读本[M].北京:人民出版社,2017:20-21.

依法执政的能力和水平达到高度成熟,党的领导、人民当家作主和依法治国达到高度统一;"党政军民学,东西南北中,党是领导一切的"①,党成为国家富强、民族振兴和人民幸福的坚强政治保证。二是建成高度发达的社会主义市场经济国家,国家成为高度发达的社会主义现代化强国,人均国内生产总值名列世界前茅,综合国力和国际竞争力实力排名世界第一。三是建成创新型国家,科技持续创新能力强,足以使中华民族长期跻身于先进民族行列,国家对人类文明的贡献率与我国人口占世界人口的比率相当,为人类作出的贡献走在世界前列,不仅仅是复兴历史盛世,而是要超越历史盛世。四是有强大的国防,有世界一流的海陆空人民军队,任何国家都不敢挑衅中国的领土和主权。

2.中国梦是民族振兴梦,体现了中国共产党"两个先锋队"的性质

民族振兴,就是指中华民族以共同的血脉和精神家园为荣,全国各族人民在马克思列宁主义、毛泽东思想、邓小平理论、"三个代表"重要思想、科学发展观和习近平新时代中国特色社会主义思想的指导下,紧密团结在以习近平为核心的党中央周围,在建设社会主义文化强国的伟大实践中,得到全面自由发展,科学文化素质和思想道德素质不断提高,对中华文化具有强烈的认同感和归属感;全国各族人民为实现中华民族的伟大复兴,在建设中国特色社会主义道路上,沿着中国共产党规划的发展道路,大力弘扬以爱国主义为核心的民族精神和以改革创新为核心的时代精神,体现出强大的生命力、创造力和凝聚力,不断把中国特色社会主义事业推向前进。实现民族振兴的"中国梦",根据党中央的发展战略来看,必须包括:一是要在建党 100 年时全面建成小康社会,让十三亿中国各族人民过上幸福生活;二是要在建国 100 年时,把我们的国家建成富强民主文明和谐美丽的社会主义现代化强国;三是要在本世纪中叶把我国建设成为富强民主文明和谐美丽的社会主义现代化强国以后,中国特色社会主义事业继续向前发展,我们的国家达到最发达国家水平,实现中华民族的全面振兴。

3.中国梦是人民幸福梦,体现了中国共产党一切以人民为中心的发展理念

人民幸福是中国梦的最高价值尺度,其核心是以人民为中心,说到底也就是为了使人民这个民族主体生活得更加幸福和美满、更有尊严和价值。

---

① 党的十九大报告辅导读本[M].北京:人民出版社,2017:20.

"让人民幸福",是中国特色社会主义道路的本质要求,更是十八大最响亮的政治宣言。在十八大报告中,"牢记人民信任与重托""把人民利益放在第一位",温暖着亿万人民的心。习近平总书记在党的十九大报告中强调:"坚持以人民为中心。人民是历史的创造者,是决定党和国家前途命运的根本力量。必须坚持人民主体地位,坚持立党为公、执政为民,践行全心全意为人民服务的宗旨,把党的群众路线贯彻到治国理政全部活动之中,把人民对美好生活的向往作为奋斗目标,依靠人民创造历史伟业。"①

历史证明:"中国共产党领导是实现中华民族伟大复兴的根本保证""中国道路是实现中华民族伟大复兴的必由之路""中国力量是实现中华民族伟大复兴的力量源泉""中国精神是实现中华民族伟大复兴的强大动力"②,中职德育课加强中国梦教育,是中职德育课教师为实现中华民族伟大复兴的中国梦凝聚正能量、为中国特色社会主义事业培养合格建设者和可靠接班人的时代要求,最核心的要求,就是要教育引导中职生拥护党的领导、肩负起民族复兴的历史使命、为实现中国梦谱写奋进之笔。

(二)加强中国梦教育的教学策略

中职德育课加强中国梦教育,就是要引导中职生把习近平总书记关于实现中华民族伟大复兴中国梦的思想牢记于心,并内化为坚定的理想信念。为此,应该围绕德育目标,坚持立德树人,做到"坚持五个教育原则""突出三大教育内容""创新教育方法"。③

1.坚持五个教育原则,把握中国梦教育的方向

坚持五个教育原则,是中职德育课教学策略"五坚持"的第一个坚持。加强中国梦教育,明确根本保证、认识必由之路、培育中国精神、凝聚中国力量,是中职德育课贯彻落实党和国家新德育大纲、宣传贯彻习近平新时代中国特色社会主义思想和党的十九大精神的需要,必须首先坚持学校德育工作五个原则。

---

① 党的十九大报告辅导读本[M].北京:人民出版社,2017:20-21.
② 党的十九大报告辅导读本[M].北京:人民出版社,2017:143-145.
③ 张捷树.加强中国梦教育,提升中职生思想道德水平[J].职业,2015(7):125-127.

（1）坚持方向性与时代性相结合原则

习近平总书记在党的十九大报告中指出："坚持党对一切工作的领导。党政军民学，东西南北中，党是领导一切的。"[①]这表明，中职德育课加强中国梦教育，首先必须加强热爱中国共产党的教育。中职德育课教学，必须全面贯彻党和国家的教育方针，坚持社会主义办学方向，把立德树人作为根本任务，努力培养德智体美劳全面发展的社会主义建设者和接班人。为此，中职德育课教师加强中国梦教育，必须认真贯彻落实党的十八大以来党的会议精神，特别是必须认真贯彻落实党的十九大精神，实现习近平新时代中国特色社会主义思想和党的十九大精神进校园、进课堂、进头脑，以增强教育的方向性和时代性；通过党的历史和成就教育，培养学生热爱中国共产党的深厚感情，引导学生把个人的职业理想与实现中华民族伟大复兴中国梦的社会理想紧密结合起来，指导学生把"个人梦"和"中国梦"紧密结合起来，制定既体现个人职业兴趣，又符合我国经济社会发展需要的职业生涯规划。

（2）坚持贴近实际、贴近生活、贴近未成年人原则

中职德育课加强中国梦教育，既要遵循思想道德教育的普遍规律，又要适应中职生身心成长的特点和规律，从他们的思想实际和生活实际出发，开展富有成效的教育和引导活动，提高吸引力和感染力。为此，一要遵循思想道德教育的普遍规律。加强中国梦教育，德育课教师必须首先帮助学生了解中国梦的概念形成，然后引导学生理解中国梦的内涵，最后引导学生内化实现中国梦的要求，就是要遵循晓之以理、动之以情再到导之以行的教育规律，让中国梦的含义深入中职生的思想、灵魂、骨髓；从中国梦相关知识的量的积累到立志献身中国梦的质的飞跃，由中国梦的一般概念，内化为学生的坚定信念，再升华为刻在心灵深处的坚强意志。二要尊重学生自我教育的主体性。教师是主导，学生是主体。实现中国梦，需要中国各族人民自觉奋斗。德育课教师开展中国梦教育，必须坚持以学生为主体，引导学生开展分组学习、积极讨论、社会实践活动，引导学生积极主动培养实现中国梦所必备的知识认知、情感态度和运用能力。三要适应学生身心成长的特点。中职生普遍存在身体发育较快而心理成熟相对较慢、精力充沛但又缺少吃苦精神、自我控制能力比较差、情感和意志行为相对较弱等现象，学生身心成长具有独立性和依赖性、自觉性和冲动性等相互交织的特点。德育课加强

---

① 党的十九大报告辅导读本[M].北京：人民出版社，2017:20.

中国梦教育,必须通过优化教学内容和方法,反复向学生讲清楚中国梦的概念和内涵,引导学生在实现中国梦的内在驱动下明确学习目的、端正学习态度、遵守纪律制度,逐步形成正确的世界观、人生观和价值观;引导学生逐步改正缺点,养成良好的行为习惯,做一个有道德的人、做一个道德高尚的人;引导学生深刻领悟实现中国梦对青少年的要求,用实现中国梦的社会理想,指导学生合理规划职业生涯,坚持热爱所学专业、学好所学专业,为培养学生的良好行为习惯提供思想理论支撑。

(3)坚持知与行相统一原则

实现中国梦需要坚持走中国道路、培育中国精神、凝聚中国力量。中职德育课教师加强中国梦教育,必须坚持在讲好中国故事、教育引导学生认知中国梦的科学内涵、实效途径的过程中,引导中职生自觉遵守社会公德、职业道德、家庭美德,培养良好的个人品德,遵守自觉培育社会主义职业精神和职业道德,"养成良好的行为习惯,形成知行统一、言行一致的优良品质。"[①]一方面要有耐心,把中国梦的思想理论渗透到德育课教学活动的全过程,引导学生正确认识和处理中国梦与个人梦的关系,合理规划职业生涯规划,为实现中国梦和个人梦、自我价值与社会价值的有机统一,奠定坚实的思想理论基础;另一方面,引导学生从现在开始,从上课遵守纪律、尊重教师劳动、爱护校园环境、搞好团结协作、做好劳动卫生、遵守实训操作规程等小事做起,培育和践行社会主义核心价值观,热爱社会主义祖国、热爱中国共产党、热爱中国特色社会主义事业,为实现中国梦而不断提高思想道德素质、职业能力素质和创新创造素质。

(4)坚持教育与管理相结合原则

中国梦的实现,需要一代又一代中华儿女的励精图治、拼搏奋斗。中职德育课加强中国梦教育,必须坚持把做好深入细致的思想教育和加强科学严格的管理结合起来,帮助学生不断提高自我学习、自我教育和自我管理的能力。为此,中职德育课在教学中,一要能够积极参与学生管理工作,坚持把课堂教学中的教育与对学生日常生活中的教育紧密结合起来。二要教育学生在自我学习、自我教育和自我管理的过程中,坚持自律与他律、激励与约束的有机结合,即既能做到自我激励、自我约束,自觉遵守学校的各项规章制度,自觉遵守国家法律法规;又能做到自觉接受领导、老师、同学、朋友

---

① 张捷树.加强中国梦教育,提升中职生思想道德水平[J].职业,2015(7):125.

的监督,遵纪守法。

(5)坚持解决思想问题与解决实际问题相结合原则

积极投身实现中国梦的伟大实践,需要学生正确认识国家利益、民族利益和个人利益之间的关系。为此,德育课教师必须在教学活动中,运用古今中外的大量事实说明实现中国梦的必要性、可行性和重要意义。必须针对以美国为首的西方国家长期扼制、打压中国发展的历史和现状,针对许多人安于享乐而没有危机意识、忧患意识的现状,德育课教师必须在中国梦教育过程中,教育学生牢记落后就要挨打的教训、清醒地认识中国国家富强、民族振兴、人民幸福的必然性;教育学生清醒地认识到国内外各种非马克思主义思潮是恶意攻击中国共产党的领导、恶意攻击社会主义制度、混淆人们的是非观念、企图搞乱中国和平稳定的发展局面的反动思潮,清醒地认识到中国的和平崛起长期遭到以美国为首的国际霸权主义、强权政治的武力干预的历史事实,清醒地认识到由于社会主义中国的强大赢得的暂时和平是我国实现中国梦的宝贵时机,每一个中国人都必须抓住机遇、发展自己、努力奉献、为国争光,与实现中华民族伟大复兴中国梦的伟大事业相比,个人的得失、荣辱、困难都不算什么,中职生必须正确处理个人理想与社会理想、个人与集体、个人与社会之间的关系,正确处理权利与义务、索取与贡献之间的关系,立志为实现中国梦贡献自己的聪明才智。同时,我们的教学活动还应该深入了解学生,时时关注学生的学习生活,及时发现学生在学习过程中出现的困难和问题,主动帮助学生克服心理障碍和解决学生学习、生活中遇到的实际困难和问题,帮助学生寻找解决问题的方法和制定改进、完善和提高的学习计划。

2.优化教学内容,突出三大教育内容,让中国梦教育入耳入脑、深入骨髓

中职德育课加强中国梦教育,必须突出中国梦形成发展、科学内涵和实现途径三大教育内容,让中职生不仅了解中国梦、理解中国梦,而且能够把实现中国梦作为终身奋斗的理想信念。

(1)突出中国梦形成发展教育,帮助中职生理解实现中国梦是全国各族人民的夙愿

中职德育课突出中国梦的形成发展教育,就是教师要在德育课教学过程中,结合教学内容,讲清楚中国梦是怎样提出来的,又是怎样丰富内涵的;引导中职生深刻认识到,以习近平为核心的党中央将实现中华民族伟大复

兴的奋斗目标概括为实现中国梦,凝聚了几代中国共产党人的心血,是中国各族人民的夙愿。当代中职生是建设中国特色社会主义事业的建设者和接班人,应该跟定共产党、永远听党的话,把实现中国梦作为自己的人生理想、价值追求,并为之努力奋斗。

(2)突出中国梦科学内涵教育,帮助中职生明确实现中华民族伟大复兴中国梦的具体要求

中职德育课突出中国梦科学内涵教育,就是教师要结合教学内容,根据习近平总书记的系列重要讲话精神,结合专家解读,给中职生讲清楚什么是国家富强、民族振兴和人民幸福,靠什么实现国家富强、民族振兴和人民幸福,青年一代如何实现国家富强、民族振兴和人民幸福,尤其要引导中职生认识到:实现中国梦必须依靠中国人民自力更生、艰苦奋斗、团结协作和无私奉献;中职学生是实现中华民族伟大复兴的生力军,为了实现国家富强、民族振兴和人民幸福,必须在中国共产党的领导下,把国家利益放在首位,为国家的繁荣富强建功立业;必须在将来的职业生涯活动中,严格遵纪守法,坚持爱岗敬业、无私奉献,在各条战线、各自岗位充分发挥聪明才智,把为社会、为人民做出贡献以回报社会、报效祖国作为实现人生价值的最高境界。

(3)突出中国梦实现途径教育,引导中职生坚定走中国特色社会主义道路

习近平总书记指出:"实现中国梦必须走中国道路","实现中国梦必须弘扬中国精神","实现中国梦必须凝聚中国力量"。① 中职德育课突出中国梦实现途径教育,就是教师要在教学过程中,通过讲解建设中国特色社会主义的伟大成就,引导中职生坚定中国特色社会主义道路自信、理论自信、制度自信和文化自信;坚持把社会主义核心价值观教育与中华优秀传统文化教育紧密结合起来,引导中职生弘扬以爱国主义为核心的民族精神和以改革创新为核心的时代精神;通过加强实现"两个一百年"的奋斗目标、建设富强民主文明和谐美丽的社会主义现代化强国的战略安排教育,鼓励学生争当"四有"新人,紧密团结在以习近平为核心的党中央周围,做到为实现中华民族伟大复兴而认真学习、刻苦训练、日益精进、健康成长。

3.创新教育方法,提高中国梦教育的有效性

中职德育课加强中国梦教育,必须创新教育方法,以提高德育课教学的

---

① 习近平.在第十二届全国人民代表大会第一次会议上的讲话[EB/OL].[2013-03-18].http://cpc.people.com.cn/n/2013/0318/c64094-20819130.html? hk=z0so2.

实效性。为此,中职德育课教学必须坚持三个结合,以拓宽教育途径,增加教育资源,形成教育合力。

(1)坚持国家利益、学校利益和个人利益有机结合,形成中国梦教育的价值导向

实现中国梦,需要全国人民形成共同的价值追求。因此,德育课加强中国梦教育,一是必须把中国梦、学校发展愿景与个人梦有机结合起来,教育学生正确处理好国家、集体和个人三者的关系,让学生深刻认识到中国梦既是民族的梦,也是每个中国人的梦。引导中职生追求中国梦,是党和国家的要求,是中职学校特别是德育课教师立德树人的教育任务。二是必须坚持中国梦教育与学生个体成长梦教育有机结合。教师要结合教学内容,教育学生把"中国梦"与"我的梦"高度契合起来,在实现"中国梦"的伟大实践中成就"我的梦";在追求"我的梦"的过程中,为实现"中国梦"奉献青春年华。三是要坚持中国梦教育与教师梦教育有机结合。中职德育课教师必须在中国梦教育中,实现自己的专业成长;在教师的专业成长过程中,提高加强中国梦教育的能力与水平。

(2)坚持学校、社区、家庭三者有机结合,搭建中国梦教育的网络平台

德育课教师加强中国梦教育,必须充分利用互联网技术,汇聚学校、社区、家庭各方教育资源。一要用好校内的网络平台。学校网站是传播正能量的阵地,教师应该提醒学生在合适的时候浏览学校网站,关注学校的发展动态,自觉接受教育;微信群是师生沟通的重要平台,教师可以建立任教学生交流群,把充满正能量的相关信息及问题发到群里供学生学习、讨论,通过点评帮助学生在情理交融、潜移默化中巩固立志献身中国梦的理想信念,批评对实现中国梦产生负能量的思想言论,引导学生向善向上。结合道德讲堂、群众路线教育等活动制定并落实好主题教育计划。二要充分利用好学校所在社区的教育资源。现在,学校周边的红色文化、革命文化、先进文化等爱国主义教育基地比较多,在中国特色社会主义建设事业中取得的伟大成就、涌现出的一批批先进典型人物事迹,这些都是加强中国梦教育的资源,德育课教师应该熟悉了解、建立教育网络,争取在学校的支持下,有目的、有计划地加以利用,引导学生在参观学习、社会实践、座谈讨论的过程中,增强培育和践行社会主义核心价值观、实现中国梦的信心。三要开展好家校共同加强中国梦教育的活动。中职德育课教师应该通过建立与学生家长的微信群、QQ群等互动平台,与学生家长开展零距离交谈、面对面讨论

等方式,力促家长与学校共同加强对学生的教育,让中国梦教育形成全方位的合力。

(3)坚持与各门学科的教育有机结合,形成中国梦教育的学科合力

中职德育学科是学校德育工作的主渠道,但是,加强中国梦教育,必须形成学科合力,才能产生较强的实效性。为此中职德育课教师,一要广泛联系本年段的班主任教师,共同针对中职生普遍存在心理脆弱的特点,运用赏识教育等成功教育方法,帮助中职生恢复心理健康和学习自信心,立志为实现中国梦而努力学习。二是德育课教师要联系相关专业课、文化基础课教师配合中国梦教育。三是中职德育课教师要利用好学校组织开展中职生职业技能大赛、文明风采作品大赛和科技创新大赛等活动,利用好学校教师开展岗位练兵、传帮带和师带徒等活动,引导学生自觉培养团队精神、竞争意识、职业道德、职业精神,为实现中国梦,全面提高学生的思想道德水平。

总之,中职生对中国梦的科学内涵、具体要求的理解内化于心、外化于行的过程,是一个循序渐进、逐步提升的过程。中职德育课教师必须发散思维、创造性教育,为实现中国梦培养德智体美劳全面发展的中国特色社会主义合格建设者和可靠接班人。

三、加强社会主义核心价值观教育

"坚持社会主义核心价值体系""培育和践行社会主义核心价值观",①是习近平新时代中国特色社会主义思想的核心内容之一,加强社会主义核心价值观教育是中职德育课的主旋律。习近平总书记在党的十九大报告中强调:"社会主义核心价值观是当代中国精神的集中体现,凝结着全体人民共同的价值追求。要以培养担当民族复兴大任的时代新人为着眼点,强化教育引导、实践养成、制度保障,发挥社会主义核心价值观对国民教育、精神文明建设、精神文化产品创作生产传播的引领作用,把社会主义核心价值观融入社会发展各方面,转化为人们的情感认同和行为习惯。""深入挖掘中华优秀传统文化蕴含的思想观念、人文精神、道德规范,结合时代要求继承创

---

① 党的十九大报告辅导读本[M].北京:人民出版社,2017:22-23.

新,让中华文化展现出永久魅力和时代风采。"①这就为中职德育课加强社会主义核心价值观教育明确了方向,提出了具体要求。

(一)社会主义核心价值观的提出及其科学内涵

《中共中央办公厅关于培育和践行社会主义核心价值观的意见》指出:"党的十八大提出,倡导富强、民主、文明、和谐,倡导自由、平等、公正、法治,倡导爱国、敬业、诚信、友善,积极培育和践行社会主义核心价值观。这与中国特色社会主义发展要求相契合,与中华优秀传统文化和人类文明优秀成果相承接,是我们党凝聚全党全社会价值共识作出的重要论断。富强、民主、文明、和谐是国家层面的价值目标,自由、平等、公正、法治是社会层面的价值取向,爱国、敬业、诚信、友善是公民个人层面的价值准则,这24个字是社会主义核心价值观的基本内容,为培育和践行社会主义核心价值观提供了基本遵循。"②"富强、民主、文明、和谐",是中国特色社会主义现代化国家的建设目标,也是从价值目标层面对社会主义核心价值观基本理念的凝练,在社会主义核心价值观中居于最高层次,对社会层面和个人层面的价值理念具有统领作用。"自由、平等、公正、法治",是对中国特色社会主义社会的生动表述,也是从社会层面对社会主义核心价值观基本理念的凝练,它反映了中国特色社会主义的本质特征和基本属性,是中国共产党矢志不渝、长期实践的核心价值理念。"爱国、敬业、诚信、友善",是中国公民的基本道德规范,是从个人层面对社会主义核心价值观基本理念的凝练,它覆盖社会道德生活的各个领域,是我国公民必须恪守的基本道德准则,也是评价公民道德行为选择的基本价值标准。

(二)优化、创新教学内容和教学方法,全程加强社会主义核心价值观教育

教育引导中职生培育和践行社会主义核心价值观是一个系统工程,中

---

① 党的十九大报告辅导读本[M].北京:人民出版社,2017:42.

② 中共中央办公厅关于培育和践行社会主义核心价值观的意见[EB/OL].[2016-12-05]. http://www. sz. gov. cn/sswj/ztzl _ 78021/bmzdgz/dflz/dgdj/201612/t20161205 _ 5605051.htm.

职德育课加强社会主义核心价值观教育,必须进行系统思考。下面就优化、创新教学内容和教学方法进行举例。

1.在加强社会主义核心价值观教育过程中,必须优化、创新教学内容,加强习近平新时代中国特色社会主义思想教育

习近平新时代中国特色社会主义思想是马克思主义中国化的最新成果,用马克思主义中国化这一最新成果武装学生,是中职德育课教师开展教学活动、专题教育必须高度重视、紧密结合的首要问题,因为习近平新时代中国特色社会主义思想是立足时代之基、回答时代之问的科学社会主义理论,是经过实践检验、富有实践伟力的强大武器,是当代中国的马克思主义,是已经写入党章、载入宪法的党和国家的行动指南。所以,加强社会主义核心价值观专题教育是实现习近平新时代中国特色社会主义思想进校园、进课堂、进头脑的重要组成部分,必须重点加强党的十九大总结出的习近平新时代中国特色社会主义思想"从理论和实践结合上系统回答新时代坚持和发展什么样的中国特色社会主义、怎样坚持和发展中国特色社会主义"①而得出的"八个明确"和"十四个坚持"的科学理论教育。

加强社会主义核心价值观教育,宣讲习近平新时代中国特色社会主义思想,既要根据课程的内容和特点有所侧重,又要融会贯通,还需要总体设计,并做到宏观把握与微观推进相结合,把教育目标落到实处。下面根据《中等职业学校德育课贯彻党的十八大精神教学指导纲要》(以下简称《指导纲要》)关于"中等职业学校德育课教学是中等职业学校贯彻落实党的十八大精神的重要途径。在中等职业学校经济政治与社会、哲学与人生、职业道德与法律、职业生涯规划四门德育必修课和心理健康选修课的教学中,必须根据学生的身心发展特点和认知水平,结合具体教学内容"②的要求,结合宣传好、贯彻好习近平新时代中国特色社会主义思想的新要求,实现习近平新时代中国特色社会主义思想和党的十九大精神进校园、进课堂、进头脑,下面对中职德育课加强社会主义核心价值观教育、教育优化、创新教学内容做一个简单的总体设计(见表5-1)。

---

① 党的十九大报告辅导读本[M].北京:人民出版社,2017:18.

② 中等职业学校德育课贯彻党的十八大精神教学指导纲要[EB/OL].[2013-03-25]. http://www.moe.edu.cn/srcsite/A07/moe_950/201303/t20130325_149948.html.

表 5-1　中职德育课加强社会主义核心价值观教育和习近平新时代
中国特色社会主义思想教育优化、创新教学内容总体设计表

教育目标和教育重点	教学内容的优化和创新
中职德育课程加强社会主义核心价值观教育总的教育目标:引导中职生在习近平新时代中国特色社会主义思想指引下,自觉培育和践行社会主义核心价值观,做德智体美劳全面发展的中国特色社会主义事业建设者和接班人;总的教育重点:社会主义核心价值观的科学内涵、习近平新时代中国特色社会主义思想的科学内涵、重大意义	在四门必修课和选修课的教学过程中,必须加强以下观点教育: 1.习近平新时代中国特色社会主义思想,是对马克思主义、毛泽东思想、邓小平理论、"三个代表"重要思想、科学发展观的继承和发展,是马克思主义中国化最新成果,是党和人民实践经验和集体智慧的结晶,是中国特色社会主义理论体系的重要组成部分,是全党全国人民为实现中华民族伟大复兴而奋斗的行动指南,必须长期坚持并不断发展。坚持社会主义核心价值体系,是习近平新时代中国特色社会主义思想的基本方略之一。 2.习近平新时代中国特色社会主义思想是马克思主义中国化的最新成果,党的十九大写入党章,第十三届全国人大载入宪法,是党和国家的指导思想,培育和践行社会主义核心价值观是习近平新时代中国特色社会主义思想的重要组成部分。 3.社会主义核心价值观是人生奋斗的梦想之舵,是中华民族的精神之钙,是当代中国的兴国之魂。富强、民主、文明、和谐,自由、平等、公正、法治,爱国、敬业、诚信、友善,从国家、社会和公民三个层面概括了社会主义核心价值观的价值目标、价值取向和价值准则,是对社会主义核心价值体系的凝练和概括,是社会主义核心价值体系的内核和精髓。 4.培育和践行社会主义核心价值观必须认真学习贯彻党的十九大精神、深刻理解习近平新时代中国特色社会主义思想的科学内涵、重大的现实意义和深远的历史意义,自觉以习近平新时代中国特色社会主义思想为行动指南。 5.用习近平新时代中国特色社会主义思想武装学生,教育他们增强政治意识、大局意识、核心意识、看齐意识,跟定共产党、永远听党的话;引导他们坚定中国特色社会主义道路自信、理论自信、制度自信和文化自信,立志做德智体美劳全面发展的建设中国特色社会主义事业的建设者和接班人。中职生培育和践行社会主义核心价值观,不仅要把习近平新时代中国特色社会主义思想铭记于心,而且要落实到在校学习生活和将来职业生涯的具体行动上,必须在实现中华民族伟大复兴中国梦的职业生涯中自觉践行社会主义核心价值观,为建设中国特色社会主义成长成才、建功立业、感恩亲情、回报社会、报效祖国。

续表

教育目标和 教育重点	教学内容的优化和创新
《职业生涯规划》(一上)教育目标:引导中职生了解社会主义核心价值观的基本内涵,在社会主义市场经济条件下价值观出现多元化的情况下,引导学生分清价值主流与支流,培养学生热爱中国共产党、热爱祖国、热爱社会主义的政治思想觉悟,培养学生热爱人民群众的高尚情怀,引导学生把实现"个人梦"与"中国梦"高度契合,科学规划职业生涯;教育重点:在职业生涯教育中渗透社会主义核心价值观教育,加强中国特色社会主义共同理想教育	第一单元《职业生涯规划与职业理想》:在"职业""职业生涯""职业生涯规划""职业理想"等知识点教学中,重点加强习近平新时代中国特色社会主义思想关于"总任务""主要矛盾""坚持以人民为中心""坚持新发展理念""坚持社会主义核心价值体系"等理论观点教育,初步引导学生深刻领会到社会主义核心价值观是中国特色社会主义的主流价值观,中职生确立自己的职业理想,必须服从实现中国梦的需要,把个人职业理想与实现建设中国特色社会主义的总任务、必须解决的"主要矛盾"结合起来;引导中职生深刻领会习近平总书记关于"空谈误国,实干兴邦"的教导,以实现民族复兴为己任,在职业生涯规划中把国家利益放在首位,把职业理想同建设中国特色社会主义共同理想结合起来,自觉践行社会主义核心价值观,立志感恩亲情、回报社会、报效祖国。 第二单元《职业生涯发展条件与机遇》:在"职业对从业者素养的要求""树立正确的人才观""发展职业生涯要立足本人实际""发展职业生涯要善于把握机遇"等知识点教学中,渗透中国特色社会主义事业"五位一体"的整体布局、"四个全面"的战略布局教育,进一步开展社会主义核心价值观教育,引导中职生认识到中国特色社会主义事业为每位个人的成长成才提供了机遇,为每个人职业发展提供了良好的社会环境;中职生必须从国家层面的价值目标、社会层面的价值取向出发,树立正确的成才观,坚持"爱国、敬业、诚信、友善"的价值准则;在职业生涯规划中,必须把个人职业兴趣和经济社会发展需要结合起来,学会根据建设中国特色社会主义事业需要和自身特点培养自己的兴趣、完善自己的性格、提高自己的能力、调整自己的价值取向,规范和调整自己的行为。 第三单元《职业生涯发展目标与措施》:在"确定发展目标""构建发展阶梯""制定发展措施"等知识点教学中,引导中职生把"我的梦"和"中国梦"紧密结合起来,从国家富强、民族振兴、人民幸福的角度出发,把实现中华民族伟大复兴的社会历史责任转化为自己的责任,从所学专业出发,把立志献身建设富强民主文明和谐美丽的社会主义现代化强国作为职业生涯发展的长远目标,把成为能工巧匠、行家里手作为中期目标,把掌握"爱国、敬业、诚信、友善"的职业技能、创业潜能和培养构建和谐人际关系的能力作为近期目标,为了祖国的美好明天,不断总结反思昨天、努力把握今天,开启充满希望的人生。

续表

教育目标和 教育重点	教学内容的优化和创新
	第四单元《职业生涯发展与就业、创业》：在"正确认识就业""做好就业准备""创业是就业的重要形式"等知识点教学中，渗透"全面深化改革""坚持新发展理念""坚持人与自然共生"等先进思想理念教育，引导中职生深刻认识到"中国特色社会主义进入新时代，意味着近代以来久经磨难的中华民族迎来了从站起来、富起来到强起来的伟大飞跃，迎来了实现中华民族伟大复兴的光明前景"，深刻认识到"这个新时代，是承前启后、继往开来、在新的历史条件下继续夺取中国特色社会主义伟大胜利的时代，是决胜全面建成小康社会进而全面建设社会主义现代化强国的时代，是全国各族人民团结奋斗、不断创造美好生活、逐步实现全体人民共同富裕的时代，是全体中华儿女勠力同心、奋力实现中华民族伟大复兴中国梦的时代，是我国日益走近世界舞台中央、不断为人类做出更大贡献的时代"。引导中职生深刻认识到，为了适应和融入这个新时代，中职生必须把"爱国"与认识就业难的基本国情紧密结合起来，树立正确的就业观、择业观、创业观；必须把"敬业"与职业道德、职业精神结合起来，为就业、创业更新思想观念、适应新时代的发展要求；必须把为国奉献的科学家、人民解放军、道德模范、优秀共产党员、劳动模范的先进事迹中蕴育的爱党爱国爱社会主义的时代精神牢记于心，内化为走中国特色社会主义道路的坚定理想信念，外化为建设中国特色社会主义现代化强国的专业能力、方法能力和社会能力，为实现职业生涯可持续发展"做好适应社会、融入社会和就业、创业的准备"。 　　第五单元《职业生涯规划管理、调整与评价》：在"管理规划、夯实终身发展的基础""调整规划，适应发展条件变化"和"科学评价职业生涯发展和职业生涯发展规划"等知识点教学中，引导学生"明确全面深化改革总目标是完善和发展中国特色社会主义制度、推进国家治理体系和治理能力现代化"，中职生的职业生涯规划管理、调整与评价，必须符合党和国家全面深化改革的要求，学会用社会主义核心价值观衡量职业生涯规划的合理性、可行性和科学性，根据经济社会发展和自身条件变化对自己的职业生涯规划进行科学的管理和适时的调整；同时，定期反思自己培育和践行社会主义核心价值观的成绩与不足，明确努力目标，严格要求自己，不断巩固和坚定立志投身于中国特色社会主义伟大事业的理想信念。

续表

教育目标和教育重点	教学内容的优化和创新
《职业道德与法律》（一下）教育目标：引导中职生从我做起、从生活与学习的实际做起、从点滴做起，努力践行社会主义核心价值观，做一个知荣辱、有道德的人，当一个自觉维护社会主义法治尊严、维护公平正义、自觉依法律己的国家好公民；教育重点：在职业道德与法律教育中，加强习近平总书记关于培育和践行社会主义核心价值观、加强思想道德建设和坚持全面依法治国的思想观点教育和中华优秀传统文化教育	第一单元《习礼仪，讲文明》：在"塑造自己的良好形象""展示自己的职业风采"知识点教学中，加强中华优秀传统文化教育，引导学生"不忘本来、吸收外来、面向未来"，确立社会主义荣辱观，弘扬以爱国主义为核心的伟大民族精神；通过学习文明礼仪的道德意义，引导学生认识到我国是"文明古国""礼仪之邦"，热爱祖国就应该热爱祖国的优秀传统文化、提高礼仪素养、养成自觉遵守文明礼仪的良好习惯，引导学生通过树立和践行社会主义荣辱观，确立"平等"观、珍惜人格、严守规矩，做讲文明、有礼仪的人。 第二单元《知荣辱，有道德》：在"道德是人生发展、社会和谐的重要条件""职业道德是职业成功的必要保证""养成良好的职业行为习惯"知识点教学中，进一步加强社会主义荣辱观教育，重点加强习近平新时代中国特色社会主义思想关于"培育和践行社会主义核心价值观""加强思想道德建设"等理论观点教育，使学生认识到思想道德建设是培育和践行社会主义核心价值观的重要内容和中心环节，重点引导学生认识到在职业活动中必须坚持以为人民服务为核心、以集体主义为原则，热爱中国共产党、热爱祖国、热爱社会主义、热爱劳动人民、热爱劳动、热爱科学；在校期间，必须增强爱岗敬业精神和诚信、公道、服务、奉献等职业道德意识，自觉遵守和践行公民基本道德规范和职业道德规范，积极培育社会主义职业精神和职业道德，养成良好的职业行为习惯；通过介绍中华优秀传统文化中的传统美德和建设中国特色社会主义事业中涌现出的优秀共产党员、劳动模范、道德模范等先进事迹，引导中职生见贤思齐、崇德向善、躬行践履，积极弘扬以爱国主义为核心的民族精神；引导学生"向上向善、孝老爱亲，忠于祖国、忠于人民"，强化学生的"社会意识、规则意识、奉献意识"。通过以上教育引导，以提高学生的思想道德素质，"共同构筑中国精神、中国价值、中国力量"。 第三单元《弘扬法治精神，当好国家公民》：在"弘扬法治精神，建设法治国家""维护宪法权威，当好国家公民""崇尚程序正义，依法维护权益"知识点教学中，加强习近平新时代中国特色社会主义思想关于"坚持全面依法治国"和"坚持总体国家安全观"等理论观

续表

教育目标和 教育重点	教学内容的优化和创新
	点教育,帮助学生"明确推进依法治国总目标是建设中国特色社会主义法治体系、建设社会主义法治国家";引导学生增强遵纪守法意识,增强民主、法治、公平、正义、平等观念,增强公民意识,涵养爱国情感,增强权利意识和义务观念,维护宪法权威,当好国家公民;引导学生崇尚程序正义,依法维护权益,自觉维护社会主义法治尊严。 　　第四单元《自觉依法律己,避免违法犯罪》:在"预防一般违法行为""避免误入犯罪歧途"知识点教学中,继续加强习近平新时代中国特色社会主义思想关于"坚持全面依法治国"和"坚持总体国家安全观"理论观点教育,通过治安管理处罚、犯罪和刑罚等法律知识教育,引导学生认同法律、自觉守法,确立"以遵纪守法为荣,以违法乱纪为耻"的荣辱观;教育学生自觉依法律己,预防一般违法、避免误入犯罪歧途,提高与违法犯罪作斗争的自觉性。 　　第五单元《依法从事民事经济活动,维护公平正义》:在"依法公正处理民事关系""依法生产经营,保护环境"知识点教学中,继续加强习近平新时代中国特色社会主义思想关于"坚持全面依法治国"和"坚持总体国家安全观"理论观点教育,通过民法、合同法、婚姻法、继承法、劳动合同法、环境保护法等民事、经济法律知识教育,帮助学生确立尊重法律规则、履行法律义务、崇尚公平正义等观念,引导学生在民事和经济活动中,必须按照法律规范做事,必须依法维护权益、履行义务、承担责任,必须依法节约资源和保护环境。

续表

教育目标和 教育重点	教学内容的优化和创新
《经济政治与社会》(二上)教育目标:引导学生将社会主义核心价值观的要求内化为自己的理想理念和追求,立志在习近平新时代中国特色社会主义思想指引下,在建设中国特色社会主义、实现中华民族伟大复兴中国梦的职业生涯中自觉地践行社会主义核心价值观;教育重点:在经济政治与社会教育中,系统进行习近平新时代中国特色社会主义思想教育,把习近平新时代中国特色社会主义思想教育与社会主义核心价值观教育紧密结合起来	第一单元《透视经济现象》:在"商品的交换和消费""企业的生产和经营""个人的收入与理财"等知识点的教学中,重点讲解习近平新时代中国特色社会主义思想中关于"坚持人与自然和谐共生"等理论观点,帮助学生确立经济效益观念和保护环境观念;加强"以艰苦奋斗为荣,以骄奢淫逸为耻"的社会主义荣辱观教育,引导学生树立正确的消费观、劳动观,增强创新、诚信、效率、公平等意识,树立依法纳税的观念。 第二单元《投身经济建设》:在"社会主义基本经济制度与社会主义市场经济""全面建成小康社会"和"对外开放的基本国情"知识点教学中,重点讲解习近平新时代中国特色社会主义思想中关于"坚持全面深化改革""坚持新发展理念""坚持人与自然和谐共生""坚持总体国家安全观"等理论观点,引导学生"明确坚持和发展中国特色社会主义,总任务是实现社会主义现代化和中华民族伟大复兴""建成富强民主文明和谐美丽的社会主义现代化强国""明确新时代我国社会主要矛盾是人民日益增长的美好生活需要和不平衡不充分的发展之间的矛盾""必须坚持以人民为中心的发展思想,不断促进人的全面发展、全体人民共同富裕""明确中国特色社会主义中国特色社会主义事业总体布局是'五位一体'、战略布局是'四个全面'""明确全面深化改革总目标是完善和发展中国特色社会主义制度、推进国家治理体系和治理能力现代化""明确中国特色大国外交要推动构建新型国际关系,推动构建人类命运共同体"等理论观点,引导中职生拥护和贯彻落实习近平新时代中国特色社会主义思想、认同我国的基本经济制度和对外开放的基本国策;充分认识到解决新时代我国社会主要矛盾的目的,在于完成坚持和发展中国特色社会主义的总任务,在于"不断促进人的全面发展、全体人民共同富裕";通过纵横对比,引导中职生全面了解改革开放取得的伟大成就,深刻认识到社会主义制度的优越性,深刻认识到中职生必须坚定中国特色社会主义道路自信、理论自信、制度自信和文化自信;通过介绍经济建设中的重大改革创新及其取得的"天宫、蛟龙、天眼、悟空、墨子、大飞机等重大科技成果"等重大成就,引导中职生弘扬以改革创新为核心的时代精神,进一步巩固社会主义核心价值观。

续表

教育目标和 教育重点	教学内容的优化和创新
	第三单元《拥护社会主义政治制度》：在"我国社会主义政治制度""我国民主政治的发展道路"的教学中，重点讲解习近平新时代中国特色社会主义思想中关于"坚持人民当家作主""坚持党对一切工作的领导""坚持以人民为中心""坚持全面从严治党"等理论观点，引导学生"明确中国特色社会主义最本质的特征是中国共产党领导，中国特色社会主义制度的最大优势是中国共产党领导，党是最高政治领导力量"，认识到中国共产党是敢于斗争、敢于胜利的伟大政党；深刻认识到中国共产党是执政党，"党政军民学，东西南北中，党是领导一切的"，我国社会主义政治制度具有无比的优越性，中职生必须跟定共产党，永远听党的话，做党的人；理解我国社会主义民主政治的特点和优势，认同我国民主政治的发展道路；通过介绍建设中国特色社会主义事业中涌现出的优秀共产党员的先进事迹，引导中职生拥护中国共产党的领导、热爱社会主义祖国，坚定走中国特色社会主义道路的理想信念，积极参与社会主义政治建设，进一步巩固社会主义核心价值观，增强培育和践行社会主义核心价值观的内在驱动力。 　　第四单元《参与政治生活》：在"依法行使民主权利""履行义务，承担责任""关注国际社会，维护国家利益"知识点教学中，重点讲解习近平新时代中国特色社会主义思想关于"坚持党对一切工作的领导""坚持以人民为中心""坚持全面深化改革""坚持全面依法治国""坚持总体国家安全观""坚持党对人民军队的绝对领导""坚持'一国两制'和推进祖国统一"等理论观点，教育学生进一步"明确坚持和发展中国特色社会主义"的"总任务"及当代青年的历史使命和社会责任，深刻认识到我国政府是全心全意为人民服务的政府，中国公民要依法行使民主权利、积极履行义务、自觉维护国家利益；"明确党在新时代的强军目标是建设一支听党指挥、能打胜仗、作风优良的人民军队，把人民军队建设成为世界一流军队"，当代中职生必须强化国家安全观；引导学生进一步认同我国民主政治的发展道路、拥护中国共产党的领导、热爱社会主义祖国、坚定中国特色社会主义理想信念，进一步巩固社会主义核心价值观。

续表

教育目标和 教育重点	教学内容的优化和创新
	第五单元《共建社会主义和谐社会》：在"关注改善民生""建设和谐文化"和"构建和谐社会"知识点教学中，重点讲解习近平新时代中国特色社会主义思想关于"坚持在发展中保障和改善民生""坚持社会主义核心价值体系""坚持新发展理念""坚持人与自然和谐共生"等理论观点，通过社会建设基本内容的系统教育，使学生进一步"明确坚持和发展中国特色社会主义，总任务是实现社会主义现代化和中华民族伟大复兴，在全面建成小康生活的基础上，分两步走在本世纪中叶建成富强民主文明和谐美丽的社会主义现代化强国"，深刻认识到新时代中国青年的历史使命就是要努力成为能够担当民族复兴大任的时代新人，成为德智体美劳全面发展的社会主义事业建设者和接班人；认识到国家大力发展职业教育、健全社会保障体系等改善民生的重大举措，充分体现了中国共产党和人民政府全心全意为人民服务的宗旨，中职生必须坚定地爱党、爱国、爱社会主义；深刻理解社会主义核心价值观和社会主义核心价值体系之间的关系，系统学习社会主义核心价值观的主要内容，帮助学生系统理解、全面巩固社会主义核心价值观，引导学生做好社会主义核心价值观的学习者、宣传者、践行者。

续表

教育目标和教育重点	教学内容的优化和创新
《哲学与人生》（二下）教育目标：帮助学生学会运用辩证唯物主义和历史唯物主义的观点和方法，正确看待自然和社会的发展，正确认识和处理人生发展中的基本问题，树立和追求崇高理想，逐步形成正确的世界观、人生观，进一步巩固社会主义核心价值观，为中职生增强"四个意识"、坚定"四个自信"奠定科学世界观方法论、人生观和价值观基础；教育重点：加强马克思主义哲学基本观点和方法及如何做人的教育、继续加强习近平新时代中国特色社会主义思想教育	第一单元《坚持从客观实际出发　脚踏实地走好人生路》：在"一切从实出发""物质和运动的辩证关系""客观规律和主观能动性的辩证关系"等马克思主义唯物论的基本观点教学过程中，通过渗透"过去五年的工作和历史性变革""新时代中国共产党的历史使命"教育，帮助中职生认识到从中国的国情出发、走中国特色社会主义道路的重要性；通过重点讲解习近平新时代中国特色社会主义思想关于"牢牢掌握意识形态领导权""培育和践行社会主义核心价值观""加强思想道德建设"等理论观点教育，帮助学生进一步理解高举中国特色社会主义伟大旗帜、培育和践行社会主义核心价值观的重要意义，引导学生充分认识到增强"四个意识"、坚定"四个自信"是中职生选择人生道路必须考虑的最大实际，正确发挥主观能动性、自觉践行社会主义核心价值观是中职生走好人生道路的强大精神动力。 　　第二单元《用辩证的观点看问题　树立积极的人生态度》：在"事物的普遍联系""事物的变化发展""矛盾是事物发展的动力"等唯物辩证法的基本观点和方法教学过程中，把中华优秀传统文化教育和社会主义核心价值观教育紧密结合起来，继续加强习近平新时代中国特色社会主义思想关于"牢牢掌握意识形态领导权""培育和践行社会主义核心价值观""加强思想道德建设"等理论观点教育，引导中职生运用联系的、发展的、全面的观点"深入挖掘中华优秀传统文化蕴含的思想观念、人文精神、道德规范，结合时代要求继承创新，让中华文化展现出永久魅力和时代风采"，帮助学生充分认识到社会主义核心价值观与中华优秀传统文化之间的内在联系及弘扬中华优秀传统文化的重要性；通过渗透中华优秀传统文化的历史渊源、发展脉络、基本走向教育，帮助中职生增强中国特色社会主义文化自信和社会主义核心价值观自信，同时引导学生树立和坚持正确的历史观、民族观、国家观、文化观；引导中职生运用马克思主义唯物辩证的立场、观点和方法，分析批判各种非马克思主义思潮的错误，认识清楚它们的危害性。 　　第三单元《坚持实践与认识的统一　提高人生发展的能力》：在"实践和认识的辩证关系""认识的辩证发展过程""现象与本质

续表

教育目标和 教育重点	教学内容的优化和创新
	的辩证关系""科学的思维方法"等马克思主义认识论的基本观点教学中,继续加强习近平新时代中国特色社会主义思想教育,帮助中职生深刻理解"实践没有止境,理论创新也没有止境""时代是思想之母,实践是理论之源",确立实践第一的观点,重视理论联系实际,高举中国特色社会主义伟大旗帜,积极投身"全面深化改革"的伟大实践,在实践检验中进一步坚定中国特色社会主义"四个自信";引导学生认识到社会主义核心价值观是社会主义意识形态的本质体现,人生发展能力是促进人生发展、获取人生成功的重要条件和保障,也是确立远大的人生理想、形成积极的人生态度、实现人生价值、走好人生路的重要条件和保证。因此,中职生必须在社会主义核心价值观指引下,不断提高在实践中运用马克思主义立场、观点和方法的专业能力、方法能力和社会能力,不断提高明辨是非、透过现象看本质的能力,不断提高科学思维、开拓创新的能力。 第四单元《顺应历史潮流　树立崇高的人生理想》:在"历史发展的规律性""社会理想与个人理想"等历史唯物主义的基本观点教学中,继续加强党的十九大精神和习近平新时代中国特色社会主义思想教育,引导学生在"过去五年的工作和历史性变革"中深刻认识习近平新时代中国特色社会主义思想的伟大指导作用,引导学生在"新时代中国共产党的历史使命"中认识到中国特色社会主义事业的光明前景以及新时代新青年的新使命,引导学生认识到青年一代必须正确处理个人与社会的关系,自觉地把个人理想融入中国特色社会主义共同理想,担当起振兴中华的历史责任,把培育和践行社会主义核心价值观作为自觉的人生追求。 第五单元《在社会中发展自我　创造人生价值观》:在"人的社会本质""人的自我价值和社会价值""人的全面发展"等历史唯物主义的基本观点教学中,教育学生牢记习近平总书记关于"青年兴则国家兴,青年强则国家强"的谆谆教导,正确处理个人与集体、社会的关系,正确理解人的价值贵在奉献,要在诚实劳动中奉献社会,实现人生价值;引导学生在实现人的全面发展中,自觉弘扬自由、平等、公正、法治的社会价值,在劳动奉献中实现个人全面发展,创造更大的人生价值;自觉遵守爱国、敬业、诚信、友善的价值准则,不断提高思想道德素质,自觉培育和践行社会主义核心价值观,努力实现社会价值和自我价值的统一。

续表

教育目标和 教育重点	教学内容的优化和创新
《心理健康》 (三年级上学期选修)：为中职生培育和践行社会主义核心价值观、深刻理解习近平新时代中国特色社会主义思想扫除心理障碍、培养健康心理	结合知识篇"心理健康与我"单元的教学，帮助学生全面理解身心健康的理念，树立心理健康意识，主动进行心理调适，追求身心协调发展，促进学生形成良好的个性心理品质。 　　结合成长篇"认识自我""成长的烦恼"单元的教学，引导学生培养积极、乐观、勇敢、坚强等心理品质，帮助学生掌握适当的心理疏导方法，提高应对挫折、适应社会的能力。 　　结合生活篇、学习篇、职业篇，即第四单元到第十单元的教学，帮助学生认识到保持积极向上的良好心态的重要性，增强应对职业挫折和创业挑战的能力，在职业体验和职业实践中提高职业心理素质，树立自尊自信、理性平和、积极向上的心态。

　　2.必须重视寻找中华优秀传统文化与社会主义核心价值观教育的契合点

　　加强社会主义核心价值观教育，必须完善中华优秀传统文化教育。中职德育课教师必须坚持从历史和现实、宏观和微观、整体和个别相结合的不同视角，为加强社会主义核心价值观教育和习近平新时代中国特色社会主义思想教育找到思想性、艺术性、观赏性有机统一的历史事件、典型人物、优秀歌曲、艺术小品、影视作品等，引导学生在传承中华优秀传统文化、高举中国特色社会主义伟大旗帜的认识过程中涵养社会主义核心价值观。让中职生真正认识到社会主义核心价值观是"共同富裕""人民幸福"价值诉求的集中体现，习近平新时代中国特色社会主义思想就是指导党和国家带领全国各族人民实现中华民族伟大复兴中国梦的伟大指导思想；为了职业生涯的成功，也为了实现自己的人生价值，中职生必须在习近平新时代中国特色社会主义思想指导下，自觉培育和践行社会主义核心价值观，走实现中华民族伟大复兴的中国特色社会主义道路。

(三)优化创新教学方法，提高社会主义核心价值观教育的有效性

　　自古教学有法而无定法，贵在得法。为培育和践行社会主义核心价值

观、实现习近平新时代中国特色社会主义思想和党的十九大精神进头脑,中职德育课教师要从学科特点和教材内容的实际出发,选择学生能够积极参与的分组合作学习、探究学习等学习方式,选择学生喜闻乐见的情景教学法、案例教学法、角色扮演法等教学方法,把对学生加强社会主义核心价值观教育的教学目标渗透到课堂教学、兴趣小组活动、社会实践和校运会、经典诵读比赛、文明风采竞赛等各个教学活动过程和学习环节,通过选择合理的教学方法,激发学生的学习兴趣,引导学生认知社会主义核心价值观的内涵和要求,培养学生提升思想道德水平的内在驱动力;通过分组学习、课堂讨论、课后练习等环节,引导学生从"要我怎样做"转化为"我要怎样做",实现社会主义核心价值观内化于心、外化于行的教学目标。中职德育课提高实效性可以采用"时政讲评法""任务驱动教学法""案例教学法""情景教学法""角色扮演法"[①]等教学方法。

1.时政讲评法

这是一种让学生运用所学知识分析时政的方法,这一方法的运用既可以锻炼学生的口头表达能力和思维能力,又能够培养学生经常思考的习惯和运用知识分析问题、认识问题的能力。可以鼓励学生多收看时政新闻,结合相关教学内容,安排学生运用所学德育知识开展时政讲评。其他同学可以提出不同的看法,最后由教师运用习近平新时代中国特色社会主义思想进行通俗易懂的点评,引导学生学会运用社会主义核心价值观基本观点分析问题、认识问题和解决问题。

2.任务驱动教学法

这是一种建立在建构主义教学理论基础上的教学方法。运用这一方法,就是以完成具体任务为线索,把教学内容巧妙地隐含在任务中,引导学生在执行任务的过程中开动脑筋,积极思考,逐步把学生引向深入。比如,笔者在"职业生涯规划"教学中,围绕"规划职业生涯"这一总任务及"分析发展条件""确立发展目标""构建发展阶梯""制订发展措施"等阶段学习任务,设计了一系列的具体任务(参见表5-2),要求学生按照要求完成,并在课堂上相互交流学习体会、讨论任务中的问题,然后由教师及时点评和引导。通过这些具体问题的思考、讨论和教师点评,不仅调动了学生的学习积极性,

---

① 张捷树.中职德育课加强社会主义核心价值体系教育的教学策略[J].职业教育研究,2013(12):116-117.

而且帮助学生逐步学会了怎样开展自我学习、自我教育和自我管理,随着学生一个个学习任务的完成,社会主义核心价值观的教育也会逐渐显现出良好的效果。

表 5-2 学习"职业生涯规划"任务驱动设计举例

任务	分析发展条件	确立发展目标	构建发展阶梯	制订发展措施
规划职业生涯	1.分析认识自己的兴趣、性格、能力、价值取向和行为习惯; 2.了解所学专业对应职业群中的职业对劳动者素质的要求; 3.通过对比,明确自己的优势、特长,认识自己的差距; 4.了解本专业毕业生就业情况,并预测今后五年的就业趋势。	1.根据主客观条件分析,确定长远目标。 2.征求老师和同学意见,反思长远目标确定是否合理。 3.征求父母意见,反思长远目标确定是否合理,是否应修正。	1.根据长远目标,设计阶段目标。 2.根据目标制定要领评价近期目标。 3.与同学讨论近期目标的合理性。 4.多方听取对规划目标的评价,反思阶段目标的合理性。	1.设计一份职业生涯规划书,对近期目标进行详细规划。 2.围绕近期目标,制订学习计划,总结反思昨天,认真把握今天。

3.案例教学法

运用这一方法进行社会主义核心价值观教育,就是要德育课教学以习近平新时代中国特色社会主义思想为指引、以案例为重点,引导学生运用社会主义核心价值观分析和讨论案例中的各种教育因素,使学生的思想得到感化和熏陶。笔者的做法,一是用好课本开头的案例,创境激趣,引思明理,渗透社会主义核心价值观的基本内容教育。二是用好正文中的案例,进一步渗透社会主义核心价值观教育,引导学生在学习德育课相关课程知识点的过程中,逐步加深对社会主义核心价值观某个观点的理解和认识,帮助学生理解、内化社会主义核心价值观的精神实质。三是用好每个单元体验与探究中的案例,要求学生开展多种形式的调查,并按要求展开讨论,教师合理安排时间进行归纳、点评,帮助学生提高认识。通过环环相连的案例学习,使社会主义核心价值观如春雨一般渗透于其中,滋润着学生的心田。

4.情景教学法

这是教师通过创设特定的教学情景和气氛,运用直观手段,让学生通过观察、想象、思考、反思融入情景,促进学生学习知识迁移,引导学生提高思想品德修养的教学方法。笔者在"经济政治与社会"课程中的"关注改善民生"等知识点教学中,一方面,充分利用学生参加或观看国家、福建省、三明市高度重视高速公路、高速铁路建设等校外重大活动场景或宣传画面,引导学生从政府加快建设海峡西岸经济区、中职生免学费等改善民生的重大举措中感受党和政府的温暖;通过介绍"'一带一路'建设、京津冀协调发展、长江经济带发展成效显著"和为世界和平与发展做出的重大贡献,通过介绍创新型国家建设中"天宫、蛟龙、天眼、悟空、墨子、大飞机等重大科技成果先后问世"[①]等重大成就,通过介绍党中央坚持反腐败无禁区、全覆盖、零容忍,坚定不移"打虎""拍蝇""猎狐"所形成的"反腐败斗争压倒性态势"等近五年中国共产党执政取得的"全方位的、开创性的"成就和"深层次的、根本性的"[②]变革,引导学生深刻认识到中国共产党领导国家的坚强执政能力和"坚持以人民为中心"[③]的全心全意为人民服务的宗旨,使他们在内心深处坚定热爱中国共产党、热爱社会主义的理想理念,并立志跟定共产党、永远听党的话。另一方面,通过讲解描述或组织观看"万众一心、众志成城、和衷共济、奋勇战胜南方部分地区严重低温雨雪冰冻灾害、四川汶川特大地震灾害"、"成功举办北京奥运会、残奥会"等录像或文字材料,讲解袁隆平、钱学森、华罗庚、王选、钱伟长、茅以升、竺可桢等科学家的无私奉献精神,描述孔繁森、郑培民、王英、王启明、李国安、徐虎、李素丽、邱国安、吴天祥、史来贺、谭彦等新时期优秀共产党员的先进事迹,以具体、生动、形象、可信、感染力强的典型事例,震撼学生的心灵,激发学生见贤思齐、积善成德、躬行践履的爱国主义情感,使社会主义核心价值观内化成学生积极向上、发奋图强的强大精神动力,内化成爱党爱国爱社会主义、立志报效祖国的感恩激情,从而,也使得习近平新时代中国特色社会主义思想教育更加接地气,产生良好的教学效果。

---

① 党的十九大报告辅导读本[M].北京:人民出版社,2017:3.

② 党的十九大报告辅导读本[M].北京:人民出版社,2017:8.

③ 党的十九大报告辅导读本[M].北京:人民出版社,2017:20.

5.角色扮演法

为了充分调动中职生的学习积极性,德育课教师可以利用好中职生思想活跃、比较喜欢展示自己技能特长等特点,指派学生根据教学内容设置情景,扮演各种角色,在角色扮演中使学生受到社会主义核心价值观的教育,让习近平新时代中国特色社会主义思想教育更加形象生动。比如在"职业道德与法律"课程教学中可以精心指导学生就课文相关素材扮演不同的角色进行表演,帮助学生在活泼热烈、充满情趣的课堂氛围中接受社会主义荣辱观教育,深刻理解习近平新时代中国特色社会主义思想的相关内容,提高学生的思想道德素质。

此外,教师还可以采用情境仿真法、主题辩论法、项目教学法等方法。笔者体会到以上方法是比较有效的,若能根据教学内容的特点交互使用,可以达到更佳效果。

(四)以德育课题研究为载体,优化加强社会主义核心价值观教育的教学环境

为了提高德育课培育和践行社会主义核心价值观的教学实效性,中职德育课教师必须充分发挥专业特长,优化教学环境,取得良好的效果。我们的主要做法是更新教育新理念、引领社会主义核心价值观教育工作创新,多渠道开展教育、使社会主义核心价值观深入人心,搭建广阔的实践平台、提升学生的思想道德水平。

1.确立教育新理念,引领社会主义核心价值观教育工作创新

为了贯彻落实党的十八大精神和习近平新时代中国特色社会主义思想,培育和践行社会主义核心价值观,笔者在学校领导、德育工作部门的支持下,负责主持申报了 2014 年中小学德育研究专项课题"中职学生职业精神和职业道德培养研究",并于 2014 年 12 月获得省教育工委和教育厅批准立项(课题编号:DY201404B)。2014—2015 年度,学校以笔者主持的课题研究为载体,以贯彻落实新德育大纲为契机,从学校德育工作、班主任工作、德育课教学工作等几个方面加强了中职生的社会主义核心价值观教育。我们的教育活动以中共中央办公厅印发的《关于培育和践行社会主义核心价值观的意见》、教育部《关于培育和践行社会主义核心价值观进一步加强中小学德育工作的意见》、教育部办公厅关于印发《中等职业学校德育课贯彻

党的十八大精神教学指导纲要》的通知、教育部《关于全面深化课程改革 落实立德树人根本任务的意见》《关于培育和践行社会主义核心价值观进一步加强中小学德育工作的意见》和教育部关于印发《中等职业学校德育大纲（2014 年修订）》的通知等文件精神为指导，确立了立德树人、科学发展、就业为导向、大德育、大职教、以生为本、追求卓越和成功教育等新理念，要求全校德育工作者，务必坚持方向性与时代性相结合，坚持贴近实际、贴近生活、贴近未成年人，坚持知与行相统一、坚持教育与管理相结合和坚持解决思想问题与解决实际问题相结合等德育基本原则，积极开展德育工作内容和方法的创新。

2.多渠道开展教育，使社会主义核心价值观深入人心

我们以课题研究为载体，全面推进社会主义核心价值观教育，从营造教育氛围、重视班主任工作和德育课教学等三个方面展开，达到了入耳入脑的效果，为德育课教学提高实效性优化了教学环境。

(1)举办系列德育讲座，从宏观层面营造社会主义核心价值观教育的浓厚氛围

我们课题组根据申报方案，围绕社会主义核心价值观教育的主题，设计并在学生中推出了由课题组成员完成的社会主义核心价值观教育系列讲座。讲座由分管德育工作的邓德良副校长带头，从面向全体政工系统干部、年段长、班主任，题为《贯彻落实中职学校德育大纲，坚持立德树人，开创我校德育工作新局面》的讲座开始，继而由政教处刘敬玲主任面向全体学生会、校团委干部、各班班长、团支书主讲《牢固树立社会主义核心价值观，做一个品德高尚的人》，由课题负责人张捷树面向三个年级学前教育专业学生主讲《教书育人、为人师表，做优秀的人民教师》，由团委书记黄宣明面向中专一年级学生主讲《做一个有道德的人，为实现职业生涯的成功树立社会主义核心价值观》，由政治高级讲师雷福良面向中专二年级学生主讲《我的梦与中国梦——践行社会主义核心价值观，感恩社会、报效国家》等系列讲座。每位课题组成员的讲座，结合中职生的实际重点加强国家层面关于富强、民主、文明、和谐的价值目标教育和社会层面关于自由、平等、公正、法治的价值取向教育及公民个人层面关于爱国、敬业、诚信、友善的价值准则教育，并且把社会主义核心价值观教育与职业精神培育和职业道德教育紧密结合起来，引导学生逐步把中国特色社会主义共同理想、共产主义远大理想内化、升华为自己坚定不移地追求的为人民服务、为社会服务的社会主义职业理

想;引导学生以实现中华民族伟大复兴为己任,自觉培育社会主义职业精神和职业道德,努力学习和践行社会主义核心价值观。上述讲座都能够做到:既有理论、政策高度,又能够联系社会实际、学生实际,深入浅出、通俗易懂,受到学生的热烈欢迎,在学生中产生了强烈反响,营造了浓厚的社会主义核心价值观教育氛围。

(2)重视班级主题教育,从微观层面扎实推进社会主义核心价值观教育

我们课题组成员由分管德育工作副校长、政教处主任、团委书记等组成,笔者充分发挥德育工作资源优势,把德育课题研究计划融合到政教处、校团委工作计划中,并要求年段长、班主任把社会主义核心价值观教育、中国梦教育与课题"中职学生职业精神和职业道德培养"教育紧密结合起来,并作为本年度的重要教育主题列入工作计划,把社会主义核心价值观的基本要求与所学专业、联办企业相关的行业和企业的职业精神教育结合起来,重点开展社会主义职业理想、职业道德、职业生涯、感恩、爱党爱社会主义等主题教育,把社会主义核心价值观教育引向深入。通过开展一个学年有目的、有计划的主题教育活动,不仅让学生了解、理解了中国梦,而且引导学生充分认识到,社会主义核心价值体系是兴国之魂,是社会主义意识形态的本质体现,是全国各族人民团结奋斗的共同思想道德基础,是当代中国社会精神的主流。实现中华民族伟大复兴的中国梦,需要学习践行社会主义核心价值观,自觉培育良好的社会主义职业精神和职业道德。

(3)形成教学合力,在德育课教学中系统开展社会主义核心价值观教育

我们充分利用课题组有三位政治高级讲师的教育资源优势,把中国梦教育、社会主义核心价值观教育和职业精神与职业道德教育落实到德育学科各门课程、各个单元的德育目标之中;依据课程标准和学生实际情况,将积极的情感、端正的态度、正确的价值观自然融入课程教学全过程。我们通过课题负责人上德育公开课及评议,积极探索有效教学方法,德育课教师达成了共识,提升了教学水平,实现了社会主义核心价值观教育、中国梦教育与职业精神和职业道德教育的有机统一,引导学生逐步把践行社会公德、职业道德与践行社会主义核心价值观紧密结合起来,引导学生为实现中华民族伟大复兴的中国梦而见贤思齐、崇德向善、躬行践履,自觉培育社会主义职业态度、职业责任、职业技能、职业纪律、职业良心、职业信誉和职业作风,努力做一个品德高尚的时代青年。

3.创新教学方法,搭建广阔的实践平台,提升学生的思想道德水平

一是通过师生共建文明班级、文明宿舍等平台,发动广大教师深入了解学生,开展个性化、针对性教育,引导学生把个人兴趣爱好与社会经济发展需要结合起来制定职业生涯规划;结合日常学习生活中的各种实践活动,帮助学生培育敬业、诚信、精业、勤业和创新、奉献等职业精神。二是通过开展警民共建、社区共建、参观访问、社会实践和学习探究等活动,让学生在生动活泼、充满情趣的教育活动中不知不觉地对社会主义职业精神和职业道德产生共鸣,在体验探究中升华中华思想道德素质,从而产生践行社会主义核心价值观、培育社会主义职业精神和职业道德的内在驱动力;三是结合中职生职业技能大赛、文明风采作品大赛、校运会、歌咏赛、中华经典诵读比赛和科技创新大赛等活动,培养学生的团队精神和竞争意识,使广大学生在以赛促学、以赛促教活动中实现学习践行社会主义核心价值观、培养职业精神和职业道德常态化,为实现中国梦全面提高思想道德水平和综合素质。

(五)以名师工作室为阵地,为提高德育课实效性全方位、多层次优化教学环境

为了全面推进创建福建省改革发展示范校和示范性现代职业院校(以下简称"两个示范校")建设,三明工贸学校于 2016 年 11 月设立"三明工贸学校张捷树名师工作室"和两个技能指导名师工作室,其中"三明工贸学校张捷树名师工作室"共有 11 名成员,由张捷树领衔。从名师工作室成员结构上看,有四位高级讲师、三位讲师、三位助理讲师;分别是学校办公室副主任、党办副主任、教务处副主任、总务处干部、共青团书记、工会委员、妇委会副主任、政史地教研组组长;分别来自德育、语文、历史、地理、心理学、信息技术等六个学科。笔者在近两年领衔建设名师工作室过程中,充分发挥名师工作室领衔人的指导作用和名师工作室团队的辐射、带动作用,助力学校"两个示范校"建设,同时,为提高德育课教学的实效性进一步优化教学环境,具体做法如下:

1.以加强社会主义核心价值观教育为核心明确目标要求

通过签订"名师培养协议",要求工作室成员:一是抓住"两创"机遇,加快教师专业成长。二是加强学习交流,提升自身核心素养。三是坚持理论联系实际,助力学校改革发展:一要在学科教学方面加强教学内容、教学方

法的研究、创新,提高教学水平,贯彻落实好中共中央关于培育和践行社会主义核心价值观的相关文件,在学科教学中渗透德育,加强培育和践行社会主义核心价值观,助力学校提升教学质量;二要结合班主任、年段长、教研组长、中层干部岗位,加强学习、研究德育文件、德育原则、内容和方法,研究学生的思想状况、存在问题及其对策,形成培育和践行社会主义核心价值观的合力,助力学校德育工作上新的台阶;三要在学校的办学模式、教育管理、专业建设、教师队伍建设等方面加强研究,坚持加强中华优秀传统文化教育和社会主义核心价值观教育相结合,渗透于学校创建省级文明学校、文明校园和创建"两个示范校"工作,提出合理化建议、可行方案,为学校加强学生的思想政治教育创设浓厚的舆论氛围,助力学校的改革与发展;四要结合省市德育课题研究,加强教学工作、德育工作、管理工作的总结和反思,把教育教学工作、特别是培育和践行社会主义核心价值观的教学工作经验和德育工作经验升华为具有普遍意义、具有推广价值的教育教学理念,助力学校的改革与发展;五要充分发挥学科、专业特长,开展服务当地经济社会发展的培训、实践活动,为加强学生的思想政治教育收集鲜活的典型案例。

2.认真做好"两个示范校"建设工作,优化教师的情感表达

在近两年的示范性现代校和改革发展示范校验收中,工作量大、任务重、要求高。作为名师工作室领衔人,笔者承担了《福建省三明工贸学校·福建省示范性现代职业院校建设工程项目建设规划》"九加二"项目中的"办学机制"项目,为了按期完成准备工作,廖校长要求贯彻落实三明市两会精神、三明市教育局有关会议提出的"马上就办、真抓实干""撸起袖子加油干""做发展职业教育的实干家、带头人""勇于担当、创造性作为、创造性完成迎评工作""做好各项参赛工作、全面提升教学质量"等要求,为了不辱使命,创造性地完成工作任务,认真细致地整理"办学机制"项目材料和名师工作室材料。其中,"办学机制"项目分别按照任务书和迎检文件要求整理的汇报材料多达2G多,共装满8个文件盒。同时,还接受了撰写廖校长在考评会议上发言材料的任务:三明工贸学校校企合作、产教融合特色项目汇报材料和设计了PPT。由于工作任务极其繁重,笔者几乎牺牲了所有的周末休息时间、放假时间,晚上经常加班工作到深夜一两点。工作室的其他成员,充分发挥行政干部、科组长或骨干教师的积极性、主动性和创造性,为学校创建示范性现代职业院校各个项目组尽可能地提供相关材料,开展相关工作,做出了贡献。大家虽然工作很艰辛,付出了艰辛的劳动和汗水,但是看到学

校的创建工作得到了考评组的好评,连续两年继续保持了 A 类,都充满了喜悦的心情,我为学校的跨越式发展感到由衷的高兴和欣慰,也为上好德育课充满了自信,为鼓励学生在校认真学习、在未来职业生涯发展过程中攻坚克难、建功立业提供了最有说服力的素材和案例。在学校领导和创建办的领导下,我继续按照原计划和新要求做好相关创建工作。

3.积极开展课堂教学研究,优化教学环境、创新教学合力

(1)组织教师参加省、市教学技能竞赛,促进教师提升教学水平、职业素养和综合能力。根据三明市教科所关于举办 2017 年三明市中等职业学校"优芽杯"教师教学技能竞赛和 2018 年信息化教学比赛的通知,积极组织名师工作室成员参加教学技能竞赛和信息化教学比赛,2017 年 5 月初至 6 月初,名师工作室共有 3 位教师参加三明市中职 13 个项目中 2 个项目的比赛,共获得 3 个一等奖(分别是夏小兰和张捷树参加"职业道德与法律"项目,李晓亮参加"计算机应用基础"项目);根据福建省职业技术教育中心闽职教中〔2017〕28 号文件精神,工作室成员夏小兰老师参加职业道德与法律赛项的省赛,并且获得二等奖。2018 年信息化教学比赛,名师工作室成员洪剑英和付秀平分别荣获三明市赛二等奖。这些比赛不仅增进了名师工作室成员与其他学校专业课教师之间的交流,提高了教师业务水平,更有效地促进了我校教师的专业成长和发展,营造了积极进取、改革创新、奋发有为的精神状态,为德育课教学形成合力创造了条件。

(2)认真组织教师参加培养、培训工作,加大教学研究力度和德育工作力度

近两年,由于学校正处于"两个示范校"创建过程中,学校的教师培训经费充足,学校大批量派出教师前往上海同济大学继续教育学院和电子科技大学开展业务培训,名师工作室成员绝大部分是本校的专业(学科)带头人或骨干教师,全部参与了培训;还有几位成员参加了专业培训。这些培训较大幅度地提高了教师的管理素质、教学技能素质或专业素质,使得教师队伍的整体素质得到大幅提高,名师工作室的建设也迈上了一个新的台阶。而且,培训结束后,根据学校要求,名师工作室成员大部分在校内开设了教学改革公开课,笔者作为领衔人则面向全校、为三明市四位德育学科带头人培养对象开设了两节示范课,积极参加了三明市中小学优秀教师"特色示范课堂"建设,开出了 4 节示范课。这些公开课、示范课的开设,极大地推进了名师工作室教学研究工作和教学改革工作,为德育、语文、历史、地理等学科共同培育和践行社会主义核心价值观总结了经验。

（3）结合全国中职生文明风采竞赛活动，积极指导学生参赛，大面积共同培养学生学习德育课的兴趣

名师工作室设立以来，笔者把各成员共同组织学生参加文明风采作品竞赛作为优化教学环境、形成加强社会主义核心价值观教育和德育课教学合力的重要抓手。我们根据学校团委和政教处的工作布置，通过集思广益，制定了名师工作室成员各学科共同配合、共同组织学生设计作品参加比赛的具体方案，连续两年参赛的学生大幅度增加，比赛获奖的数量2017年也比往年大幅度增加，特别是职业生涯规划项目，2018年全校学生大部分提交了参赛作品，选送福建省参赛作品达到了70多件，学生学习德育课的兴趣大幅度提升。由于工作室成员的共同努力，指导学生设计的职业生涯规划作品有思想、有品位、高质量，2017年共有14篇作品在省级复赛中获奖，其中学生伍金梅的作品《青春献给人民　实现教育公平》荣获二等奖；学生林妙年的作品《为祖国培育花朵　让青春写满华章》、谢舒颖的作品《为祖国坚定信念　让青春绽放异彩》、罗津津的作品《献身西部教育　实现共同繁荣》、李雯婷的作品《立志民族振兴　实现青春梦想》、余志强的作品《成为一名注册安全工程师是我的职业理想》、邱文斌的作品《凭一流技术创业　献青春年华感恩》均获得三等奖。这些参赛作品获奖，为学校赢得了荣誉。

（4）积极开展课题研究，取得了丰硕的教科研成果

在这一期间，笔者成功主持申报了两个省级德育课题，两个市级德育课题，名师工作室成员全部参加了课题研究工作。通过课题研究，名师工作室成员形成了以课题研究为纽带，营造了贯彻落实德育大纲、学习贯彻党的十八大以来党的重要会议精神和党中央关于加强青少年教育的一系列文件精神的浓厚氛围，特别是党的十九大召开后，名师工作室成员认真开展了学习习近平新时代中国特色社会主义思想和党的十九大精神活动，并结合各自承担的行政管理工作、班主任和年段长等销售管理工作及教学工作，不断提高了各成员的政治理论修养、政治思想觉悟，不断提高了教师师德修养和教学水平，通过教学改革进一步加强了社会主义核心价值观教育；经过组织经常性的教研活动和教师的教学反思，升华了名师工作室各成员的教育理念，带领各成员共同形成了学校德育工作的合力，也为德育课教学提高实效性进一步形成了教学合力。

四、加强诚信教育

在道德滑坡的当下,不少人呼吁诚信危机。党中央特别重视青少年加强诚信教育,在社会主义核心价值观的公民个人层面追求的价值准则中,"诚信"是主要内容。对中职生加强诚信教育,就是要把习近平新时代中国特色社会主义思想中关于"加强思想道德建设"的要求落到实处,引导中职生确立诚信意识,"强化社会责任意识、规则意识、奉献意识"。①

(一)诚信是中华民族的传统美德

中国是礼仪之邦,在中国古代,诚信就是备受推崇的美德;在现代,诚信更是社会主义核心价值观的重要内容。诚信教育是思想道德教育的重要组成部分,对中职生大力加强诚信教育,有利于培养德智体美劳全面发展的中国特色社会主义建设事业的建设者和接班人,能够为实现中华民族伟大复兴的"中国梦"凝聚正能量,为实现中华民族伟大复兴的中国梦共筑主流价值观,"更好构筑中国精神、中国价值、中国力量"②,对于建设富强民主文明和谐美丽的社会主义现代化强国具有重大的现实意义。

(二)加强诚信教育的教学策略

中职德育课加强诚信教育,可以采取"挖掘教材的教育因素,帮助学生认知诚信的要求""分析成功与失败的典型案例,引导学生感悟诚信的重要""从成长成才的实际需要出发,点燃学生践行诚信的激情""推动架构全方位的教育机制,营造诚信教育的良好环境"③等教学策略。

1.优化教学内容,挖掘教材的教育因素,帮助学生认知诚信的要求

《国家中长期教育改革和发展规划纲要(2010—2020 年)》指出:"加强

---

① 党的十九大报告辅导读本[M].北京:人民出版社,2017:42.
② 党的十九大报告辅导读本[M].北京:人民出版社,2017:23.
③ 张捷树.中职生诚信现状分析及德育课教学对策研究[J].职业教育,2013(7):45-47.

社会主义荣辱观教育,培养学生团结互助、诚实守信、遵纪守法、艰苦奋斗的良好品质。"①习近平总书记在十九大报告中强调:"推进诚信建设和志愿服务制度化,强化社会责任意识、规则意识、奉献意识。"②中职德育课加强中职生诚信教育,就是全面贯彻落实党的十九大精神,全面实现习近平新时代中国特色社会主义思想进校园、进课堂、进头脑,把中职生培养成为德智体美劳全面发展的中国特色社会主义事业高素质劳动者和技能型人才。为此,必须整合德育课相关教学内容,加强诚实守信全程教育。教师在指导学生开展职业生涯规划时,必须结合规划职业生涯的条件分析等知识点教学,引导学生如实分析自己的兴趣爱好、性格特征、能力素质、价值取向和行为习惯,在根据自己所学专业,客观地分析社会经济发展条件、家乡经济发展状况、学校的学习环境和自己的家庭状况,在这个基础上确定自己的奋斗目标,而不能不切实际、眼高手低,更不能欺骗自己、好高骛远地盲目规划。在开展职业道德教育时,教师特别要结合"习礼仪,讲文明""知荣辱,有道德"等教学内容,开展社会主义荣辱观教育,把社会主义核心价值观的诚信要求进一步落实到道德、社会公德、职业道德、个人品德等知识观点的教学过程中,帮助学生了解认识诚实守信、办事公道的基本要求,理解诚信和公道的意义,培养学生诚实、守信、公道的品质,增强学生敬业爱岗、诚信公道、服务奉献等职业道德意识;在开展法律知识教学过程中,要结合"弘扬法治精神,当好国家公民"和"自觉依法律己,避免违法犯罪"等知识点的教学,要帮助学生确立诚实守信的最高境界是忠于职业、忠于法律和忠于国家和人民的重要观点,引导学生把诚实守信与遵纪守法紧密结合起来,做一个有理想、有道德、有文化、有纪律、立志为党和人民做贡献的四有新人。在经济社会与政治教学中,教师要结合讲解我国的经济制度、国家制度、政党制度、和谐社会建设等知识点的教学,引导学生充分认识到社会主义市场经济是诚信经济,必须进行公平交易、做到童叟无欺;我国政府是全心全意为人民服务的诚信政府,每一个有志于担任公务员的学生都要特别注意诚信,没有进入公务员队伍的学生也要在职业活动中、日常生活中讲究诚信,只有诚信成为社会风气,我们才能真正构建社会主义和谐社会;我们的中国共产党是最坦

---

① 国家中长期教育改革和发展规划纲要(2010—2020 年)[EB/OL].[2010-07-29].http://www.gov.cn/jrzg/2010-07/29/content_1667143.htm.

② 党的十九大报告辅导读本[M].北京:人民出版社,2017:42.

诚的政党,是赢得了全国各族人民衷心拥护的执政党,青年学生必须在党的领导下,讲诚信、践诺诚信,为社会主义核心价值观真正成为我们社会的主流价值观做出贡献。在哲学与人生教学中,教师要把中华优秀传统文化中关于诚实守信的哲学思想和智慧与当前我们党倡导的社会主义核心价值观中的诚信要求结合起来,进行比较分析,引导学生明白社会主义核心价值观中关于诚信的要求与中华优秀传统文化中关于诚信的要求在本质上是一致的,社会主义核心价值观与中华优秀传统文化具有内在的必然联系,我们是中国人,我们传承和弘扬中华优秀传统文化就应该培育和践行社会主义核心价值观。

2.进一步创新教学内容,引导学生充分认识诚信的重要性

中职德育课加强诚信教育,必须在诚信认知教育的基础上,进一步优化创新教学内容,帮助学生充分认识到一个人讲究诚信的重要性。一要讲好教材中关于诚信的案例,帮助学生认识到一个人诚实守信的重要意义。比如在"职业道德与法律"课程教学中,教师可以详细介绍课本列举的中国古代曾子杀猪取信、商鞅立木为信、季布一诺千金不易等古代诚信案例,让学生感悟诚信道德品质对职业生涯成功的重要意义。二要引导学生从当代历史名人的成功事例中,认识诚实守信对建设中国特色社会主义的重要性。比如在"哲学与人生"教学中,教师可以结合理想信念等知识点的教学,重点讲述革命导师和中国共产党人毛泽东等信守为中国人民解放事业而奋斗终生的诺言而成就共产党人高尚品格的先进革命事迹,让学生明白坚守诺言是古今中外所有伟大人物成就伟大事业不可缺少的优秀道德品质。三要引导学生从政党是否讲诚信,是其事业成功与否的重要因素。比如,在"经济政治与社会"课程教学中,可以结合政治知识点的教学,重点分析中国共产党之所以能够由小到大、由弱到强的发展壮大,是因为共产党对中国各族人民做出全心全意为人民服务的郑重承诺,并置生死于度外,取得新民主主义革命和社会主义革命伟大胜利和社会主义建设事业的伟大成就。四要引导学生从成功的校友实例中,认识到诚信的重要性。比如,我们可以将因为诚信而成功的校友信息整合在一起,在职业生涯教育和职业道德与法律教育中,进行补充分析,帮助学生认识到在市场经济大潮中,要想取得职业生涯的成功,必须讲究信誉、信守承诺,中职生从现在开始就必须讲诚信。此外,还可以分析企业成功与失败的案例,引导学生认识到企业是否讲诚信是企业成败的关键。比如,重点分析海尔集团"真诚到永远"等企业诚信精神和

香港首富李嘉诚先生等商业奇才坚持讲诚信、守信用的经营策略对企业发展壮大的重要意义;也可以分析安徽阜阳"大头娃娃"、河北三鹿奶粉事件等案例,帮助学生认识到市场经济是诚信经济,不讲诚信的企业必将付出巨大的代价,从而引导学生从背信弃义、唯利是图的失败企业的教训中感悟到诚实守信对事业成功的可贵;引导学生珍视自己的名誉和气节,追求高尚的人格,为将来步入职场奠定坚实的基础。

3.创新教学内容,点燃学生践行诚信的激情

为了提高诚信教育的实效性,德育课教师主要应做到:一要十分重视学生身边榜样的教育作用,既可以选取得到学校、师生好评的优秀案例,也可以列举受到学校、老师和同学批评的反面教材,帮助学生认识不讲诚信的危害性,认识优秀案例的道德意义,引导学生养成良好的诚信行为习惯。二要要求学生自己主动观察和寻找校园内讲诚信的和不讲诚信的典型,通过这种观察和寻找活动净化学生的心灵。三要邀请优秀校友回到母校现身说法,点燃学生践行诚信的激情。四要通过介绍"最美妈妈""最美士兵""最美司机""最美教师"等当代诚信典型案例,激发学生产生践行诚信的内在驱动力,为实现"中国梦"不断传递正能量。五要引导学生学会"慎独"和"内省",把学习榜样、践行诚信与效果反思结合起来,增强自律自制能力,锻炼坚韧顽强的意志品质,并进一步从整体上提升学生的思想道德境界。

4.优化诚信教育的良好环境,提高诚信教育的实效性

加强诚信教育,是一个系统工程。德育课教学开展诚信教育,必须要有良好的教育环境。为了提高诚信教育的实效性,必须全方位优化教学环境,整合各种教育资源,形成教育合力。中职德育课教师必须做到:一要加强师德修养,即要在习近平新时代中国特色社会主义思想指导下,加快专业发展,做到学高为师、身正为范。二要推动营造诚信教育的良好氛围。推动学校把诚信的具体要求列入师德考核、岗位竞聘制度中,让全体教师在诚信上有章可循,为学生做诚信的榜样。三要通过班主任多与学生家长取得联系,争取家长在诚信教育方面的配合与支持。四要建立诚信档案作为德育课教学考评的重要依据,以督促学生践行诚信公平、公正评价等要求,自觉培育和践行社会主义核心价值观。五要做好诚信示范。德育课教师的诚信示范是加强诚信教育的前提。人们常说,有什么样的教师,就会培育出什么样的学生,因为学生有很强的向师性,教师的言行举止、人生态度会对学生产生潜移默化的影响,教师讲诚信,学生就会跟着学诚信,如果教师不讲诚信,那

么学生就会不知所措,或者背弃诚信。因此,中职德育课教师应严于律己,以身作则,时时处处警醒自己要做诚信的表率。

总之,诚信品质不是与生俱来的,要靠教师的教育引导,要靠学生在日常学习、生活、实践中日积月累、千锤百炼、逐步养成。因此,中职德育课教师要把诚信教育渗透于中职生的全程学习活动中,引导中职生崇尚诚实守信,将诚信内化为美德,外化为行动,为构建社会主义和谐社会、实现中华民族伟大复兴的"中国梦",做一个诚实守信的人、勇于担当的人。

五、加强职业精神和职业道德教育

习总书记在十九大报告中强调:"深入实施公民道德建设工程,推进社会公德、职业道德、家庭美德、个人品德建设,激励人们向上向善、孝老爱亲,忠于祖国、忠于人民。"①因此,中职德育课加强职业精神和职业道德教育,是贯彻落实党的十九大精神,实现习近平新时代中国特色社会主义思想进校园、进课堂、进头脑的重要内容。

(一)职业精神、职业道德的含义及其关系

所谓职业精神,就是与人们的职业活动紧密联系、具有自身职业特征的精神,反映出一个人的职业素质。

所谓职业道德,是指从事一定职业的人在职业生活中应当遵循的具有职业特征的道德要求和行为准则。我国各行各业必须共同遵守的职业道德基本规范是爱岗敬业、诚实守信、办事公道、服务群众和奉献社会,其中,敬业和诚信是职业道德规范的重点。

职业精神是职业道德的基本内涵,职业道德是职业精神的外在表现。加强职业道德教育,有利于培育中职生的社会主义职业精神;加强中职生职业精神的培育,必须加强职业道德教育。

---

① 党的十九大报告辅导读本[M].北京:人民出版社,2017:42.

(二)中职德育课加强职业精神和职业道德教育的教学策略

加强职业精神和职业道德教育是引导中职生由"学校人"向"职业人"转化的系统工程,中职德育课教师可以采取"贯彻德育大纲,优化教学内容""优化和创新教学方法,提高职业精神和职业道德教育的实效性""优化创新教学评价模式,引导学生自我提升职业道德素养和职业精神""优化教师的情感表达,为培养学生良好职业精神和职业道德发挥示范引领作用"等教学策略。

1.贯彻德育大纲,优化教学内容

加强职业道德教育、培育职业精神,中职德育课教师必须在必修课和选修课教学中,围绕德育目标,优化教育内容。

(1)引导学生培育和践行社会主义核心价值观,帮助学生树立社会主义职业理想。培育和践行社会主义核心价值观,是贯彻落实新德育大纲,特别是宣传贯彻习近平新时代中国特色社会主义思想的要求。培养中职生高尚的职业道德和职业精神,德育课教师必须"将社会主义核心价值观的内容和要求细化落实到"各门课程、各个单元的德育目标之中,依据课程标准和学生实际情况,"设计相应的教学活动,在传授知识和培养能力的同时,将积极的情感、端正的态度、正确的价值观自然融入课程教学全过程。"[①]因此,在德育课教学中,教师必须加强国家层面的价值目标教育、社会层面的价值取向教育、公民个人层面的价值准则教育,把社会主义核心价值观教育与社会主义职业道德、职业精神合起来,引导学生逐步把个人职业理想融入实现中华民族伟大复兴中国梦的社会主义理想之中。

(2)加强职业道德教育,培育职业精神。中职德育课开展职业道德教育,根本任务在于引导学生掌握基本的道德知识,理解道德、社会道德、职业道德、家庭美德、个人品德的基本含义、道德意义、基本要求,认同中国公民的基本道德规范、各行各业共同遵守的职业道德基本规范,深刻认识到具有良好的职业道德、社会主义职业精神对实现职业生涯发展的成功的重要意

---

① 关于培育和践行社会主义核心价值观进一步加强中小学德育工作的意见.(教基一〔2014〕4号)[EB/OL].〔2014-04-03〕.http://www.moe.gov.cn/srcsite/A06/s3325/201404/t20140403_167213.html.

义,逐步培养中职生自我修养全心全意为人民服务、为社会主义服务的职业精神的自觉性和内驱力。为此,德育课教师必须抓住"职业道德与法律"这门主干课程,同时整合"职业生涯规划""经济政治与社会""哲学与人生"等其他几门德育课程开展职业道德和职业精神教育,以提高培育职业道德和职业精神的实效性。

重点把握"职业道德与法律"这门主干课程,就是德育课教师要通过"习礼仪,讲文明"单元教学,引导中职生认识到礼仪与道德是互为表里、相得益彰的关系,中职生必须通过"正确认识自己""做自尊自信的人"和学会"珍惜自己的人格和尊严"等途径,提升自己的人格魅力;深刻认识到"加强个人礼仪修养的重要性",逐步塑造美好的"我",以彰显个人魅力;深刻认识交往礼仪的基本要求和道德意义,通过自觉践行交往礼仪规范营造和谐人际关系,从而塑造自己的良好形象。引导学生深刻认识"职业礼仪的基本要求""职业礼仪的道德意义""遵守职业礼仪的作用",努力塑造职业形象;通过"提高职业礼仪规范的自觉性""做讲文明、有礼仪的人"等,展示职业风采。要在"知荣辱,有道德"单元教学中,通过重点讲解"我国公民的基本道德规范""和谐社会里的社会公德""高尚道德推进社会和谐",引导学生认识到良好的道德能够推进社会和谐发展;通过重点讲解家庭美德的基本规范、个人品德修养的意义和要求,引导学生认识到良好的家庭美德能够促进家庭幸福、良好的个人品德能够促进人生发展;通过重点讲解"职业道德的特点和作用""各行各业共同遵守的职业道德基本规范",引导学生认识到从业的根本就是要遵守职业道德;通过重点讲解"爱岗敬业的意义",讲解乐业、勤业、精业的含义和要求,引导学生深刻认识到培养干一行、爱一行、专一行的积极的职业态度的重要性;通过讲解"诚实守信、办事公道的基本要求",引导学生认识到"诚信和公道是最起码的职业操守"、中职生必须珍视自己的名誉和气节,培养诚信和公道的品质;通过重点讲解"服务群众、奉献社会的基本要求",引导中职生深刻理解职业的本质就是为人民服务,中职生必须增强热情服务、奉献社会的意识,要培养和增强廉洁意识,在职业活动中做到遵纪守法、廉洁从职;通过重点讲解慎独、内省的含义、意义和要求,引导学生学会自省和慎独,积极培育和践行社会主义核心价值观,做到见贤思齐、崇德向善、躬行践履,不断提高自己的道德境界。在第三、四、五三个单元教学中,教师引导学生正确认识法治和德治、纪律和自由的辩证关系,认识到道德、纪律、法律都是调整人与人之间关系的重要行为规范,公民不仅应该遵循共同的道德准则,而且应该履行遵纪守法的道德义务,培育严格的职业纪律和办事公道的职业作风。

在中职德育课的其他四门课教学中,一要充分利用好教材中的典型案例,引导学生培育爱岗敬业、诚实守信的职业责任,掌握服务群众、奉献社会的职业技能,培育学生敬业、乐业、勤业、精业、创业和立业精神。二要高度重视并充分利用德育必修课和选修课相关知识点对职业精神培育的作用,以便形成教育合力。

2.优化和创新教学方法,提高职业精神和职业道德教育的实效性

改进教学方法,目的在于提高学生的学习积极性,帮助学生在愉快的学习中感悟知识、认同观点、更新理念、升华思想道德境界。为此,德育课教师必须从以下几个方面努力。

(1)坚持理论联系实际,贯彻"三贴近"的德育原则,培养学生的社会主义职业精神。所谓贴近实际,就是培养职业精神和职业道德必须和学生所学专业、将来所从事的职业紧密联系起来。所谓贴近生活,就是培养职业精神和职业道德必须和现实的生活紧密结合起来。德育课教学既要让学生明白,培育社会主义职业精神和职业道德是经济社会发展的需要、社会公民日常生活的需要;又要让学生懂得,只有大家都爱国、爱岗、敬业、奉献,我们的生活才会变得更加美好。所谓贴近学生,就是培养社会主义职业精神和职业道德必须和中职生的学校生活、未来的职业生涯发展紧密联系起来。我们既要从日常行为规范方面教育引导学生加强职业道德养成训练,以培育职业精神;又要多列举发生在校园内、生活中的先进典型,使学生明白良好的职业精神和职业道德是可以培育的、社会主义职业精神是实现职业生涯成功的精神动力。总之,要坚持解决思想问题与解决实际问题相结合原则,在晓之以理、动之以情、导之以行的教育中,提高德育课教学的感染力和吸引力,引导学生在反复纠正不良行为习惯中,提高思想道德境界,涵育社会主义职业精神和职业道德。

(2)运用案例教学法、角色扮演法、分组教学法、问题探究法等教学方法,充分发挥教师的主导和学生的主体作用,引导学生倾情参与,开动脑筋积极思考,进行创造性思维,学会团队合作,培养创新精神。

(3)组织课堂讨论、辩论、学科竞赛等活动,培养学生的竞争意识和严谨态度。中职德育课教师应该根据教学内容的特点,科学合理地进行教学设计,以培养学生敢于竞争、敢于成功的职业意识。特别要在指导学生设计职

业生涯规划作品参加全国中职生文明风采作品竞赛的过程中,要求学生慎重决定自己的长远目标、中期目标和近期目标,详细考虑实现目标的具体措施;教师要细心指导学生精益求精地修改参赛作品,让学生在竞赛中树立自信心,在严谨缜密的思考中培养精业、勤业的一丝不苟精神。

(4)组织开展参观调查等社会实践活动,培养学生的服务精神和奉献精神。德育课教师应该主动介入学校组织安排的专业实习、实训等社会实践活动,指导学生用心观察、学习企业员工的主人翁精神和精业精神。在社会实践结束时,德育课教师应该结合教学内容,组织学生讨论、交流心得体会,引导学生产生共鸣、形成共识,把这些共识内化、升华为内心信念和执着追求。

3.优化创新教学评价模式,引导学生自我提升职业精神和职业道德

改革德育学科的成绩评价模式,必须坚持教育与管理相结合原则,实现教育与自我教育、自律与他律、激励与约束有机结合,坚持知行统一原则,把学生的学习、工作和日常表现按照一定的权重计入学期成绩总分,引导学生自觉培育职业精神。

(1)把学生评价教学的态度和能力纳入成绩评定范围。一是要求学生按照要求评教,即要求学生对每节德育课所学内容和德育课教师的教学活动进行评价。这种评价活动,可以让学生在潜移默化中认知社会主义职业道德及其要求,逐步孕育社会主义职业精神,并产生践行社会主义职业精神和职业道德的内在驱动力。教师应该对各小组在学习过程中的综合表现进行评价,引导学生学会遵守纪律、用心听课、用心做事,维护班级利益。还应该要求、鼓励学生对教师的教学活动进行评价,以帮助学生领悟爱岗敬业的重要性,也督促教师坚持严谨治学、改进教学方法、提高教学水平,实现教学相长。

(2)把学生的日常表现纳入成绩评定范围。引导学生遵守校纪校规,能够引导学生逐步确立把职业纪律的外在强制力转化为内在的自我约束力的高度自觉意识,逐步培养起服从集体利益、职业利益、社会利益和国家利益的自觉意识,为企业生产高质量的产品和提供优质的服务提供正常秩序保证;能够引导学生培养良好的职业纪律,有利于培养学生爱岗敬业的职业态度。

(3)把学生在日常生活中的文明礼仪、诚信行为纳入成绩评定范围。引导学生持之以恒、坚持不懈地践行文明礼仪,有利于培养学生注意细节的纪

律意识和顽强的意志品质,有利于培养学生良好的职业良心和职业信誉。

4.优化教师的情感表达,为培养学生良好职业精神和职业道德发挥示范引领作用

教师的言行对学生的成长具有潜移默化的示范作用。从教三十多年来,笔者崇敬伟大的人民教育家陶行知先生的名言:"捧着一颗心来,不带半根草去。"这句名言激励着我"不以物喜,不以己悲",安下心来做学生的朋友,潜心思考怎样的教师才是好教师。笔者带着年年当好一名新教师的心态,面对三尺讲台、面对我的学生,为了培养中职生良好的职业精神,中职德育课教师必须用教书育人、立德树人的蜡烛精神,激励学生放飞青春梦想。

(1)通过德育教师坚定的政治信念培养学生的职业理想和职业精神。德育课的教学效果,首先取决于教师自身的信仰。德育教师应该对中国共产党的领导和社会主义制度的优越性有坚定不移的认同,对实现中华民族伟大复兴的中国梦充满理论自信、制度自信和道路自信,对职教事业有强烈事业心和高度责任感,这将为学生树立远大的职业理想产生潜移默化、深远持久的影响。

(2)通过德育教师严谨的治学精神培养学生敬业奉献精神。为了让中职生认知职业道德、职业精神的内涵和要求,德育教师不仅要研究每堂课的教学目标、教学内容、案例选择、教法运用、教学结构、板书设计、教学监控等问题,而且要"创境激趣",让课堂变得生动活泼起来;要掌握娴熟的专业理论知识,在学生讨论后的"引思明理""体验导行"阶段,做深入浅出、通俗易懂的阐发和引导,争取把每一堂课都上成公开课、示范课和优质课,让学生在教师扎实的专业知识、严谨认真的工作态度中受到感染和震撼,潜移默化地树立起良好的职业态度、职业良心和职业信誉,产生敬业、精业、勤业的内在驱动力,并化为精益求精地学习掌握职业技能的具体行动。

(3)德育课教师应该重视教学反思,启示学生学会慎独和内省的思想道德修养方法。为了提高德育课教学的实效性,教师应该经常性地开展教学反思,通过教学反思,发现教学过程中的亮点,激励自己继续向前;通过教学反思,查找教学中的不足,明确今后的努力方向。

在反思中坚定理想信念、提升师德境界、更新教育理念、理解党的理论、改进教学方法、提高教学水平,引导学生认识到慎独和内省对于中职生培养职业精神的重要意义;认识到为了实现职业生涯的成功,必须在实践中有效地运用慎独和内省的方法,锻炼自己坚韧顽强的意志品质,把外在的职业道

德规范、国家的法律法规、企业的规章制度升华为内心的坚定信念,把他律变成自律,把"要我这样做"内化上升为"我要这样做",使自己的品格日臻完美。

(4)德育课教师应该积极主动开展集体备课,共同研究教学内容,共同切磋教学方法,共同分享教研成果,共同提高教学艺术水平,向学生渗透分工合作的协作精神、精益求精的工匠精神。

百年大计,教育为本;十年树木,百年树人;教育大计,教师为本。要培养中职学生的社会主义职业道德和职业精神,需要中职学校高度重视加强德育工作、校企协同育人,中职德育课教师必须不断提升自身师德素养,坚持身体力行践行社会主义核心价值观,以提高德育课教学的实效性。

六、加强爱国主义教育

加强爱国主义教育是加强思想道德教育的重要内容,其目的是要"引导人们树立正确的历史观、民族观、国家观、文化观。"[1]中职德育课加强爱国主义教育是实现习近平新时代中国特色社会主义思想进校园、进课堂、进头脑的重要专题教育,其目的就是要引导中职生热爱自己的祖国、热爱中国共产党领导下建设的中国特色社会主义中国。中职德育课加强爱国主义教育的教学策略简要举例如下:

(一)爱国主义的实质与核心

笔者以为,当代中职生爱国的实质与核心,就是拥护中国共产党的领导和热爱社会主义祖国,具体说来就是要"认同中华优秀传统文化""热爱社会主义国家制度""认同中国共产党倡导的社会主义核心价值观"。[2]

---

[1]　党的十九大报告辅导读本[M].北京:人民出版社,2017:42.
[2]　张捷树.中职德育课加强爱国主义教育问题与对策研究[J].职业教育,2017(2):35.

(二)中职德育课加强爱国主义教育的教学策略

1.优化和创新教学方法,培养学习兴趣,提高德育课教学的实效性

中职德育课要提高爱国主义教育的实效性,首先选择适合的教学方法,培养学生的学习兴趣。一要有目的、有计划地开展教学活动。要高度重视相关课时的复习导入、创境激趣、引思明理、体验导行等各个教学环节,让学生在环环相扣的学习过程中,形成爱国主义的情感和比较系统的思想,升华思想观念;结合学生所学专业特点,在引导学生培育和践行社会主义核心价值观的同时,有针对性地分析批判各种错误思潮的本质与危害,在以理服人、以情感人的教学中提高学生的拒腐防变能力。二要根据教材内容选择合理有效的教学方法,增强德育课教学的吸引力,提高实效性。要充分利用多媒体技术辅助教学,从教学内容的实际出发,选择目标导学、分组教学、问题探究、任务驱动、案例教学、角色扮演、辩论、讨论、教学评价、社会实践、自我反思等科学有效的教学方法,紧紧吸引住学生的注意力,激发他们的学习兴趣,让学生在生动活泼的课堂学习活动中,带着愉悦的心情积极参与、发散思维,对认同优秀传统文化、热爱社会主义制度、培育和践行社会主义核心价值观产生思想共鸣、形成坚定的理想信念、产生爱国报国的自励驱动。三要充分利用互联网技术做好课后辅导工作。教师要充分利用校园无线网络全覆盖条件,通过建立微信群等途径,建立课堂与课后教育的桥梁,加强与学生的联系、沟通,针对学生中存在的思想认识问题做好课后疏导工作。

2.优化和创新教学内容,增强德育课教学的时代性和科学性,旗帜鲜明地弘扬主旋律、传播正能量

(1)把握爱国主义教育的方向。中职德育课必须高扬中国特色社会主义理论旗帜,把爱国主义教育与马列主义、毛泽东思想、邓小平理论、"三个代表"重要思想、科学发展观、习近平新时代中国特色社会主义思想教育紧密结合起来,用社会主义核心价值观引领中职生健康成长,坚持德育课立德树人的正确方向。

(2)把握爱国主义教育的主线。中职德育课必须紧紧围绕热爱认同中华优秀传统文化、热爱社会主义制度、拥护中国共产党的领导、培育和践行社会主义核心价值观这一教育主线,引导学生充分认识到"中华优秀传统文化是中华民族的精神命脉,是涵养社会主义核心价值观的重要源泉,也是我

们在世界文化激荡中站稳脚跟的坚实基础"[①];教育学生深刻认识到没有共产党就没有新中国,只有社会主义才能救中国,也只有社会主义才能发展中国,中国共产党是执政党、是建设中国特色社会主义事业的领导核心;因此,当代中职生热爱自己的祖国,就应该培养自己热爱祖国优秀传统文化、热爱中国共产党的领导、热爱社会主义制度的情感、思想和行为,自觉培育和践行社会主义核心价值观。

（3）牢牢把握德育课教学主阵地,有序地推进爱国主义教育。中职德育课加强爱国主义教育,要紧紧依托四门必修课程和一门选修课教学平台,坚持爱国主义教育与社会主义核心价值观教育紧密结合,坚持以马克思主义指导思想教育、树立中国特色社会主义共同理想教育、弘扬以爱国主义为核心的民族精神和以改革创新为核心的时代精神教育和社会主义荣辱观教育为重点。

3.优化德育课教师的情感表达,充分发挥教师爱国爱岗的示范引领作用

教师的身体力行,是对学生最好的教育。一是德育课教师必须有坚定的政治信仰,即高度认同马列主义、毛泽东思想、邓小平理论、"三个代表"重要思想、科学发展观、习近平新时代中国特色社会主义思想,"自觉维护党中央权威和集中统一领导,自觉在思想上政治上行动上同党中央保护高度一致"[②],"高度认同中华优秀传统文化、高度认同社会主义制度的优越性、高度认同社会主义核心价值观,并有深厚的爱国情感、系统的爱国思想和自觉的爱国行动"[③]。二是德育课教师必须有高尚的师德和与时俱进的精神品质。当前,对中职生加强爱国主义教育,不仅要实现习近平新时代中国特色社会主义思想进校园、进课堂、进头脑;而且要运用习近平新时代中国特色社会主义思想的立场、观点和方法分析批判各种非马克思主义思潮的错误本质与危害,提高学生拒腐防变、抵御各种错误思想影响的能力。要做到这些,德育课教师必须不断加强学习、深入思考和提升教师综合素质,使自己具备敏锐的洞察力,不断强化立德树人的责任感和使命感。

---

① 习近平在文艺工作座谈会上的讲话[N].人民日报,2014-05-05.
② 党的十九大报告辅导读本[M].北京:人民出版社,2017:20.
③ 张捷树.中职德育课加强爱国主义教育问题与对策研究[J].职业教育,2017(2):38.

七、加强中华优秀传统文化教育

中职德育课加强中华优秀传统文化教育,是引导中职生涵育社会主义核心价值观,提高习近平新时代中国特色社会主义思想进校园、进课堂、进学生头脑的重要途径。

(一)对中职德育课加强中华优秀传统文化教育重要性的认识

笔者认为,"对中职生加强中华优秀传统文化教育是培育和践行社会主义核心价值观的需要""加强中华优秀传统文化教育是帮助中职生形成文化自觉的重要途径"。[①]

(二)当前对中职学生加强中华优秀传统文化教育存在的主要问题

"纷繁复杂的国际形势考验德育教师传播正能量的职业能力""各种错误的社会思潮考验德育教师拨云见日的批判能力""学校办学的功利主义价值观考验德育教师坚持立德树人的教育能力"。[②]

(三)中职德育课加强优秀传统文化教育的教学策略

1.不断提升自身的综合素质,凸显立德树人的坚定性

面对上文分析的主要问题,中职德育课教师必须"加强学习研究,提升文明素养","加强马克思主义哲学的学习,掌握立德树人的钥匙","加强地方特色文化研究,增强德育课教学的吸引力","提高社会职业素养,增加产

---

① 张捷树.德育课加强中华优秀传统文化教育的问题与对策[J].职业教育,2017(8):25-26.

② 张捷树.德育课加强中华优秀传统文化教育的问题与对策[J].职业教育,2017(8):26-27.

生情感共鸣的共同语言"。①

2.优化和创新教学内容,逐步深化学生对中华优秀传统文化的认知

加强中华优秀传统文化教育,德育课教师必须把握课堂教学主渠道,引导学生正确理解优秀传统文化的内涵,重点把握"传承发展'核心思想理念''中华传统美德'和'中华人文精神'"②等三方面,对学生加强"家国情怀教育""关爱社会教育""人格修养教育"。

(1)一年级上学期"职业生涯规划"课程加强优秀传统文化教育,一要"加强爱国主义教育、集体主义和社会主义教育,引导学生把个人梦与中国梦紧密结合起来,立志投身建设中国特色社会主义的伟大实践"。二要"加强科学发展观教育,引导学生把关爱社会发展与完善人格修养结合起来,合理规划职业生涯"③。

(2)一年级下学期"职业道德与法律"课程教学加强中华优秀传统文化教育,必须以培育社会主义职业道德和职业精神、引导学生树立正确的荣辱观、法治观,做遵纪守法的合格公民为主要目标。一要有目的、有计划地加强社会主义荣辱观教育,引导学生做一名遵守社会公德、社会主义职业道德和职业精神、遵纪守法的合格公民。比如,教师在讲解文明礼仪知识点时,应该强调中国是个文明古国、礼仪之邦;在讲解"知荣辱,有道德"单元中有关道德、家庭道德、社会公德、职业道德等知识点时,教师应该开展中国古代关于"仁义礼智信""礼义廉耻"等核心思想理念的教育,结合介绍古代曾子杀猪取信等千古美谈,教育学生认识到市场经济就是诚信经济,需要全体公民以诚相待、诚实守信;在讲解"养成良好的职业行为习惯"知识点时,介绍古人"吾日三省吾身""修身、齐家、治国、平天下"等核心思想理念,强调中职生应该通过内省和慎独,做到见贤思齐、崇德向善、躬行践履社会主义职业道德和职业精神,养成良好的职业行为习惯;又如,在讲解第四、第五单元时,教师可以介绍中国古代赵奢劝相国平原君"奉公守法"等故事,讲解"不以规矩,不成方圆"(《孟子》)、"治国无法则乱"(《吕氏春秋》)等名言所蕴含

① 张捷树.德育课加强中华优秀传统文化教育的问题与对策[J].职业教育,2017(8):27.
② 中共中央办公厅、国务院办公厅印发《关于实施中华优秀传统文化传承发展工程的意见》[EB/OL].[2017-01-25].http://www.gov.cn/zhengce/2017-01/25/content_5163472.htm.
③ 张捷树.德育课加强中华优秀传统文化教育的问题与对策[J].职业教育,2017(8):27-28.

的遵纪守法对国家稳定、社会发展的重要性，引导学生学传统文化，自觉维护宪法和法律的权威，把追求自由、平等、依法维护自己的合法权益与维护社会的公平正义紧密结合起来，做到扶正扬善、扶危济困、见义勇为；牢记"千里之堤毁于蚁穴""勿以恶小而为之，勿以善小而不为"等古训，防止违法违纪、避免违法犯罪。二要加强工匠精神教育，培育学生追求极致、精益求精的职业精神。当代经济的发展，需要中国企业重拾工匠精神。因此，在教学过程中渗透中华优秀传统文化教育，应该通过介绍中国古代的鲁班精神、"庖丁解牛"、"卖油翁"、黄道婆等追求极致、精益求精的工匠精神，鼓励学生把培育工匠精神与学习、践行社会主义核心价值观统一起来，把精益求精的创新精神、实事求是的科学精神、忘我工作的敬业精神等深深地植入职业精神的精髓中，在未来的职业生涯中坚持依法经营、创新创业、勤劳致富，为中国由制造大国向创造大国转变做到自强不息、敬业乐群。

（3）二年级上学期"经济政治与社会"课程教学中加强中华优秀传统文化教育，必须以引导学生树立正确的"历史观、民族观、国家观、文化观"，认同社会主义制度、中国共产党的领导、中国特色社会主义道路。要重点帮助中职学生在正确理解中华优秀传统文化与中国特色社会主义、中华优秀传统文化与社会主义核心价值观、中华优秀传统文化与中华传统美德之间的辩证关系，引导他们从对中华优秀传统文化的认同、内化、崇敬转化为热爱社会主义祖国的情怀，从理解源远流长、博大精深的中华文化转化为认同中国特色社会主义文化，进而认同中国共产党领导下建立的社会主义制度，坚定中国特色社会主义道路自信、理论自信、制度自信、文化自信，拥护中国共产党的领导、紧跟共产党走中国特色社会主义道路；同时，要分析批判当前社会出现的偷换概念的"宪政民主"论、"政治体制改革滞后论"和否定公有制、否定社会主义的新自由主义等反马克思主义的错误思潮。比如，在教学"社会主义基本经济制度与社会主义市场经济"知识点时，教师可以通过介绍《礼记》中"天下为公"的大同思想和洪秀全的"太平天国"、康有为的"大同世界"、孙中山的"三民主义"等，说明建立"以公有制为主体，多种所有制经济共同发展"的社会主义基本经济制度是中国人民和中华民族孜孜以求的梦想，从而启发学生认识到拥护社会主义基本经济制度是民心所向，是传承发展中华优秀传统文化的题中之义。又比如，在讲到"我国社会主义政治制度"知识点时，教师可以分析指出，历史上出现的西汉文景之治、唐代贞观之治、明代永宣之治、清代康乾盛世，重要原因之一就是政治清明，人民安居乐业;中国共产党代表中国最广大人民群众的根本利益,建立了人民民主专政的社会主义国家,其目的就是确保人民当家作主;由于激发了人民群众的主人翁精神,所以中国特色社会主义建设取得了举世瞩目的辉煌成就。这说明中国共产党的领导是历史的选择、人民的选择,是民心所向。再比如,在教学"社会主义核心价值观"知识点时,教师可以分析指出"中华优秀传统文化中'仁政'的治国理念,'选贤与能'的民主思想,'和实生物''和而不同'的发展理路,'天下为公'的社会理想,'刑政相参'的治国策略,'苟利国家、不求富贵'的爱国情怀,'敬业乐群'的职业操守,'至诚尽性''言而有信'的处世之道,'仁者爱人'的道德修为,对于我们所倡导和践行的社会主义核心价值观都是重要的理论预设和思想源泉。"①"我国今天的国家治理体系,是在我国历史传承、文化传统、经济社会发展的基础上长期发展、渐进改进、内生性演化的结果。"②进而引导中职生认识到,中华优秀传统文化讲仁爱、重民本、守诚信、崇正义、尚和合、求大同的时代价值,就在于启示中国人民和中华民族在当代要实现中华民族的伟大复兴,就必须培育和践行社会主义核心价值观,这是当代中华儿女认同中华民族、凝心聚力、同心同德的精神火炬。

(4)二年级下学期"哲学与人生"课程中加强中华优秀传统文化教育,一是"教学中应该结合辩证唯物主义主要观点教学,重在从世界观、方法论角度帮助学生认识中华文化中哪些是精华、哪些是糟粕,哪些应该传承、弘扬,哪些应该批判、抛弃,这是最为重要的。"③二是教学中要引导学生运用马克思主义世界观、方法论分析批判各种反马克思主义思潮,帮助学生深刻认识到违背客观历史事实的历史虚无主义、形而上学思维方式的"普世价值"论、偷换概念的"宪政民主"论、"政治体制改革滞后论"及否定公有制、否定社会主义的新自由主义等错误思潮的本质"是西方设置的学术陷阱,是西方扼杀中国的新阴谋,是西化、分化中国的新手段新策略",引导学生"始终保持理

---

① 孔宪峰.中华优秀传统文化的当代价值:兼论中国共产党关于传统文化的新认识[J].教学与研究,2015(1):77-80.

② 习近平在省部级主要领导干部全面深化改革专题研讨班开班式上的讲话[EB/OL].[2014-02-18].http://paper.people.com.cn/rmrbhwb/html/2014-02/18/content_1392087.htm.

③ 张捷树.德育课加强中华优秀传统文化教育的问题与对策[J].职业教育,2017(8):28.

论上的清醒和政治上的坚定"①,牢固树立正确的国家观、民族观、历史观和文化观,巩固建设中国特色社会主义共同理想。三要坚持把中华优秀传统文化教育与社会主义核心价值观教育紧密结合,鼓励学生在日常学习、生活和社会实践中以"合马克思主义精神实质"的行为规范积极参与"新中华民族精神的塑造"②。

(5)在三年级上学期"心理健康"课程教学中加强中华优秀传统文化教育,必须以消除学生传承发展中华优秀传统文化、学习和践行社会主义核心价值观的心理障碍为主要目标。无论是以讲座方式完成教学任务还是在中职学校改为 2.5+0.5 办学模式下有足够课时完成心理健康教学任务,教学中加强中华优秀传统文化教育都应该把握如下两个方面。一要围绕课程的知识体系,有计划地渗透中华优秀传统文化教育。比如,结合"成长篇"知识点的教学,用"天生我材必有用"等警句格言,鼓励学生在学会认识自我、悦纳自我的过程中树立成长成才的信心;结合"生活篇"知识点的教学,选用"负荆请罪""狄梁公与娄师德"等"和为贵"的中华经典故事,引导学生正确理解"天时不如地利,地利不如人和"的至理名言,重视在市场经济活动中构建和谐人际关系,做适应社会生活、自信快乐的幸福人;结合"学习篇"知识点的教学,选用"孟母三迁"等历史故事,引导学生掌握学习方法、实现有效学习;结合"职业篇"知识点的教学,讲解古代劳动人民创造性地修建长城抵御外敌巩固边疆、设计都江堰灌溉农田促进生产、开挖京杭大运河连接南北繁荣经济等经典事例,说明人民群众是历史的创造者,中职生在建设中国特色社会主义的伟大实践中,只要顺应党和国家大众创业、万众创新的发展形势,必将大有作为。二要贯彻因材施教的教育思想,结合学生所学专业的特点、学生的个性特点等加以区别。对于不同专业的学生,通过其言、行、举、止、兴趣、爱好、品行和智力等方面了解其性格特点,在教育中做到有的放矢,循循善诱。针对学生的性别特点、生理特点和心理差异,讲究教育策略,培养学生自尊、自信、自强的性格特点。比如,对于女生,教学中可以列举杨门女将、花木兰从军等故事,鼓励她们自尊自信、自强自立。此外,教师还要

---

① 丁晋清,莫凡.对当前社会七大错误思潮的评析及批判[EB/OL].[2014-04-13]. http://www.360doc.com/content/14/0414/08/7131956_368700138.shtml.
② 潘宇鹏,倪志安.论马克思主义哲学"塑造民族精神"的社会功能:基于以"实践思维方式"为建构原则的"马哲"新理论体系[J].教学与研究,2015(4):98-102.

贯彻师生民主、平等的教育理念,创设轻松、愉快、和谐的课堂氛围;多采用角色扮演、游戏、心理测评、案例评析等教学方法;应用现代教育技术,以增强教育的感染力。

3.优化和创新教学方法、教学环境,提升德育课教学的实效性

为了提高中华优秀传统文化教育的实效性,中职德育课教师在教学方法和教学环境方面,必须加强优化和创新,坚持"文化比较与讨论探究法相结合""人文实践与任务驱动法相结合""文化情境与角色扮演法相结合"。①

4.积极开展学科活动,帮助学生在传承中华优秀传统文化的活动中升华思想情感、坚定理想信念

(1)组织设计职业生涯规划、撰写政治小论文等学科竞赛活动

德育课应该结合每年一届的中职生文明风采竞赛活动,有目的、有计划地指导学生运用科学的世界观、方法论分析实现职业生涯成功的主客观条件,引导学生把自己的职业兴趣与我国经济社会发展需要结合起来,在传承、弘扬中华优秀传统文化和培育、践行社会主义核心价值观的统一中,确定自己的职业理想,坚定自己奉献中国特色社会主义事业的理想信念。

(2)参观革命纪念馆等爱国主义教育基地,开展革命传统教育

笔者所在学校地处的宁化县,既是客家祖地,又是红军长征起点县。红色文化和客家文化是加强中华优秀传统文化教育的两大特色资源。工作几十年来,笔者坚持每年清明节与学生一起参加继承革命传统教育的祭扫革命烈士墓活动,多次与本校师生一起参加宁化县弘扬客家文化的客家祖地大型祭祖活动。在活动的前后,笔者为所教学生设计好探究讨论题目,结合教材内容引导学生就如何继承宁化苏区人民为中国革命做出巨大牺牲的光荣革命传统和如何弘扬吃苦耐劳、艰苦奋斗、勇于开拓、不断进取、爱国爱乡、精诚团结、互帮互助等客家文化等问题展开讨论,让中职生在红色文化和客家文化的震撼和洗礼中净化心灵,升华爱国主义情感,引导学生把热爱祖国与热爱家乡紧密结合起来,把传承发展中华优秀传统文化落实到响应国家"大众创业、万众创新"的号召紧密结合起来,把艰苦创业、建功立业、建设美好家园与感恩亲情、回报家乡、报效国家紧密结合起来。

(3)开展社会实践活动,培养中职生弘扬中华优秀传统文化的自觉性

---

① 张捷树.德育课加强中华优秀传统文化教育的问题与对策[J].职业教育,2017(8):27-28.

中职德育课加强中华优秀传统文化教育,要特别注重实践教育、体验教育和养成教育,为中职生实现知识学习、情感培养和行为养成相统一搭建实践平台,以切实增强针对性、实效性和时代感。社会实践活动,既可以是学生在校园内劳动卫生实践活动,也可以是学生走出校门的参观性实习、跟随性实习和顶岗实习活动,还可以是运用所学专业知识、走进社区开展为民服务、美化环境、创建文明城市等实践活动。但无论是什么实践活动,德育课教师都应该积极参与、努力配合,做到从学科教学的角度给学生提出弘扬中华优秀传统文化、培育和践行社会主义核心价值观方面的明确要求;引导学生认识到人民群众从来就是社会实践的主体,也是实现文化创造、创新的主体,中职生应该走与人民群众相结合的道路,自觉地投身于实现中华民族伟大复兴中国梦的伟大实践中。

总之,中职德育课加强中华优秀传统文化教育是加强爱国主义教育、培育和践行社会主义核心价值观、培养中国特色社会主义事业建设者和接班人的重要举措,中职德育教师必须坚持深入研究、扎实推进、不断提高教学实效。

八、加强理想信念教育

习近平总书记指出:"人民有信仰,国家有力量,民族有希望","广泛开展理想信念教育,深化中国特色社会主义和中国梦宣传教育,弘扬民族精神和时代精神,加强爱国主义、集体主义、社会主义教育,引导人们树立正确的历史观、民族观、国家观、文化观"①。中职德育课加强理想信念教育,有利于帮助中职生确立崇高的共产主义、社会主义人生理想、实现职业生涯的成功,对于实现"从全面建成小康社会到基本实现现代化,再到全面建成社会主义现代化强国"②的战略安排、实现中华民族的伟大复兴中国梦具有重要的现实意义。新形势下加强中职生理想信念教育,德育课可以采取"以中国特色社会主义理论体系为指导,把握理想信念教育的正确方向""全面渗透中国特色社会主义建设成就教育,培养学生坚定的社会主义信念""大力开

---

① 党的十九大报告辅导读本[M].北京:人民出版社,2017:42.
② 党的十九大报告辅导读本[M].北京:人民出版社,2017:29.

展民族精神和时代精神教育,培养学生建设社会主义的坚强意志""重点把握共同理想和科学世界观教育,培养学生投身社会主义现代化建设的自觉社会责任"①等教学策略。为了培育中职生走中国特色社会主义道路的坚定理想信念,中职德育课必须坚持在课堂教学中加强正面引导,加强习近平新时代中国特色社会主义思想教育,加强传播革命领袖、优秀共产党员、科学家、道德模范、劳动模范的先进事迹和中国精神,引导学生见贤思齐,不断提高政治思想素质,不断增强"四个意识",坚定"四个自信"。

九、加强中国特色社会主义文化自信教育

习近平总书记在党的十九大报告中指出:"中国特色社会主义文化,源自于中华民族五千多年文明历史所孕育的中华优秀传统文化,熔铸于党领导人民在革命、建设、改革中创造的革命文化和社会主义先进文化,植根于中国特色社会主义伟大实践。"②所谓文化自信,就是"指人们对某种文化能够持续传承创新以适应社会发展,并且能够在与其他文化的交流交融交锋中始终保持自身的比较优势所持有的坚信不移的态度""在当代中国的语境中,文化自信主要包括两层含义:一是对马克思主义文化的自信,二是对中国优秀传统文化的自信。"③在开启建设富强民主文明和谐美丽的社会主义现代化强国的新征程新时代,对青少年加强中国特色社会主义文化自信教育,具有重大的现实意义和深远的历史意义,因为"中国的自信,本质上是文化自信。文化自信,是继道路自信、制度自信、理论自信之后,中国极为重要的第四个自信。"④"文化自信,是更基础、更广泛、更深厚的自信。"⑤"青年兴则国家兴,青年强则国家强。"⑥对青年学生加强中国特色社会主义文化自

---

① 张捷树.中职德育课加强理想信念教育的策略研究[J].职教通讯,2013(31):70-74.

② 党的十九大报告辅导读本[M].北京:人民出版社,2017:40.

③ 隗金成,房广顺:当代中国文化自信的深刻内涵与动力源泉[EB/OL].[2016-08-25].http://politics.rmlt.com.cn/2016/0825/437993.shtml.

④ 习近平谈文化自信:全党要坚定 4 个自信[EB/OL].[2016-07-13].http://news.hexun.com/2016-07-13/184904799.html.

⑤ 在庆祝中国共产党成立 95 周年大会上的讲话[EB/OL].[2016-07-01].http://news.xinhuanet.com/politics/2016-07-01/c_1119150660.htm.

⑥ 党的十九大报告辅导读本[M].北京:人民出版社,2017:69.

信教育,就是要教育引导他们坚定中国特色社会主义道路自信、理论自信和制度自信,立志为实现中华民族伟大复兴的中国梦而努力成为高素质劳动者和技能型人才。这是新时代中职德育课宣传贯彻落实党的十九大精神和习近平新时代中国特色社会主义思想和基本方略的重要使命。中职"哲学与人生"课程的性质和任务是"对学生进行马克思主义哲学基本观点和方法及如何做人的教育""帮助学生学习运用辩证唯物主义和历史唯物主义的观点和方法,正确看待自然、社会的发展,正确认识和处理人生发展中的基本问题,树立和追求崇高理想,逐步形成正确的世界观、人生观和价值观。"[①]这一性质和任务决定了当代中职德育课教师的教学任务是:在教学过程中采用系统的教学策略,通过培养中职生坚定的中国特色社会主义文化自信,引导中职生跟定共产党、永远听党的话,积极投身中国特色社会主义建设事业,为实现中华民族伟大复兴的中国梦放飞青春梦想、贡献聪明才智。为了完成这一教学使命,笔者通过总结反思近几年的教学实践,以"哲学与人生"课程教学为例,提出了德育课加强文化自信教育必须"营造正能量的文化气场,培养学生坚定的文化自信""强化课后训练,延伸教育平台,帮助学生在冷静思考、内化升华中巩固文化自信"和"正确运用检测手段,引导学生在理性思考、情感表达中升华文化自信"[②]等教学策略。

(一)营造充满正能量的文化气场,培养学生坚定的文化自信

课堂教学,是德育教师传播正能量、贯彻落实党的教育方针、坚持立德树人的主阵地。德育课教学营造充满正能量的文化气场,加强文化自信教育,首先必须高度重视课堂教学,"要以培养担当民族复兴大任的时代新人为着眼点"[③],坚持不忘教书育人初心,坚守立德树人的底线,把培养什么样的价值观与培养什么样的接班人紧密结合在一起,把中国特色社会主义文化自信教育与道路自信、理论自信和制度自信紧密结合起来。

---

① 教育部关于印发中等职业学校德育课课程教学大纲的通知(教职成〔2008〕7号)[EB/OL].[2008-12-10].http://www.moe.edu.cn/srcsite/A07/moe_950/200812/t20081210_79005.html.

② 张捷树.中职《哲学与人生》加强文化自信教育的教学策略[J].职业教育,2018(8):35-38.

③ 党的十九大报告辅导读本[M].北京:人民出版社,2017:41.

1.坚持世界观方法论教育与中华优秀传统文化教育相结合

（1）优化教学内容，加强中华优秀传统文化教育，培育中职生的文化自信

"文化自信是对文化的作用及其生命力、创造力、影响力的深度认同和执着信念。"①所以，加强文化自信教育，就是要引导中职生认同中华优秀传统文化的作用。

第一，把握哲学概念教学，帮助学生了解在漫长的历史长河中，无论是古代先贤，还是普通的劳动群众，都有着唯物、辩证的哲学思维和哲学智慧；通过中华优秀传统文化中的哲学智慧教育，引导学生在对中华优秀传统文化的认同和敬仰中，激发民族自豪感，树立起正确处理人与自然、人与社会关系的自信心。比如，讲解什么是唯物主义这一概念时，教师可以举《尚书·洪范》中记载的我们的祖先在治理水土等生产活动中萌发的关于水、火、木、金、土是世界的本原的唯物主义思想；荀子关于"天地之变、阴阳之化""天地合而万物生，阴阳接而变化起"的唯物主义思想；王夫之关于宇宙是由元气所构成的物质实体，认为"气者，理之依也""阴阳二气充满太虚，此外更无他物"等哲学思想，说明中国古代先贤就有了很高的哲学智慧。又如，在讲解联系概念时，举廉颇蔺相如的故事，讲解一代贤相蔺相如为了国家的整体、全局利益而不计个人得失、正确处理人际关系的方法论；讲到发展概念时，举孟母三迁、择邻而居、士别三日当刮目相看等故事，说明中国古代一般的将士、百姓就知道发展的重要性及如何实现发展的方法论。从而，帮助学生理解中华优秀传统文化中"自强不息、敬业乐群、扶危济困、见义勇为、孝老爱亲等中华传统美德"和"以文化人"等"中华人文精神"的重要性。再比如，在讲解个人理想和社会理想、正确的义利观、人的价值等概念时，可以介绍范仲淹的"先天下之忧而忧，后天下之乐而乐"、杜甫的"安得广厦千万间，大庇天下寒士俱欢颜"等名言，分析指出这些名人名言中所包含的"讲仁爱、重民本、守诚信、崇正义、尚和合、求大同等核心思想理念"②，蕴含着深刻的个人理想与社会理想的辩证统一的历史唯物主义道理。在这些概念教学中，教师可以进一步引导学生认识到，这些哲学智慧产生于生产生活实践，又给

---

① 蒋金锵.文化自信：中国自信的本质［EB/OL］.［2016-10-26］.http://epaper.gmw.cn/gmrb/html/2016-10/26/nw.D110000gmrb_20161026_1-13.htm.

② 中共中央办公厅、国务院办公厅印发《关于实施中华优秀传统文化传承发展工程的意见》［EB/OL］.［2016-07-01］.http://www.gov.cn/zhengce/2017-01/25/content_5163472.htm.

予生产生活以世界观、方法论的指导,中华民族正是凭着这些正确的思维和智慧,开启了生产实践、社会实践和科学实验的聪明才智,成就了四大发明、修筑了万里长城、建设了都江堰以开创"天府之国",创造了灿烂的中华文明;正是凭着这些正确的思维和智慧,中国的科学技术不仅促进了社会生产力的发展和中国经济社会的文明进步,而且于唐宋时期对世界科技发展的贡献率达到了 70%。从而,让学生认识到,这就是中华优秀传统文化的力量所在,这就是我们作为中国人最值得骄傲和自豪的历史丰碑!

第二,把握哲学基本观点教学,帮助学生进一步认识到中国古代的哲学思维和哲学智慧既是中华文化源远流长、博大精深的源泉,也是中华民族实现社会繁荣发展、文明进步的源泉;我们今天弘扬中华优秀传统文化,就是为了增强中国人的骨气和底气,实现中华民族伟大复兴的中国梦想。比如,在讲到要在对立中把握统一的矛盾观点时,可以举《淮南子·人间训》关于孔子对颜回、子贡、子路三人的评价,以及三人各有特长又听他调遣的回答"丘能仁且忍,辩且讷,勇且怯。以三子之能易丘一道,丘弗为也",说明孔子能够从对立中把握统一,掌握好处理问题的度,体现了一种很高的哲学思维和哲学智慧。正是这种哲学智慧形成了中华文化的包容性特征,形成了中华民族强大的生命力、创造力和凝聚力,孕育了源远流长、博大精深的中华优秀传统文化,滋养了历代优秀帝王,催生了大一统、文景之治、汉武盛世、光武中兴、开皇之治、开元盛世、贞观之治、仁宗盛世、洪武之治、永乐盛世和康乾盛世等盛世;正是这种哲学思维和哲学智慧,使得 56 个民族同心同德,形成了伟大民族精神,抵御了外族侵略,保卫了世代繁育的家园,实现了中华民族的繁荣发展、香火永续;正是这种哲学思维和哲学智慧,号召了历代皇朝末期波澜壮阔的农民起义,促成了优秀帝王的休养生息和励精图治,推动了生产力和生产关系、经济基础和上层建筑的矛盾运动,实现了中国社会的文明进步。在苦难深重的中国近代社会,伟大领袖毛泽东把马克思主义中国化,凝练出"实事求是"的哲学智慧,实现了"站起来"的伟大胜利;在建设中国特色社会主义时期,邓小平创造性地提出了"解放思想、实事求是"的世界观和方法论,开创了建设中国特色社会主义伟大事业的新局面,实现了"富起来"的伟大目标;以习近平为核心的党中央为了让中国"强起来",提出了"习近平新时代中国特色社会主义思想和基本方略",把哲学智慧发展到了新的高度,带领全国各族人民开创了建设富强民主文明和谐美丽的社会主义现代化强国的新时代。把马克思主义世界观、方法论的教学与中华优秀传统文化教育相结合,德育课教师通过情理交融的历史展示、循循善诱的科学说理,让中职生从内心深处为中华民族的哲学智慧及其伟大作用产生由衷的崇敬和自信。

(2)创新教学内容,加强社会主义核心价值观教育,帮助中职生坚定文化自信

坚定文化自信,必须"培育和践行社会主义核心价值观",因为"社会主义核心价值观是当代中国精神的集中体现,凝结着全体人民共同的价值追求"①。

第一,通过加强"以弘扬爱国主义精神为核心,以家国情怀教育、社会关爱教育和人格修养教育为重点"②的中华优秀传统文化教育,引导学生运用马克思主义的立场观点和方法理解中华优秀传统文化与社会主义核心价值观的客观内在联系,认识到中国共产党倡导的社会主义核心价值观是对中华优秀传统文化中核心价值观的传承、创新和发展;当代中职生认同中华优秀传统文化,就必须认同社会主义核心价值观。例如:在教学第四课时,为了讲清事物是普遍联系的哲学原理及要求我们用联系观点看问题的方法论,教师可以通过介绍2008年北京奥运会开幕式展示的中国古代孔子"礼之用,和为贵"、孟子"天时不如地利,地利不如人和"、中国商人"和气生财"、中国百姓"家和万事兴""君子和而不同"等"和"文化所蕴含的"人生发展不能没有人际和谐"的思想,教育学生认识到人际和谐是中华民族的宝贵文化传统,"和谐"是中华优秀传统文化中体现社会关爱的核心价值理念,它使得56个民族紧紧地团结在一起,汇聚起了以爱国主义为核心的团结统一、爱好和平、自强不息的伟大民族精神,共同创造了绵延不断的中华文明;我们今天弘扬以爱国主义为核心的伟大民族精神,并发展以改革创新为核心的时代精神,就是要为实现中华民族伟大复兴构建社会主义和谐社会。再如,在讲授第五课"发展变化与顺境逆境"时,除了充分利用课本中的感人事迹说明"要用发展的观点看待人生过程"和"要用发展的观点看待顺境逆境"外,可以补充中国历史上"盖文王拘而演《周易》;仲尼厄而作《春秋》;屈原放逐,乃赋《离骚》;左丘失明,厥有《国语》;孙子膑脚,《兵法》修列;不韦迁蜀,

---

① 党的十九大报告辅导读本[M].北京:人民出版社,2017:41.

② 教育部关于印发《完善中华优秀传统文化教育指导纲要》的通知(教社科〔2014〕3号)[EB/OL].〔2014-04-01〕.http://www.gov.cn/xinwen/2014-04/01/content_2651154.htm.

世传《吕览》；韩非囚秦，《说难》《孤愤》；《诗》三百篇，大抵圣贤发愤之所为作也"等在人生逆境中不屈不挠、顽强拼搏，取得令世人敬佩的成就的典型事例，帮助学生理解、认同中华文化中"正心笃志、礼义廉耻的人格修养"等核心价值理念；认识到中职生为了职业生涯的成功，必须传承和弘扬中华优秀传统文化中"正心诚意、厚德载物、进德修业、恪尽职守、刚健进取、自强不息、有所作为"的价值理念和进取精神。教育引导学生充分认识到在国际竞争日趋激烈、国内出现各种非马克思主义思潮的时代背景下实现中华民族伟大复兴中国梦的重要性和紧迫性，充分认识到只要是中国人就必须要有"天下兴亡，匹夫有责"的时代担当；充分认识到每一个中职生都应该做一个自尊、自信、自强的中国人，坚定中国特色社会主义文化自信，在社会主义核心价值观的引领下，顽强地克服学习生活中遇到的各种困难，以积极的心态面对人生境遇，并从"九层之台，起于垒土""千里之行，始于足下"的量变质变道理中，学会争分夺秒、日积月累地把握今天、放眼未来。从而，引导中职生完善社会主义职业道德，培育理想人格和社会主义职业精神，提升政治素养。

第二，引导学生运用马克思主义世界观、方法论正确认识中华优秀传统文化对实现中国梦的重要意义，深刻认识到在当代中国，传承和弘扬中华优秀传统文化就必须培育和践行社会主义核心价值观。例如，在教学第一单元关于世界是物质的、物质是运动的、物质运动是有规律的等知识点时，可以介绍《千字文》中的名言"天地玄黄，宇宙洪荒，日月盈昃，辰宿列张，寒来暑往，秋收冬藏，闰余成岁，律吕调阳，云腾致雨，露结为霜……"用来说明中国古代的先贤圣人已经揭示了天地一般的运行规律，指出规律是客观的，人类要真正获得改造自然、改造社会的自由，就必须在想问题办事情的时候坚持从客观实际出发、按客观规律办事，进而帮助学生认识到中华文化中对科学世界观、方法论的贡献；并鼓励学生在学习、生活和实践过程中，正确处理人与自然的关系。又如，在第七课"知行统一与体验成功"教学中，可以通过讲解中华文化中反映自强不息精神的典故，帮助学生认识到，源远流长、博大精深的中华文明，孕育了中华民族自强不息、厚德载物的宝贵精神品格，培育了中国人民以爱国主义为核心的崇高价值追求。中职生应该培育勇于创新、追求卓越的勇气和凝练善于精益求精、追求极致的智慧。再如，在讲第十一课"社会理想与个人理想"时，教师可以通过介绍我国历史上的《礼记》——"天下为公"的大同思想、洪秀全的"太平天国"、康有为的"大同世界"、孙中山的"三民主义"等思想家和政治家对人类社会未来前景的各种美好描述及人民群众的伟大实践,为马克思主义中国化的成果——毛泽东思想的产生和邓小平理论、"三个代表"重要思想、科学发展观和习近平新时代中国特色社会主义思想的形成奠定了坚实的历史积淀;中华优秀传统文化,为革命文化和社会主义先进文化的诞生提供了精神动力和智力支持。当代中职生,成长在中国特色社会主义理论指引下的伟大实践中,做一个有底气和骨气的中国人,就必须高举中国特色社会主义伟大旗帜,培育和践行社会主义核心价值观:必须坚持"自由、平等、公正、法治"的价值取向,既做到遵纪守法、维护公平正义,又培养自己"仁爱共济、立己达人"的社会情怀,学会"在复杂多样的联系中营造和谐的人际关系",做到求同存异、悦纳他人,养成诚实、善良、宽厚大度、乐于助人等品德,在尊重别人的同时,使自己成为受欢迎的人;必须从整体出发考虑问题,把社会主义核心价值观关于国家层面富强、民主、文明、和谐的价值目标,社会层面自由、平等、公正、法治的价值取向和公民个人层面爱国、敬业、诚信、友善的价值准则结合起来思考,把做一个合格公民与为社会的进步、为国家的繁荣富强做贡献结合起来,逐步提升思想道德境界,成为德才兼备的四有新人。通过分析指出对理想与现实认识上的两大误区,帮助学生理解理想与现实的辩证关系,通过重点讲解中华民族关于"艰苦奋斗"的优秀传统文化,毛泽东关于"两个务必"的革命传统文化、习近平关于"空谈误国,实干兴邦"的新时代中国特色社会主义思想等,引导学生弘扬以爱国主义为核心的中华民族精神,在艰苦奋斗中将理想转化为现实;从点滴做起,充分施展自己的聪明才智,使自己逐步达到人生的理想境界。

(3)创新教学内容,加强习近平新时代中国特色社会主义思想教育,引导学生以坚定的文化自信增强道路自信、理论自信和制度自信

加强习近平新时代中国特色社会主义思想教育,引导学生充分认识到弘扬中华优秀传统文化对实现中国梦的重要意义;引导中职生跟定共产党,做堂堂正正的中国人,为建设社会主义现代化强国、共筑中华民族伟大复兴中国梦放飞青春梦想。为了实现中国梦,以习近平为核心的党中央"从理论和实践结合上系统回答了新时代坚持和发展什么样的中国特色社会主义、怎样坚持和发展中国特色社会主义"的重大时代课题,"取得重大理论创新

成果,形成了新时代中国特色社会主义思想"①。在"哲学与人生"教学过程中,必须启发学生一切从实际出发,充分认识到"中国特色社会主义文化,源自于中华民族五千多年文明历史所孕育的中华优秀传统文化,熔铸于党领导人民在革命、建设、改革中创造的革命文化和社会主义先进文化,植根于中国特色社会主义伟大实践"②,为此,我们今天学习中华优秀传统文化、革命文化和社会主义先进文化,一要坚持唯物主义思想路线,深刻认识到我们中国人必须坚信中国特色社会主义文化,特别是马克思主义中国化的最新成果习近平新时代中国特色社会主义思想,把对中华优秀传统文化的崇敬和自豪转化为新时代爱国的热情和振兴中华的激情,在党的领导下昂首阔步走进社会主义现代化强国。二要坚持唯物辩证法的观点,正确理解习近平新时代中国特色社会主义思想与中华优秀传统文化之间的传承、创新与发展关系,坚定中国特色社会主义道路自信、理论自信、制度自信和文化自信。三要引导学生运用辩证唯物主义认识论观点,充分认识在习近平新时代中国特色社会主义思想指导下,中国特色社会主义伟大实践取得的巨大成就,充分认识到我们坚定文化自信与坚定道路自信、理论自信和制度自信的重要意义。四要运用历史唯物主义观点,"增强政治意识、大局意识、核心意识、看齐意识,坚决维护党中央权威和集中统一领导"③,正确处理个人与集体、社会和国家的关系,正确处理个人理想与社会理想、个人利益与集体利益及国家利益的关系,正确处理奉献与索取、主观与客观、个人价值与社会价值的关系。引导中职生运用历史唯物主义观点,确立对待中华文化的正确态度;掌握传承和弘扬中华优秀传统文化、坚定文化自信的方法。"坚持马克思主义的方法,采取马克思主义的态度,坚持古为今用、推陈出新,有鉴别地加以对待,有扬弃地予以继承,取其精华、去其糟粕"④,比如,在讲授第六课"矛盾观点与人生动力"时,充分利用中国优秀传统文化开展教育。教师应该引导学生运用矛盾的观点对待中华文化,必须坚持"取其精华、去其糟粕,扬弃继承、转化创新"和"开放包容、以我为主、为我所用"等原则立场,帮助学生确立对待中华文化的正确态度,在职业生涯发展过程中"推动中华优秀传统文化创造性转化、创新性发展,继承革命文化,发展社会主义

① 党的十九大报告辅导读本[M].北京:人民出版社,2017:18-19;40.
② 党的十九大报告辅导读本[M].北京:人民出版社,2017:18-19,40.
③ 党的十九大报告辅导读本[M].北京:人民出版社,2017:18-19,40.
④ 党的十九大报告辅导读本[M].北京:人民出版社,2017:18-19,40.

先进文化"①,分析批判各种非马克思主义的错误思潮,并通过讲好中国故事,为提升中华文化在国际社会中的话语权做出贡献。

2.优化教学方法,创设教育情境,帮助中职生在情理交融、精神振奋中确立中国特色社会主义文化自信

德育课教学加强中国特色社会主义文化自信教育,必须打破传统的教学思维定势,开展教学方法的改革与创新,以吸引学生的注意力,教育学生在快乐的学习中感悟传承和创新发展中华文化的重大现实意义和深远历史意义。为此,德育课教师必须"根据教学内容选择教学方法,让学生在情不自禁中产生文化自信","充分利用学校周边环境中的教育资源,让学生在心灵震撼中感悟文化自信","发现学生身边弘扬中华文化的先进典型,让学生在学习自信中坚定文化自信"。②

(二)强化课后训练,延伸教育平台,帮助学生在冷静思考、内化升华中巩固文化自信

德育课教学加强中华优秀传统文化教育和社会主义核心价值观教育,不能局限于课堂教学,应该把教育的平台由比较严肃的课堂教育向比较自由的课后交流延伸,向学生的日常生活渗透,通过中华优秀传统文化的全方位教育,把社会主义核心价值观教育融入中职生的学习、生活和日常行为等各个方面,逐步引导学生把社会主义核心价值观转化为情感认同和行为习惯,让充满正能量的思想政治教育产生持续性,并提高影响力和实效性。为此,德育课教师必须"开展任务驱动,引导学生在主题讨论中巩固文化自信","理论联系实际,引导学生在课堂讨论中巩固文化自信","教师点评归纳,引导学生在见贤思齐中巩固文化自信","引导学生正确运用互联网技术、在自我学习中巩固文化自信"。③

---

① 党的十九大报告辅导读本[M].北京:人民出版社,2017:18-19,40.
② 张捷树.中职《哲学与人生》加强文化自信教育的策略研究[J].职业教育,2018(8):36-37.
③ 张捷树.中职《哲学与人生》加强文化自信教育的策略研究[J].职业教育,2018(8):37.

(三)优化教学评价,引导学生在理性思考、情感表达中升华文化自信

一是尽量争取学校把德育学科列为考试学科,让学生引起重视。二是在考题的设计上认真对待,把所学学科内容的检测与传承创新发展中华优秀传统文化和学习践行社会主义核心价值观的情况检测结合起来。这样,既明确告诉学生德育学科不是可有可无的学科,又让学生明白,学习德育课必须和弘扬中华优秀传统文化、学习践行社会主义核心价值观紧密结合起来。通过这些考试题目的设计,让学生在学以致用中进一步思考如何运用马克思主义世界观、方法论指导职业生涯发展等人生重大问题,进一步引导学生从内心深处坚定中国特色社会主义的理想信念、价值理念、道德观念。

总之,在"哲学与人生"课程教学中加强文化自信教育,其最终目的就是要帮助学生实现思想政治素质的升华,帮助他们深刻地认识到"中华民族是历经磨难、不屈不挠的伟大民族,中国人民是勤劳勇敢、自强不息的伟大人民,中国共产党是敢于斗争、敢于胜利的伟大政党。"[1]中职生应该通过学习、传承和弘扬伟大的民族精神和时代精神,为实现中华民族伟大复兴的中国梦,跟定共产党,永远听党的话,坚定中国特色社会主义道路自信、理论自信、制度自信和文化自信,培育和践行社会主义核心价值观,立志做德智体美劳全面发展的社会主义建设者和接班人。

十、加强创新教育

习近平总书记在党的十九大报告中指出:"创新是引领发展的第一动力,是建设现代化经济体系的战略支撑。"[2]创新精神是中职生必须具备的职业精神,为了实现中华民族的伟大复兴,中职德育课必须贯彻落实党中央、国务院实施创新驱动发展战略,积极响应"大众创业、万众创新"的号召,在教学活动中加强创新教育,培养中职生的创新精神。这里结合德育课教学实践,就中职德育课在新形势下加强创新教育的意义、存在的问题及教学

① 党的十九大报告辅导读本[M].北京:人民出版社,2017:68.
② 党的十九大报告辅导读本[M].北京:人民出版社,2017:30.

对策进行研究。

(一)中职德育课加强创新教育的时代意义

"创新是知识经济的核心,创新教育必将成为教育改革的一个重点。"[①]中职生是建设中国特色社会主义事业的生力军,是重要的人力资源,对中职生加强创新教育,是深入实施素质教育的时代内涵,是实现中华民族伟大复兴的时代呼唤。

1.中职德育课加强创新教育是宣传贯彻中国共产党创新理论精神的要求

中国共产党在领导中国革命、建设和改革的进程中,形成了解放思想、实事求是、与时俱进、求真务实的思想路线,这一思想路线体现了我们党坚持创新,在创新中生存、发展、壮大、成熟的光辉历程。毛泽东思想就是创新的思想,正因为创新,才找到了中国革命的正确道路和方法,建立了新中国,建立了社会主义的政治、经济和文化制度,实现了中华民族"站起来"。改革开放的总设计师邓小平理论是创新的典范,他冲破了"左"的教条主义束缚,把马列主义基本理论同当代中国和世界的实际相结合,创造性地继承和发展了毛泽东思想,形成了具有中国特色的邓小平理论,使中国社会主义事业摆脱了困境,走上了复兴之路,实现了中华民族"富起来"。创新精神贯彻于邓小平理论的一切方面,学习和运用邓小平理论,就应该学习他的创新精神。党的十七大提出,要提高自主创新能力,建设创新型国家。党的十八大提出要实施创新驱动发展战略。习近平总书记在党的十八届三中全会,对全面深化改革做出了一系列的重要部署,并指出:"解放思想、实事求是、与时俱进、求真务实,是科学发展观最鲜明的精神实质。实践发展永无止境,认识真理永无止境,理论创新永无止境。"[②]这是全面深化改革的创新要求。在党的十九大报告中,习近平总书记指出:"中国特色社会主义进入新时代,意味着近代以来久经磨难的中华民族迎来了从站起来、富起来到强起来的伟大飞跃,迎来了实现中华民族伟大复兴的光明前景"[③],"创新驱动发展战

---

① 王定华.美国学校创新教育之观察与分析[J].创新人才教育,2015(2):13.

② 中共中央关于全面深化改革若干重大问题的决定[EB/OL].[2013-11-15].http://www.gov.cn/jrzg/2013-11/15/content_2528179.htm.

③ 党的十九大报告辅导读本[M].北京:人民出版社,2017:10.

略大力实施,创新型国家建设成果本项"①,为了实现中华民族强起来的梦想,我们必须建设创新型国家,必须对青少年加强创新教育。中职德育课加强创新教育,既是德育教师自觉宣传贯彻习近平新时代中国特色社会主义思想和党的十九大精神的表现,也是教育学生热爱共产党、热爱社会主义制度、热爱中国特色社会主义事业、在党的领导下弘扬创新精神、实现中华民族伟大复兴的客观要求。

2.加强创新教育是中职学校培养中国特色社会主义建设者和接班人的战略要求

《国家中长期教育改革和发展规划纲要(2010—2020 年)》指出:"坚持以人为本、全面实施素质教育是教育改革发展的战略主题,是贯彻党的教育方针的时代要求,其核心是解决好培养什么人、怎样培养人的重大问题,重点是面向全体学生、促进学生全面发展,着力提高学生服务国家服务人民的社会责任感、勇于探索的创新精神和善于解决问题的实践能力。"②这表明,培养创新精神是党和国家对各级各类学校培养中国特色社会主义建设者和接班人的战略要求。加快发展现代职业教育,职业院校要"培养数以亿计的高素质劳动者和技术技能人才"、要"推进人才培养模式创新"③。中职德育课加强创新教育,能够帮助学生提高对创新教育的认识,积极配合学校开展各个方面的改革创新,引导学生融入学校改革创新的教育教学活动中,为学校实现培养目标营造浓厚的学习氛围,引导学生逐步培养创新意识、创新思维、创新精神。

3.中职德育课加强创新教育的重要意义

"创新教育是一种教育取向,旨在激发人的创新意识、培养人的创新精神、开发人的创新能力。"④建设创新型国家、实现中华民族的伟大复兴,既需要高层次的科学研究人员,也需要数以亿计的高素质劳动者和技术技能型人才。中职德育课加强创新教育,有利于帮助中职生从思想灵魂的深处

---

① 党的十九大报告辅导读本[M].北京:人民出版社,2017:3.

② 国家中长期教育改革和发展规划纲要(2010—2020 年)[EB/OL].[2010-07-29].
http://www.gov.cn/jrzg/2010-07/29/content_1667143.htm.

③ 国务院关于加快发展现代职业教育的决定(国发〔2014〕19 号)[EB/OL].[2014-06-24].
http://www. scio. gov. cn/ztk/xwfb/2014/gxbjhzyjyggyfzqkxwfbh/xgbd31088/Document/
1373573/1373573.htm.

④ 王定华.美国学校创新教育之观察与分析[J].创新人才教育,2015(2):6.

树立为国为民建功立业的理想信念,在逐步提高政治思想觉悟和道德水平的潜移默化中,让创新意识、创新精神在心中扎根;激励着他们在专业课学习、实训活动、社会实践和顶岗实习中不断地培养、强化创新意识和提高创业能力。从而把中职生培养成为听党的话、报效国家、为建设创新型国家而不断开拓创新的时代青年。

(二)中职德育课加强创新教育面临的问题

当前,中职德育课加强创新教育面临一些问题,可以概括为以下几个方面。

1.传统文化的弱点阻碍着创新教育的发展

社会上流传着的安于现状的中庸思想和明哲保身的处世哲学不利于开展创新教育。在这些思想的影响下,有些企业不是千方百计开展技术创新、开发核心技术,而是通过非主流业务的投机行为获得收益;不是诚信经营,而是采取生产假冒伪劣商品、以次充好等违法手段获得利润;许多家长认为孩子的工作靠拼爹,所以不是教育孩子努力拼搏、掌握就业、择业和创业的本领,而是宁可自己吃苦,千方百计帮孩子积累金钱买房子、娶媳妇,托熟人、找关系为孩子找工作,等等。这些传统文化的弱点反映到中职生的身上,表现为缺乏学习的兴趣和激情,不愿意开动脑筋想问题,缺乏冒险精神和好奇心,不利于德育课开展创新教育。

2.中职学校办学的艰难制约着创新教育的开展

尽管党和国家对职业教育的重视程度不断提高,但是社会对职业教育的认可度至今还是比较低的。具有一定的办学规模是中职学校生存和发展的基础和前提,相当部分家长不愿意自己的孩子接受职业教育,这使得许多中职校,特别是农村中职校的办学步履艰难。为了学校的生存和发展,学校领导不得不给老师们分配招生任务,并且把完成招生任务的情况与教师的教育教学工作年度考核、评先评优、岗位竞聘等紧密地联系起来,实行一票否决。由于领导、老师在招生工作方面耗费了大量的时间和精力,加上评价机制存在的一些问题,必将影响和制约职业学校开展创新教育的研究与实践。

3.德育教师主观上的弱点影响着创新教育的实效

中职德育教师主观上的弱点,主要表现在:一是视野不开阔。由于学校领导普遍强调职业技能教育,而对德育工作不太重视,德育课教师外出参加国培、省培的机会很少,很难在视野更加宽广的环境中感悟创新教育的重要性、交流开展创新教育的有效途径。二是缺乏动力。社会对职业教育的偏见、招生压力及生源、专业的复杂性等因素相互交织,压得中职学校的教师喘不过气来,德育课教师与学校的其他教师一样,开展创新教育的积极性不高。三是教学方法比较陈旧。不少德育课教师,特别是老教师或者办学条件比较差的中职学校教师采用的教学手段比较落后,教学方法上缺少研究和创新,往往也比较难以形成创新教育的学习、研究氛围。

这些阻碍、制约、影响创新教育的问题,需要中职教师去面对并寻求解决的方法;德育课教师肩负着宣传贯彻党的理论、纲领、路线、方针、政策的使命,应该是先进职教理念的实践者和积极传播者,应该突破上述问题的困扰,率先开展创新教育。

(三)中职德育课加强创新教育的教学策略

中职德育课加强创新教育,必须顺应加快发展现代职业教育的形势,从更新职教理念入手,重视建构学生创新的知识结构、采用创新导向的教学方法、加强创新和批判精神教育,以唤醒学生的创新意识、开启学生的创新思维智慧、培养学生的创新精神、提高学生的创新能力。

1.优化和创新教学内容,构建创新的知识结构,唤醒学生的创新意识

中职德育课教学加强创新教育,必须把科学发展理念、大德育理念、大职教理念、追求卓越理念和成功教育理念等教育思想贯彻到必修课和选修课的教学过程中,帮助学生构建创新的知识结构,唤醒学生的创新意识。

(1)从学生所学专业出发,指导学生构建创新的知识结构

中职生的创新知识结构,主要是由基础知识、专业基础知识、专业知识、前沿知识、创新目标构成。从中职德育课教学的角度,构建学生创新的知识结构,一要从世界观、方法论的角度,引导学生认识到学好本专业的基础知识、专业基础知识、专业知识的重要性,引导他们运用现代信息技术了解本专业的前沿知识,思考创新目标,合理规划职业生涯。二要从德育学科教学出发,帮助学生构建有利于强化创新意识、培养创新精神和提高创新能力的知识结构。具体地讲,就是应该从构建的目标、标准、内容、态度、思维、方法等方面,进行全方位、多角度的思考和设计创新教育活动,以唤醒学生的创

新意识。

(2)加强科学世界观和方法论教育,培养学生的革命批判精神和创新能力

中职德育课教学开展创新教育,必须在整个中职教学过程中渗透唯物辩证法教育,加强辩证法的革命批判精神教育,培养学生不唯上、不唯书、只唯实的精神,培养学生敢于怀疑、敢于求真、勇于创造的精神;鼓励、引导学生把学习创新、工作创新、技能创新和能力创新与充分发挥所学专业特长有机结合起来,激励他们在未来职业生涯中充分发挥主观能动性,以积极创业、建功立业的实际行动,爱岗敬业、奉献社会和报效祖国。

(3)加强创新成果教育,激发学生创新创业的内在驱动力

要做到三个必须:必须在教学中突出马克思主义中国化最新成果教育以及在这一成果指导下所取得的建设中国特色社会主义的伟大成就教育,即必须突出习近平中国特色社会主义思想教育,让学生在学习中充分认识到创新是社会与民族进步的动力和源泉,中职生只有牢固树立创新意识、学会创新思维、提高创新能力,才能真正融入建设中国特色社会主义的伟大实践中,为实现中国梦最大限度地贡献自己的聪明才智;必须在教学中补充大量在工作岗位上积极进取、自主创新、艰苦创业并取得突出成绩的优秀共产党员、劳动模范、道德模范、杰出代表等先进典型事迹,分析创新意识、创新思维、创新能力在他们为社会创造物质财富和精神财富的实践中的重要性,激励学生向先进人物学习,立志通过自主创新、积极创业实现职业生涯的成功;必须把中职生身边的典型事例补充到教学中来,校运会上优秀运动员的奋勇进取、拼搏精神,科技创新设计比赛中优胜者特有的敢于怀疑、善于思考、独树一帜的勇于攀登精神,撰写征文、设计职业生涯规划作品等参加全国中职生文明风采作品大赛中获奖者身上体现出的精益求精、不懈努力的学习精神,社会主义市场经济中成功校友身上体现的开拓创新、服务奉献、敢拼会赢的价值理念,都是我们德育课教学可以充分利用的最有说服力的教育资源。

2.优化和创新教学方法,采用创新导向的教学方法,培养学生的创新精神

中职德育课加强创新教育,必须坚持改进教学方法,培养学生的创新意识及创新能力。

(1)针对德育课教学内容的特点,灵活选用教学方法,启发学生学会创造性思维

德育课教学要根据新德育大纲要求和新教材的特点,围绕三维目标确

定教学重点与难点,合理选用教学方法,通过采用案例教学法、头脑风暴法、任务驱动法、情景教学法、角色扮演法等方法,使学生在目标明确、积极参与、合作交流的过程中形成基本观点,树立创新意识、提高创新能力。

(2)通过问题探究、小组学习、课堂辩论等活动,点亮学生创新创造的智慧明灯

德育课教学应该引导学生充分认识到实现人的个性解放与全面自由发展对实现中华民族伟大复兴的重要性,并进一步认识到要对国家、民族有所回报,就必须认真学好本专业各学科基础知识、专业基础知识、专业知识,了解前沿知识,确立创新目标,以明确的创新意识支配自己的创新行动、创新实践;引导学生把创新与创业紧密结合起来,鼓励学生孕育创业梦想、编织创业梦想、实现创业梦想。

(3)优化和创新德育课评价模式,引导学生学以致用

德育学科的学业成绩,既要重视学生的试卷成绩,更要重视学生在运用所学知识分析问题、认识问题和解决问题过程中的创新意识、创新精神和创新能力的考核与评价;既要在传统的书面考试中,整体设计需要学生开展创新思维的问题,又要将学业考核与评价由书面考试延伸到德育学科专项作品设计,对于在设计专项作品中有创新精神的、善于思考、勇于创新的学生,给予加分,并合理确定其权重,以形成德育课学业考核与评价在加强学生创新教育方面的导向作用,让学生在长期的、系统的创新教育、创新氛围下培养创新意识、培养创新精神、锤炼创新思维品质、提升创新创业能力。

(4)让教学反思成为常态,让教学创新成为创新教育的示范

对中职生加强创新教育,需要教师在教育教学工作中身体力行进行创造性的劳动。让教学反思成为常态,能够引导学生充分认识到,强化创新意识、培养创新精神、提升创新能力,是把每一件事情、每一项工作做到最好的前提。让教学反思成为常态,教师在教学活动中的创新思想与创新行为,将对学生产生潜移默化、深远持久的影响,会让这种创造性思维与创造性习惯,在学生中相互影响、相互促进、共同提高。

总之,创新教育作为德育课教学目标系统的一个要素,还要通过思想政治教育、理想信念教育、中国精神教育、职业生涯教育、心理健康教育等各要素之间的相互渗透和相互促进,使之在学生的整体发展上达到最优化。随着创新教育的深入进行,中职德育课教学一定能够为培养高素质劳动者和技术技能人才发挥特殊的学科优势。

第六章　中职德育课提高实效性需要进一步深入研究的几个问题

中职德育课教师为了更好地完成德育课的历史使命,必须按照习近平总书记的要求,当好"人类灵魂的工程师""人类文明的传承者",担当起"传播知识、传播思想、传播真理,塑造灵魂、塑造生命、塑造新人的时代重任"[①],努力实现自身素质较大幅度的提升,积极主动地适应教育教学改革的重大决策,以确保德育课教学工作紧跟教育教学改革的步伐,确保稳定提高德育课教学的实效性。前面围绕中职德育课提高实效性问题,就中职德育课教师提高自身素质、进行教学改革、采取有效教学策略等问题进行了研究。本章从比较宏观的角度,对中职德育课提高实效性密切相关的中职德育课教师专业发展问题做进一步深入探讨,对大中小幼德育工作一体化、学业水平考试等问题,进行初步的探讨。

一、如何实现德育课教师的专业发展问题

中职德育课教师的专业发展问题,不能仅仅理解为专业理论素养的提高,不能仅仅认为能够把德育课上完就好;而应该理解为,这是德育课教师

---

① 习近平在全国教育大会上发表重要讲话[EB/OL].[2018-09-10].http://www.xinhuanet.com/politics/2018-09/10/c_1123406247.htm.

如何坚定理想信念,不断提高思想政治素质、专业理论素质、师德素质、职业素养和基本能力素质的问题,也就是中职德育课教师如何提高自身素质的重大问题,在此,笔者结合自己的教学经历谈谈体会。

(一)中职德育课教师必须牢记教学使命,通过全方位锻炼提升综合素质

1.必须巩固专业意识,坚定共产主义理想信念,不断提高思想政治素质和专业理论素质

(1)德育课教师信仰的力量,来自于牢固的专业意识

信仰的力量是无穷的,决定人们的日常行为规范和支配着人们做出各种决定;坚定的共产主义理想信念决定着德育课教师在日常生活和工作中的正能量言行,指导着我们在人生选择和价值选择中做出热爱中国共产党、热爱党的教育事业、热爱社会主义祖国、践行社会主义核心价值观的正确抉择。"理想信念是人的心灵世界的核心。有无科学的理想信念,决定了人生是高尚充实,还是庸俗空虚。"①思想政治教师,或称德育课教师,承担的使命是宣传贯彻党的理论、纲领、路线、方针和政策;中职德育课教师坚定的理想信念,来自于专业意识的不断巩固。改革开放以来,随着国外资本、技术的引进,以美国为首的西方国家利用其掌握、控制的先进的互联网技术,把资产阶级个人主义、利己主义、拜金主义、非马克思主义思潮、价值观通过各种途径渗透于我国的意识形态领域,企图通过和平演变推翻社会主义制度;在各种非马克思主义思潮的腐蚀下,有些意志不坚定的意识形态工作者思想意识开始动摇,出现了 1987 年前后的资产阶级自由化,发生过 1989 年的动乱、反革命暴乱,近几年出现的各种非马克思主义思潮在意识形态领域争夺马克思主义、社会主义话语权越来越尖锐。在意识形态领域的斗争长期存在、有时可能很尖锐、很复杂的情况下,对校园教师队伍的思想观念的影响也不小,非马克思主义思潮一直考验着我国思想战线的理论工作者和在学校担任政治课、德育课的教师的立场和信念。在几十年的工作中,如何上好政治课、德育课呢? 德育课教师如何巩固专业意识、坚定共产主义理想

---

① 《思想道德修养与法律基础》编写组.思想道德修养与法律基础[M].北京:高等教育出版社,2013:15.

信念？

　　一个有坚定的共产主义理想信念的德育课教师，不论意识形态领域的斗争有多复杂、多尖锐，都会自觉地巩固自己的专业意识，始终忠于党的教育事业。比如，笔者在面对各种复杂的社会现象和思想斗争时，经常回想起当年在福建师大长安山上的清华楼里，李传奇教授给我们讲中共党史的情境：他带着对中国共产党的无比崇敬给我们讲课，他对中共党史的熟悉掌握，加上他作为中共党史教授身上体现出的正气，体现出对共产党领导的无限信心，深深地震撼着我们每一个同学的心灵，笔者感觉学习政教专业特别有兴趣，在期末考试中成绩达 90 多分，在年段 200 名学生中名列前茅，被评为三好学生。带着这份兴趣，加上思想政治教育专业"政治经济学""资本论""马克思主义哲学""科学社会主义"等课程教授们忠于党的教育事业的执着和爱岗敬业的职业精神，笔者愉快地学习完了四年的思想政治教育专业课程，带着满满的自信心和正能量，离开了长安山清华楼，要求回到了比较偏僻的宁化师范学校开始了政治课教学、德育课教学的教师职业生涯，自信地宣传贯彻党的理论、纲领、路线、方针和政策。在三十多年的思想政治教育工作中，笔者始终信仰马列主义是无产阶级革命的真理，始终信仰马克思主义中国化的理论成果毛泽东思想、邓小平理论、"三个代表"重要思想、科学发展观、习近平新时代中国特色社会主义思想是指导中国革命、社会主义革命、中国特色社会主义建设事业的正确指导思想，中国共产党始终是领导中华民族和中国人民进行革命、建设、改革开放、"应对各种风险和考验"的"主心骨"[①]。因此，笔者在工作中，始终发挥着一位思想政治教育工作者的特长和作用，不断加强专业理论学习，从不间断党的会议精神、重要文件的学习，在学习中不断吸取思想政治教育工作者所必需的思想理论的精神营养，不断提高思想政治教育专业理论素养，不断丰富自己从事思想政治教育工作的精神世界，让自己保持积极进取、昂扬向上的精神状态；在大量的思想政治教育工作和不断的学习中，也让我在了解改革开放以来，特别是以习近平为核心的党的十八大以来取得的伟大成就中更加体会到中国共产党的伟大，更加体会到马克思主义理论、建设中国特色社会主义理论的强大生命力，更加巩固了思想政治教育的专业意识，不断提高了专业理论素养和思想政治素质，更加坚定了共产主义、建设中国特色社会主义的理想信念。

---

　　① 党的十九大报告辅导读本[M].北京：人民出版社，2017：17.

(2)有坚定信仰的德育课教师忠于党的教育事业,能够负重前行

一个具有坚定的共产主义理想信念的德育课教师,能够做到做人谦卑,行动伟大。现实生活中,现在人们所追求的不一定是古人所追求的衣锦还乡、光宗耀祖,而是追求知足常乐,比较注重提高生活质量。但是也有很多优秀的共产党员、优秀教师,他们为了学生的可持续发展,愉快地从事太阳底下最光辉的职业,愿意像一株小草、一棵小树,默默无闻,不辞辛苦,无怨无悔地付出。笔者没有他们那么伟大,但是也想向他们学习,虽然长期兼任处室的工作人员,但是始终不忘自己的专业,只要教学工作需要,一定愉快地接受教学任务,并出色地完成工作任务。由于教务处人手太少,尽管组织上任命我为副主任,但是我还是坚持在很多方面在内心深处把自己看作一个工作人员,既做好分工工作,也坚持做好工作人员的工作;同时,由于学校德育课教师长期偏紧,我坚持承担一个教师的完整工作量,坚持每周上 12 节课左右;由于中职学生难管,很多教师不愿意担任班主任,我便主动建议学生管理部门安排我担任班主任。要做好这么多的工作,而且是做好而不是应付了事,我只能牺牲大量的休息时间,因此我基本上没有什么周末、节假日的概念,几乎把大部分时间都投入到工作中去。2013 年春天,三明工贸学校开始启动福建省改革发展示范性申报工作,由于笔者已经协助廖校长申报并结题了中国职教学会德育工作委员会的课题,也已经成功申报了福建省职教学会的课题,并正在申报教育科学十二五规划课题,对校企合作、校企协同育人等问题有了一些接触,所以在 2013—2015 连续三年申报工作中,学校把申报书中教务处负责的"专业建设机制(1200 字)""重点专业建设(1200 字)""校企合作运行机制(600 字)""订单培养(500 字)""集团化办学(500 字)""技术服务(600 字)""实训设备与总值(500 字)""人才培养模式改革(1200 字)""课程体系建设与改革(1200 字)""课程内容开发与更新(1200 字)""专业带头人培养(800 字)""人工巧匠任教(500 字)""企业家参与(600 字)""社会组织评价(500 字)"等 14 块共 11600 字的文字材料的撰写、修改任务,交给了我;并具体负责了专业建设机制、校企合作运行机制、订单培养、人才培养模式改革、课程内容开发与更新等部分的佐证材料的收集工作。2013 年第一次申报时,由于时间紧,任务重,为了完成学校交给的重要任务,端午节放假三天,我就在学校工作了三天。后来由于学校招生人数达不到,所以连续两年都没有申报成功。2015 年,是福建省改革发展示范性申报的最后一年,根据学校的要求,再一次修改了申报书,并于当

年 9 月获得了成功,搭上了示范校建设的末班车,在创建工作中,学校成立了领导小组,下设办公室,笔者为办公室成员。三年来,参与申报工作的领导、干部和老师付出了巨大的心血与汗水,作为其中的一分子,加班加点的辛苦劳动深有感触,但是参与这一工作过程中,始终坚持认真学习习近平新时代中国特色社会主义思想,并以这一思想为指导思考加快发展现代职业教育,创建示范性、现代性职业院校的改革和发展问题,有了不少心得,这让我站在了更高层次、以更开阔的视野思考德育课教学如何提高实效性的问题。在学校廖校长、郭书记等领导的指导下,笔者的收获很大,特别是在如何根据企业用工的需要开展校企协同育人的问题、德育课如何开展专业教育的问题、德育课教学如何提高实效性等问题上,有了全新的视角和反思。2015 年 9 月,示范校申报成功,笔者又负责撰写了《福建省三明工贸学校福建省中等职业教育改革发展示范学校建设计划项目建设方案》第二部分(二、建设思路与目标,包括主要问题、指导思想、基本思路、建设目标)共7000 多字文字材料。2015 年 11 月,学校紧接着申报福建省示范性现代职业院校建设工程培育项目,学校根据工作需要,成立创建示范性现代职业院校领导小组,并下设办公室,由于工作需要,学校让我兼任办公室副主任(2017 年 7 月改为常务副主任),负责撰写申报书中由教务处负责的"办学机制(1200 字)""专业建设机制(1200 字)""主干专业建设(1200 字)""人才培养模式改革(1200 字)""课程体系建设与改革(1200 字)""课程内容开发与更新(1000 字)""专业带头人培养(800 字)""技术咨询与服务(600 字)"共 8400 字及预期建设成效等申报内容。在示范性现代职业院校《项目建设规划》编写过程中,重点负责了"办学机制""专业建设""师资队伍""服务能力"四大块的编写任务。这一次的申报工作要求更高,创建工作要求更严,但是在学校廖校长和郭书记的指导下,笔者虚心请教,努力写好"奋进之笔",完成了所有材料的编写任务。在紧接着的创建工作中,笔者兼任九加一项目中办学机制项目组的组长。

连续参与学校"两个示范校"申报与创建工作以来,我对中职学校的培养目标和中职德育课的教学目标有了更加深刻的理解,特别是让我深刻地认识到,要提高德育课教学的实效性,必须认真贯彻落实好理论联系实际的原则,无论是贯彻德育工作总的原则,还是开展德育课内容的教学或是选择德育课教学方法,教师都必须站在建设全国、全省一流中职学校的高度,以全方位、宽领域、新视角的姿态进行教学反思;认为中职德育课教学要提高实效性，必须进行教学内容、教学方法和教学环境的优化和创新，全面系统地推进习近平新时代中国特色社会主义思想进校园、进课堂、进头脑活动，让教学内容与学生将来要从事的职业要求紧密结合起来，使得教学内容更具有时代性和科学性，更加吸引学生，思想政治教育更加接地气，学生的学习积极性也得到了更好的培养；让教学方法更加适合中职学校各个专业的学生，更能够激发学生的学习热情，让习近平新时代中国特色社会主义思想进校园、进课堂、进头脑的德育课堂建设产生更好的教学效果；让教学环境更能够引导学生进入学习状态，更能够让学生对习近平新时代中国特色社会主义思想更能够产生情感共鸣，更能够认知德育知识、理解相关知识的内涵和要求、产生运用和践行的内在驱动力。也许有的教师会说，这些工作岂是一个副主任可以做的？起码应该是主任或学校领导做的。虽然所做的这些工作不一定很符合我自己在学校的身份、地位，但我认为，学校是共产党领导的学校，要培养的是社会主义事业的建设者和接班人，全校教师都应该以校为家。作为学校的普通教师和一般干部，应该和学校领导同心同德、齐心协力、聚智聚力，做到心往一处想、劲往一处使；只要学校教育事业发展需要，就应该努力发挥各自的特长和优势，积极支持学校领导的工作，做到从学校利益出发，坚持爱岗敬业、尽职尽责，为学校发展献计献策、发挥聪明才智。作为德育课教师，应该具有更强的事业心、责任感和使命感，在学校改革发展的关键时刻，更应该具有不计名利、倾心作为的劳动态度和脚踏实地、做人低调、做事严谨的工作作风。上述工作经历和深刻感悟，让我在德育课教学过程中更加尊重学生，更加重视运用赏识教育等成功教育理论教育引导学生；让我牢固树立民主平等的师生关系，在和谐愉快的氛围中实现教学相长。

2.必须坚持以生为本，保持热爱学生的高尚情怀，不断提高师德素质

教师工作，与其他工作不同，看不到物质成果，没有办法用物质财富来衡量和评价工作，工作的成就感要靠自己用心去体验。在教师工作中，思想政治教育课程的教学工作与其他学科的教学工作有很大的不同：其他学科的教学工作要么可以很明显地反映出学生在文化知识方面的进步和成长，要么可以在职业技能方面通过考证、参赛等反映出学生的专业特长和能力，相对来说教师更能够体验到教学工作的成就感。思想政治教育工作的教师，做的是人的思想教育、思想转化的工作，这方面的教学工作成绩并不那么凸显，就算你的教学工作卓有成效，也并不容易确定是德育课教师的成

绩,所以德育课教师的教学工作成就感更多的要靠教师的内心体验、要靠教师的无私奉献、要靠多年后学生的成长检验。那么,德育课教师要怎样才能保持教书育人、立德树人的高尚情怀呢?

　　支撑政治课教师、德育课教师坚守教育阵地的精神支柱,就是深刻理解和践行习近平新时代中国特色社会主义思想关于增强"四个意识"、坚定"四个自信"的理想信念,就是忠于党的教育事业、坚定地信仰共产主义的理想信念,其中最重要的一点,就是将这些理想信念化作心中装着学生,热爱学生,为学生的成长进步高兴,把学生的成长与自己的成长结合起来,实现教学相长的教育教学行为。我们忠诚于党的教育事业,就要把将学生培养成为德智体美劳全面发展的建设中国特色社会主义事业的建设者和接班人的教育教学目标牢记于心,把热爱学生、关心学生的进步、帮助学生健康成长,坚持教书育人、立德树人当作自己的第一要务;而不是将自己的教学工作是否得到了肯定、是否获得了什么荣誉放在首位,也不应该计较付出的劳动是否得到了报酬,得到的报酬多少是否与付出的劳动量相适应。德育课教师要加强与学生的接触,除了多承担教学工作以外,就是要多承担班主任等学生管理工作,通过多做学生教育管理工作,时刻了解学生的思想动态、学生的学习生活需求,科学设计和及时调整教学设计,及时设计专题教育内容并选择好教育方法,让思想教育达到最佳的效果。基于这样的教育思想理念,笔者在三十多年的教师职业生涯中,除了坚持多上课、上好课外,积极主动地承担过政教处生指工作、办公室保卫工作和宣传工作,并先后在学校举办中师时期兼任过 1985 级(2)班、1987 级(6)班班主任,在学校举办中职学校以来兼任过 2003 级(2)班、2005 级(3)班、2010 级华冠班、2012 级电子电器应用与维修 2 班、2014 级学前教育 1 班、2017 级学前教育高考 1 班等班主任。在这些班主任工作中,既感受到学生管理工作的酸甜苦辣,也让我与学生保持密切的联系。一方面,由于教师的心中装着学生,时时、事事关心着学生,教师与学生的感情也会更加融洽,与学生接触、做好学生思想教育工作的思路也会更加清晰、方法也会更加灵活有效;另一方面,在长期的班主任工作中,教师对学生的关心、爱护的使命感、责任感会更加强化、更加升华,也更能够做到及时地肯定、表扬和赞赏学生的成长进步,从而融洽师生感情,实现教学相长、共同进步。

（二）必须加强职业教育研究，积极参与学校的改革与发展，不断提升职业素养

中职学校的所有教师，都必须提高职业素养，都必须做到站在加快发展现代职业教育的高度开展教育教学工作。如果教师的职业素养比较高，教学工作就有中职教育特色，不仅符合党和国家的要求，而且能够受到学生的欢迎。中职德育课教学，由于其性质和目标，理论性会比较强，与中职生的距离会比较大，为了缩短这一距离，德育课教师必须提高职业素养，努力把习近平新时代中国特色社会主义思想教育与职业教育紧密结合起来，加强职业教育。只有这样，才能拉近教师与学生的距离，让不同专业的学生都能够与教师的教学工作产生思想共鸣，形成以习近平新时代中国特色社会主义思想为行动指南、为实现中华民族伟大复兴中国梦、为建设富强民主文明和谐美丽的社会主义现代化强国而不懈奋斗的思想共识，进而提高德育课教学的实效性。那么，德育课教师要怎样做才能不断提高职业素养呢？

1.加强职业教育研究，提高职业教育的站位

加强职业教育研究，我们必然会学习党和国家关于大力发展职业教育的文件，提高从事职业教育的政策水平；我们也会学习现代职教理论和职业教育教学方法，加强教学工作的职业性，适合中职学生发展的需要，同时掌握德育课教学渗透职业教育的方法。走教科研相结合的道路，这是中职德育课教师健康成长的正确道路。但是，许多中职教师参与课题研究，用心不够，只想挂个名，能够评职称就好，高级评上以后就更没有动力了。加强职业教育研究，必须以课题为纽带，围绕中职德育课提高实效性、加强学校德育工作、完成立德树人根本任务这一崇高使命，参与或主持课题研究，在一定压力下定期完成一定的研究任务，解决一定的实际问题。比如，笔者在最近八年，先后主持完成了四个省级课题，作为核心成员参与完成了一个中国职教学会德育工作委员会的课题、一个省职教学会课题和一个教育科学十二五规划课题。在主持或参与完成这些课题的过程中，必定付出大量的劳动和心血，也肯定是很辛苦的。但正是这些潜心的研究、辛苦的付出，让教育科研为提高教学质量服务，让职业素养得到真正的提升，也会从内心深处感受到教师工作的快乐感、幸福感和成就感。

2.加强社会实践,增长职业教育的见识

在国务院的相关政策法规中规定了中职教师到企业实践的要求,省一级国家权力机关对中职教师到企业实践、调研做出了明确的规定,到企业去实践和调研是中职教师的权利和义务;通过到企业实践、调研,我们能够了解现代企业的生产经营情况、现代工艺技术,可以了解企业对中专毕业生在思想品德、职业道德、职业精神方面的要求,从而提高德育课教学的针对性和实效性。为了提高职业素养,笔者积极开展了到企业实践调研的活动。在最近的几年先后到学校周边地区的私营企业福建省宁化县利丰化工有限公司、福建省宁化县永盛竹木制品有限责任公司和福建金亿电子有限公司、福建省省委、省政府重点扶持企业宁化县月兔科技有限公司等企业进行了实践、调研活动,特别是 2016 年 9 月 8—12 日,根据学校安排组织学生到工业园区开展顶岗实习活动,对现代企业的生产工艺流程、新材料、新技术有了更多的了解,对现代企业的用工标准,特别是职业道德和职业精神方面的要求,有了大量的了解,这些收获,非常有利于上好供用电专业、电子电器应用与维修专业、机械自动化专业和电气自动化专业学生的德育课,有针对性的德育课教学大大提高了教学吸引力,提高了教学的实效性;还利用近几年担任学前教育专业学生班主任需要带队到幼儿园见、实习的机会,也对沐浴着新时代中国特色社会主义思想快乐成长的幼儿特点、幼儿园的一日活动、五大领域活动有了更多的了解和研究,这对于上好学前教育五年专学生和学前教育高考班学生的德育课来说意义重大,这些实践、调研活动让我们大长见识,德育课教学更有了针对性,也更有了上好专业德育课的底气和自信心。

3.参加高层论坛、校际交流,拓宽职业教育的视野

2013 年起,有幸参与学校创建"两个示范校"的机会和工作需要,在校际交流、参观考察职业院校、现代企业的过程中不断提升自己的职业素养。由于担任学校创建福建省改革发展示范校办公室成员、创建福建省示范性现代职业院校办公室常务副主任和办学机制项目组组长的工作需要,笔者先后于 2016 年 4 月 8—10 日,跟随学校廖善星校长到厦门信息学校参加了2016 厦门—台湾现代职业教育论坛、考察了厦门技师学院、集美职业中专学校;2016 年 5 月 6 日到大田职专开展了示范性建设调研活动;2016 年 7 月 16 日,跟随廖校长到尤溪职专学习交流示范校建设经验;2016 年 11 月25—29 日,跟随分管创建工作的张明森副书记到福州参加"现代学徒制·

工匠精神"研讨会,并到泉州、晋江、石狮、厦门、龙岩等企业调研人才市场需求,并跟踪毕业生,与毕业生举办了多场座谈会。这些学习、调研、考察、交流活动,让我对中国特色社会主义进入新时代以来职业院校加快发展现代职业教育所取得的办学成果有了更多的了解,并在新时代如何提升德育课实效性方向开阔了视野,不仅提升了职业素养,而且为上好德育课掌握了大量第一手资料,为提高德育课教学的实效性奠定了坚实的基础。

4.参加国家级职业素养培训,提升职业教育的水平

近几年,由于学校领导班子领导有方、有水平、有魄力,全校上下开拓创新、聚智聚力,2015 年 9 月,学校被确定为福建省改革发展示范校、于 12 月被确定为示范性现代职业院校建设工程培育学校,所以学校近几年外派教师参加各级培训的经费比较充足。笔者于 2016 年 6—7 月有幸参加了同济大学全国重点建设职业教育师资培养培训基地举行的"福建省三明工贸学校骨干教师综合素质提升培训班"培训,听取了邬宪伟校长、杨黎明教授、梅泓主任等我国职业教育一流专家的专题讲座,在他们的启发和指导下,突破了传统的思维定式,拓展了思维的时空界限,充分理解了职教名师的内涵及其成长要素,感悟到人才培养模式的建构遵循社会主义市场经济规律、教学模式的改革遵循人才成长规律、专业素养和职业技能的培养遵循职业教育规律的重要意义,深刻地认识到,德育课教师必须在教育教学工作中铭记邬校长关于"凡是能够成为专家或名师的都是在能力边缘的极限上工作后锻炼出来的"的名言,必须在"学识""师德""教法"等三个方面加快教师专业发展,努力成为名副其实的职教名师;必须加强职教形势的学习和研究,"认识中国发展的新常态—转型与创新","把握职业教育新机遇—建设与创新","面对师资队伍新挑战—培养与创新";在教育教学改革进程中,必须遵循教育理念的改革→教学模式改革→教学内容改革→教学方法改革(杨教授语)的思路,对教学改革进行系统思考、形成整体方案,使整个教学过程在先进教育理念的指导下循序渐进,教学模式适合专业特点,教学内容符合职业要求,教学方法能够激发学生的学习兴趣、提高教学的实效性;在具体的教学工作中,要执行好教育理念,坚持教学反思,加强教学设计,争取做到每一节课都让学生受到最好的教育;为了提高课堂教学的实效性,要提升"职业化心态""职业化能力""职业化素养",并不断提高教学监控能力;在加强教育科研工作方面,要好好思考、研究落实好"为什么做教育科研(WHY)""教育科研做什么(WHAT)""教育科研怎么做(HOW)",必须把互联网技术,

用到教学设计、教学过程和教育科研工作中,以全面提升教育教学实效性和教育科研的水平;在示范校和示范性现代职业院校的创建活动中,必须明确"示范什么——对接区域经济发展""教什么——课程体系的构建""怎么教——职教的教学方法",站在学校的高度认真思考学校办学中服务当地经济社会发展的问题,为了建设好示范性专业科学合理地构建课程体系,从示范校的高度要求选择合理有效的学科教学方法。通过上海培训获得的这些心得体会,职业素养得到了进一步的提高,为进一步提高德育课教学的实效性开阔了视野,奠定了基础。

2017年7月31日至8月5日,笔者又有幸参加了在电子科技大学举办的"福建省三明工贸学校骨干教师与管理人员专题培训班",完成了成都培训。培训过程中,我们先后听取了成都技师学院质量管理科科长江辉做的报告:专业评估模块(事例);蜀兴职高发展规划室主任吴娟的报告:现代学徒制建设模块(加案例);电子科技大学教务科长刘莹做的报告:互联网+复合型人才;赵卫东副教授做的报告:团队建设与九型人格;龚丽萍副教授做的报告:职业学校学生综合素质评价;王敏副教授做的报告:创新与创业教学方法及课程开发;张徽燕副教授做的报告:教师职业生涯发展与管理;成都技师学院成都工贸职业技术学院汽车互联网专业群建设团队成员曾昭伟做的报告:如何开展专业群建设及案例。这些教授们的报告,让我们在如何解决我们学校办学过程中面临的一系列问题上开阔了思路、提供了启示,也为我们在不同专业学生的德育课教学中如何实现习近平新时代中国特色社会主义思想进课堂、进学生头脑提供了现代职业教育理论支撑,为进一步提高德育课教学的实效性提升了教师职业素养。同时,我们还参观了成都一汽大众、电子科技大学大数据中心,亲临了现代化的流水线,感悟了在习近平新时代中国特色社会主义思想指引下所诞生的高科技的震撼力。通过培训,笔者更加坚定地认为,要在新时代上好中职德育课,必须强化科学发展、一切为了人民、人人都是人才、教学相长、全方位育人、敬业奉献等教育理念,必须强化教师自强不息理念、坚持校企协同育人理念等,必须坚决反对理论与实际相脱离、浮躁和虚假的工作作风,反对马马虎虎、停留在简单表面、安逸享乐、不求创新等思想观念。

5.参加省际交流活动,明确加快专业发展的重点

2015年3月至6月,为编制福建省"十三五"教育发展规划,福建省教育厅给职教中心下达重点课题"福建省职业院校'双师型'教师队伍建设",

为编制福建省"十三五"教育发展规划、就我省职教师资队伍建设的发展目标、主要任务和政策保障措施等提出建议,笔者有幸应福建省职教中心的邀请作为农村中职学校的教师代表参加了这一重点课题的研究工作。2015年 4 月 26 日,笔者与福建省职教中心教研部主任游金水、福建信息学院教务处长李宏达教授组成福建省职教中心双师型教师队伍建设重庆调研组,飞达重庆,开展了为期 3 天的调查研究活动。我们首先调研了重庆市教科院职教所,并在重庆市教科院职成所的谭绍华副所长、办公室周永平主任陪同下,重点调研了重庆市第二批国家级示范校北碚职教中心、重庆市首批国家级示范校重庆工业职业技术学院。本次调研活动,笔者在省职教中心教研部游主任的具体指导下,完成了调研报告的初稿。在撰写调研报告及后面的几次讨论中,笔者对中职文化课教师的双师型问题进行了思考,特别是对中职德育课教师如何成为双师素质和双师证书有机结合的现代职教师资方面进行了思考,认为虽然当前教育主管部门所提的"双师型"教师主要是指专业课教师,但是德育课教师为了在培养德智体美劳全面发展的高素质劳动者和技能技术型人才方面能够建功立业,必须自加压力,选择某一个方向,比如说开展创业培训方向,不断提高自己的职业教育素质,考取培训资格,参与创业培训,在服务当地经济社会发展方面,发挥德育课教师特有的专业特长;同时,把创业培训方面的知识运用到职业生涯教育课程教学中,把创业培训的一些教学方法,比如运用头脑风暴等教学方法到德育课教学中来,使自己朝着真正双师素质方面加快专业发展。调研工作完成后,受到省职教中心杨运齐主任的委托,对总报告进行过整理和修改,在杨主任的指导下,对我省职业院校的"双师型"教师队伍建设问题有了更多的认识。在上述的这些学习、交流、研究活动中,笔者的职业素养得到了提高,对于提高德育课教学的实效性有了重要意义。

(三)勇挑重担,做好学校要求的各项工作,不断提高教师能力素质

中职德育课教师的专业发展,除了思想政治素质、师德素质、职业素质的提高,还应包括教师能力素质的不断提高。中职德育课教学实效性的提高,要求德育课教师提高多方面的能力。关于中职德育课教师应该具备的能力,在本书的第四章"中职德育课教师提高自身素质是提高教学实效性的前提"中的第四点"基本能力素质"进行了重点讨论。那么,我们应该如何提

高这些能力呢？笔者以为，中职德育课教师在通过学习提高思想政治素质、师德素质、职业素养的同时，必须通过承担多方面的工作，让这些积累的知识素养转化为我们的工作能力。

一个人的能力不是与生俱来的，而是通过后天的学习和锻炼形成、提高的。中职德育课教师的能力是多方面的，这些能力应该怎样培养呢？

1.有正确的工作态度，获得更多的发展机会

所谓要有正确的态度，就是承担工作不能把"名"和"利"放在首位，而应该把党的事业、学生的学习和学校的发展放在首位。如果我们把"名"和"利"放在首位，肯定在领导布置工作时会讨价还价，表现出不太甘愿的神情，无论是学校干部还是一般同事，对你的印象肯定不好，以后领导肯定难以信任你，同事也会不愿意与你共事，那么你肯定就会失去很多发展机会，不利于你的成长。在过去几十年的工作中，笔者可以肯定地说，从来没有推脱过学校领导布置的工作，所以让我有了很多学习、锻炼的机会，各方面的工作能力也就得到了锻炼。

2.不怕苦不怕累，在奋力拼搏中提高工作能力

你工作越认真，你的锻炼机会就越多，你可能就会越辛苦。但是，你答应了的工作，就必须认真完成，否则将会影响学校的工作和教师个人的信誉。在三十多年的工作中，虽然一直都很辛苦，但是我从来不怕苦，更不叫苦。比如，我参加工作的第二年开始协助办公室廖主任负责保卫工作和教职工政治学习，当时学校对面汽车技术学校的男学生经常骚扰我们学校的女生。为了保护学生，我经领导批准，成立了由各班级男生班干部组成的护校队，加强校园巡逻，发现异常现象，及时处理或报告学校领导处理，学校处理不了的就报告执法部门处理。我虽然首创组建了护校队，但是因为不放心，就陪着学生干部经常值班。尽管这样，我从来没有影响上课，而且还做好了班主任工作，这些一起值班的学生干部，由于敬佩教师的工作精神成了学习政治课的积极分子。1987级6班在升入二年级时，学校要压缩一个班，原本要将第六个班解散，但是因为笔者用心摸索班主任工作规律，用心营造学习氛围，担任班主任的这个班学习成绩在六个班中最好，而且被评为先进班级，领导不忍心解散，所以被完整地保留，只能分解其他班级。三十年过去了，学生谈起当时分班的事情，对班主任还充满感激之情，认为老师在班主任工作中教会了他们在班级管理中如何抓重点、如何培养学生的集体荣誉感、积极进取精神和团队协作精神等工作方法，让他们在几十年的职

业生涯中工作得很顺利,也取得了很满意的成绩。将近三年的保卫工作、生指组组长和班主任工作经历,让我养成了统筹兼顾各项工作的思维习惯和脚踏实地的工作作风,教学工作能力和德育工作能力都得到了较大的提高。又如,在学校由中师改为中职以后的前十年,学校以举办综合课程班为主,也就是一大半的学生是参加六月份高考的。为了学校的发展,笔者主动申请上高中课程,连续上了五届高三毕业班政治课,担任过 2003 届、2005 届两届班主任,坚持每天陪着学生晨读,其中 2005 级(3)班学生选报文科体育,很多教师不愿意下班,我只好连续两年每周坚持下四个晚班,除了坚持每天五点半起床到校检查晨读外,坚持晚上从七点到十点半连续辅导学生。由于班主任的关心、爱护,学生特别懂事,他们勤奋好学,有的甚至到了苦心孤诣的程度,尽管他们文化基础知识比较差,但是在教师们的共同努力下,高考取得了好成绩。比如 2006 届的班长李琴、团支书邓荣富和 2008 届的聂清水等同学,应届就考上了本二。再比如,在 2010 年以来的八年时间里,学校完全举办中职专业,由于学生文化基础较差,自觉性较差,很多教师不愿意当班主任。笔者虽然年纪越来越大,2013 年学校又任命我为教务处副主任,主要分管升学年段工作(综合课程班停办两年后,学校又开始举办对口升学班),尽管每年的教学工作量都在每周 10 节以上,加上申报改革发展示范校和示范性现代职业院校项目,工作量大,但是我在班主任人手比较少的情况下,还是主动接受学生管理部门的邀请担任班主任工作任务,并先后担任了 2010 级华冠班、2012 级电子电器应用与维修(2)班、2014 级学前教育五年专 1 班班主任,现在还兼任 2017 级学前教育高考 1 班班主任。在这个过程中,由于承担的工作项目多、工作量大,得到的锻炼也最多,笔者的德育课教学工作能力、德育工作能力、创建工作能力、职业教育能力、学校德育研究能力、名师工作室建设能力、市学科带头人培养能力、主持市德育中心组工作能力等各方面的教师工作能力都得到了全方位的锻炼,我也真正地比较成熟起来。

德育课教师的专业发展问题,不是局限于德育课教学方面的专业发展问题,而是要在习近平新时代中国特色社会主义思想指引下,立足于学校职业教育改革与发展的全方位、宽视野、高标准的专业发展问题,需要德育课教师根据党的教育事业发展需要,深刻领悟习近平新时代中国特色社会主义思想,认真贯彻党的教育方针和中职德育大纲、德育课教学大纲、学业水平考试大纲精神,打破常规思维,积极参与学校各项工作,创造性地开展工作,并在努力实现习近平新时代中国特色社会主义思想进校园、进课堂、进头脑的教育教学实践锻炼中提升自己各方面的工作能力。

(四)加大教师培养力度,促进德育课教师加快专业成长

2017 年、2018 年,福建省职教中心连续举办了全省性教学技能竞赛。2017 年,福建省教学技能竞赛"职业道德与法律"项目竞赛在龙岩市上杭职业中专学校举行,笔者因所在学校夏小兰老师参赛,学校委托我带队参赛,有幸观看了所有选手在教学片段的风采展示;2018 年,由福建省职业技术教育中心主办的 2018 年福建省中等职业学校教师教学技能暨班主任基本功竞赛"职业生涯规划"赛项,在省职教中心洪娴娜等老师精心、严密的组织协调和承办学校的大力支持下,于 2018 年 6 月 27 日至 29 日在漳州市漳州第二职业中专学校赛点成功举办,本人荣幸地应邀担任"职业生涯规划"赛项的命题专家和评委组长,与福州旅游职专施莉明、福建建筑学校黄晓玲、集美工业学校纪慧如、漳州第二职业中专学校马艺灵等几位高级讲师一起担任评委工作。从连续两年的德育课教师教学技能竞赛来看,竞赛选手的表现基本能够反映出福建省当前德育课教师队伍素质的现状。

1.德育课教师队伍有很好的领头羊和骨干教师,教师的专业发展有很好的教研环境

连续两年的教学技能竞赛,大部分参赛选手态度端正,精心准备,亮点频出,精彩纷呈。一是多数参赛教师的教学基本功比较扎实。表现在:多数教师的教学设计环节比较完整,教材分析比较准确,有明确的、比较准确的教学目标和教学重难点,教学方法比较灵活;多数教师在课件制作和片段教学中,能够熟练地运用现代教育技术辅助教学。二是大多数参赛教师在整个比赛过程中态度很端正,很严谨,很有激情。表现在:大多数选手的教学设计环节很完整,书写很工整;课件制作很精美,很巧妙;片段教学很生动,年轻教师激情澎湃,多位中年以上教师精神焕发,整个赛场充满正能量,体现了德育课教师特有的精气神。三是多数参赛教师教育理念比较先进。表现在:教师在处理教材方面和选择教法方面比较灵活,时代性、科学性很强;教师从教学设计到课件制作,再到片段教学,体现出政治理论素养和职业素养都比较高,有利于确保德育课教学质量。四是整个参赛过程中体现出多数参赛教师既有创新精神,也有精益求精的工匠精神。这些选手是各个中职学校推荐,经过市赛选拔后参赛的教师,他们的参赛精神反映出团队协

作、精益求精的工作态度和职业精神,他们一定能够在自己的学校开展集体备课、相互学习、共同切磋的教研活动,并起到示范引领作用。

2.德育课教师的教学基本功也存在一些薄弱环节,教师的专业发展有待进一步提高

少数参赛选手经验不足,也存在一些问题,教师基本功有待进一步培养提高:一是少数参赛教师对德育课教学目标的整体把握,以及处理整体与局部的关系上要进一步加强。表现在:一是少数参赛选手在确定教学目标和重难点时比较随意,把握不是很准确;在教学设计和片段教学中,时代性、科学性不是很强,需要加强对教学大纲、学业水平考试考纲的研究,特别需要加强习近平新时代中国特色社会主义思想的学习研究,特别需要加强习近平新时代中国特色社会主义思想进课堂、进头脑的实效性方法的学习研究。二是少数参赛教师对教学内容的处理比较随意。表现在:大纲要求的基本知识点没有讲全、讲深、讲透,而是蜻蜓点水,甚至没有讲;个别选手讲了大量的案例,但是没有上升到基本观点,所谓画龙没有点睛;个别选手虽然比较全面,但是重点不突出,教学目标难以实现。三是较多的选手在比赛中教学的针对性比较不强。表现在:从教学设计、课件制作到片段教学,没有从所教学生的专业特点出发,也没有从中职学生的表现、兴趣爱好、性格特征、主要知识基础和能力特征、行为表现和价值理念等实际情况出发,较难吸引学生的注意力。四是有几位参赛教师对片段教学还不是很理解。表现在:把片段教学的开头上成了完整课的开头和过渡,比较多地复习了上节课的内容;也有少数的选手把片段教学当成是一节完整的课来理解和处理,把本课时之前的内容说成是上节课的内容。这些问题的存在,一是正常,因为有的参赛选手比较年轻,教学经验不足,特别是对教学大纲、教材的研究不够,把握大纲、驾驭教材的能力有待培养提高。二是应该引起重视,因为德育课是学校德育工作的主渠道,对学生的教育引导必须方向明确、理论观点正确、把握学情全面。只有德育课教师的专业发展、教学水平和教学质量有所提高,才能真正发挥德育课教学在学校德育工作中主渠道作用,才能与其他学科教师共同形成教书育人、立德树人、培养能够担当民族复兴大任的时代新人的教育合力,全面提高德育课教学的实效性。

3.德育课教师的专业发展需要统筹规划,充分发挥优质教学团队的示范引领作用

针对上述情况,除了德育课教师自加压力,加快专业发展以外,还需要

加强全省中职德育课教师队伍建设,打造福建省德育课教学优质教学团队。笔者认为,一是可以调整福建省中等职业学校德育课教学专业委员会,定期开展全省性、经常性的教研活动,总结推广教师队伍建设的先进典型经验,推动全省德育课教师队伍建设,以大面积提升德育课教师的教学水平和教育质量;开展教学改革实验与研究、探索新形势下德育课教学加强习近平新时代中国特色社会主义思想进校园、进课堂、进头脑的实效性方法,为培养能够担当民族复兴大任的时代新人汇聚磅礴之力。二是可以成立省级中等职业学校德育课教学名师工作室,由全省比较有名望的教师领衔,通过教育科研、信息化教学、课题研究、德育工作等实效性方法的研究、总结和推广,培养积极健康向上、开拓创新进取、充满正能量的优质教学团队,在全省德育课教师队伍建设方面起示范、引领作用。三是对全省中等职业学校德育课使用的教材、所需的课时做出严格规定,比如统一使用国规、高教版教材,由两课时统一改为三课时,内容上统一增加时事政治。四是可以结合学习贯彻落实习近平新时代中国特色社会主义思想和党的十九大精神,利用寒暑假举办全省性德育学科教师培训,邀请高校教授开展教材使用培训,邀请省内外教育专家进行教法培训,为德育课教师的专业发展提供有利条件。

二、如何适应大中小学德育一体化问题

学校德育工作是一个系统,这个系统既是学校内部教书育人、管理育人、服务育人的集合,也是各级各类学校德育工作立德树人的集合。大中小学德育工作一体化是党和国家的要求,是全国各级各类学校共同做好德育工作的必然要求,是学校德育工作确实有效地实现德育目标的重要途径。目前,从中央到地方的各级教育主管部门都在研究这个问题,也出台了相关文件,如何做好这一工作的探索和研究必将会向纵深发展,中职德育课教师是学校德育工作队伍的重要组成部分,应该积极参与思考、谋划和落实。

(一)党和国家对大中小学德育工作一体化的要求

为贯彻落实《中共中央国务院关于进一步加强和改进未成年人思想道德建设的若干意见》和《中共中央国务院关于进一步加强和改进大学生思想

政治教育的意见》精神，进一步促进大中小学德育工作衔接，教育部于2005年出台了《关于整体规划大中小学德育体系的意见》，对不同教育阶段学生的德育目标、内容、课程、活动、渠道进行了系统规划。《关于整体规划大中小学德育体系的意见》指出："青少年学生的爱国情感，文明行为习惯，良好道德品质，遵纪守法意识，科学的世界观、人生观、价值观和中国特色社会主义理想信念，是一个通过教育逐步形成和发展的过程。整体规划大中小学德育体系，就是根据不同教育阶段学生身心特点、思想实际和理解接受能力，准确规范德育目标和内容，科学设置德育课程，积极开展德育活动，努力拓展德育途径，有针对性地进行教育和引导，使学校德育更具科学性，更好地促进青少年学生全面健康成长。""要求各级教育部门要从'培养什么人、如何培养人'的战略高度，切实加强对整体规划大中小学德育体系的领导。建立健全领导体制，建立完善工作机制，切实加强德育工作队伍建设，推动整体规划大中小学德育体系研究。"①

习近平总书记在2017年全国高校思想政治工作会议上的重要讲话指出："高校立身之本在于立德树人。只有培养出一流人才的高校，才能够成为世界一流大学。""要坚持把立德树人作为中心环节，把思想政治工作贯穿教育教学全过程，实现全程育人、全方位育人，努力开创我国高等教育事业发展新局面。"②这不仅对高校思想政治工作具有重要的指导意义，而且对我国各级各类学校加强和改进包括思政教育在内的大德育工作同样具有重要的指导意义。

党的十九大召开期间，十九大代表，教育部党组书记、部长陈宝生接受了中国教育报记者的专访。在采访中，陈宝生说："健全立德树人系统化落实机制。要围绕立德树人根本任务，加快构建以社会主义核心价值观为引领的大中小幼一体化德育体系，增强德育工作的亲和力、针对性和实效性。要注重培养支撑学生终身发展、适应时代要求的关键能力，强化学生认知能力、合作能力、创新能力和职业能力。要建立促进学生身心健康、全面发展

① 教育部印发《关于整体规划大中小学德育体系的意见》[EB/OL].[2011-04-20]. http://www.jyb.cn/china/jyssdjt/201104/t20110420_426137.html.
② 习近平.构建大中小学整体德育体系[EB/OL].[2017-03-16].http://www.moe.edu.cn/jyb_xwfb/s5148/201703/t20170316_299787.html.

的长效机制,全面加强德育、智育、体育、美育和劳动教育。"①

笔者以为,立德树人应该从幼儿教育开始,因此,教育部应该正式出台大中小幼德育一体化的文件,在全国范围内,从幼儿开始进行以爱国主义为核心的中华优秀传统文化教育和以改革创新为核心的时代精神教育、用习近平新时代中国特色社会主义思想统领全国大学、中学、小学、幼儿园的德育工作,在个人成长的各个学段强化德育工作,以增强青少年做中国人的底气和骨气,让爱党爱国爱社会的思想在幼儿的心田播种,在青少年的心中生根发芽、开花结果。

(二)省、市教育主管部门关于大中小学德育一体化的贯彻实施意见

在党和国家出台大中小学德育工作一体化文件、党和国家领导人强调构建大中小学德育工作一体化工作体系的过程中,各个省、市教育主管部门加强了大中小学一体化德育工作的研究与部署。比如,福建省和三明市,于2017年正式下发了文件,部署了推进大中小学德育工作一体化的方案。2017年1月,中共福建省委教育工委 福建省教育厅为全面贯彻党的教育方针,大力培育和践行社会主义核心价值观,落实立德树人的根本任务,培养德智体美全面发展的社会主义建设者和接班人,下发了《中共福建省委教育工委 福建省教育厅关于整体推进大中小学德育一体化建设的实施意见》,整体推进福建省大中小学德育一体化建设。该意见指出:新形势下整体推进大中小学德育一体化建设,是"落实立德树人根本任务的必然要求""培育和践行社会主义核心价值观的必然要求""提高学校德育建设系统性科学性的必然要求",明确了整体推进大中小学德育一体化建设的"总体要求和主要原则",提出整体推进大中小学德育一体化建设必须"准确把握各教育阶段德育目标内容和活动方式""拓展德育工作有效途径"和"切实加强统筹保障"等要求。其中,特别强调中等职业学校"要帮助学生树立爱岗敬业精神和正确的职业理想","要加强职业道德、劳动纪律、职业规范和

---

① 陈宝生.用新时代中国特色社会主义思想加快建设教育强国[EB/OL].[2017-10-21].https://www.sohu.com/a/199393740_120074.

艰苦创业教育"。①

2017 年 7 月,三明市教育局提出了《三明市教育局关于整体推进大中小学德育一体化建设的实施意见》(明教思〔2017〕174 号)(以下简称《实施意见》)。《实施意见》特别强调:"中职学校必须开设德育课程,着重引领学生练就职业技能、树立职业道德、培育工匠精神,促进学生全面发展和综合职业能力形成。""要根据形势发展,不断优化各级各类学校德育课程的设置,并制定德育课程标准,明确教育目标、内容及要求,使小学、中学、大学各教育阶段的德育课程形成由低到高、由浅入深、螺旋上升的有机统一体系。""建立健全教育、宣传、文化、文明办、团委等部门联席会议制度,加强对全市大中小学校德育一体化建设工作的领导、规划和协调。成立市、县两级德育工作委员会和德育工作专家指导委员会,统筹做好全市学生德育制度建设、课程设计、教学研究、指导服务、监督检查等工作;每年度召开一次德育工作经验交流会或学术研讨会。充分发挥少先队、共青团和党组织的政治优势、组织优势,做好大中小学德育工作。各级教育部门和学校要将德育工作纳入教育发展规划和学校工作计划,确立年度德育工作目标和任务,明确相关责任主体,抓好任务的落实。""设立市、县德育教学名师工作室和班主任名师工作室,充分发挥德育名师和班主任名师的示范、引领、辐射和带动作用。"②

从福建省、三明市教育主管部门目前出台的文件看,暂时还没有把幼儿园的德育工作与大学、中学、小学一起规划,但笔者以为统筹规划大中小幼德育一体化是加强党的领导的必然趋势,为了培养德智体美劳全面发展的中国特色社会主义事业建设者和接班人,中职德育课教师应该在贯彻落实教育部、省、市大中小学德育一体化文件精神的同时,从现在开始系统思考大中小幼德育一体化的相关问题,为推动和迎接大中小幼德育一体化工作献计献策,并承担起相应的工作责任。

---

①　中共福建省委教育工委 福建省教育厅关于整体推进大中小学德育一体化建设的实施意见[EB/OL].[2017-01-06].http://jyt.fujian.gov.cn/xxgk/zfxxgkzl/zfxxgkml/zcwj/zdgkwj/201701/t20170106_3396988.htm.

②　三明市教育局关于整体推进大中小学德育一体化建设的实施意见[EB/OL].[2017-07-04].http://www.smjy.gov.cn/Item/30594.aspx.

(三)中职德育课教师在大中小学德育一体化过程中应该积极主动作为

1.党和国家提出大中小学德育一体化,是为了实现中华民族伟大复兴的中国梦

很多德育课教师提出,为什么要这么重视大中小学德育一体化问题呢?笔者以为,这是建设社会主义现代化强国、实现中华民族伟大复兴中国梦的战略安排的需要。我们要把国家建设成为现代化强国,靠的是什么?最重要的是人的因素。因为在人类社会发展过程中,推动社会向前发展的动力、源泉是人类社会的基本矛盾运动,即生产力和生产关系、经济基础和上层建筑的矛盾运动。在这个基本矛盾运动过程中,生产力是最革命、最活跃的因素。

如果我们学校培养的人,素质很高,能够一心想着民族的前途、国家的未来,不仅有颗中国心,而且心中装着中国梦;那么人多力量就大,国家就有希望,民族就有未来,国家就能够强大,民族就能够振兴,人民就能够幸福;如果我们学校培养的人素质不高,他们心里面想的是如何损人利己、追求个人利益、搞内耗,那么人多就未必是好事,违法乱纪、搞破坏,人际关系不和谐,可能民族没有凝聚力、国家就成为一盘散沙,中国特色社会主义现代化建设事业就有可能受阻,以美国为首的西方国家可能就有可乘之机。因此,培养好人、培养好学生,是为我们的国家实现中国梦培养好人、培养好人才。培养好人和培养好人才的关键期就是在十八岁之前的人生发展时期,也就是人生在幼儿园、中小学、大学学习的时期。因此,笔者认为,德育一体化应该包括大学、中学、小学和幼儿园,只有把大中小幼德育一体化这一课题真正做好了,我们国家才能真正培养出一批又一批德智体美劳全面发展的中国特色社会主义事业的建设者和接班人,我们的国家才能真正实现中华民族伟大复兴的中国梦。

较长时期以来,因为各个学段德育工作缺乏一个系统衔接的指挥棒,各级各类学校的德育工作者基本上是各自为战、互不相干,各个学段的德育工作是脱节的,即幼儿园的德育工作者认为孩子小,德育工作还早;小学、初中的许多德育工作者,不知道幼儿园德育工作的要求和现状,更没有去研究高中阶段、大学阶段德育工作的内容、要求等;高中阶段的教学紧紧围绕学生

上大学的目标而开展,比较少考虑应该怎么培养人的问题;大学课堂上的教授们注重学术研究,较少关注大学生德育工作的实效性。因此,从整体上讲,德育工作的实效性比较差。所以,国家培养的许多大学生不热爱自己的祖国,加入了其他国家的国籍,忘记了自己是中国人,忘记了自己是中华儿女,加上各种非马克思主义思潮的恶意诱导,有的人走上了背叛国家、当间谍等犯罪的道路。党中央提出大中小学德育工作一体化,正是为了统筹协调各级各类学校的德育工作,要求学校德育工作必须服从党和国家的教育方针、德育工作总目标、总的原则,必须规范教学内容,选择好的教学方法,最终提高德育工作的实效性。

2.我们应该怎样培养青少年儿童

那么,我们国家应该怎样做到引导青少年从幼儿时期就开始朝着好的方向发展呢? 笔者认为,我们应该通过大中小幼德育工作的统筹规划、互相配合,在各个学段加强社会主义核心价值观教育,把幼儿、儿童、青少年一步步培养好,培养成为有报效祖国、服务社会、成就人生的能力,能够担当民族复兴大任的国家栋梁之材。在幼儿阶段,必须通过家校配合,在幼儿园教师的指导下,通过父母特别是母亲的陪伴,给予幼儿更多的关爱,让幼儿在母亲的陪伴下,建立亲子关系,特别是在三岁之前,也就是早早教育阶段,在教师的指导下和家长的配合下,让父母做到有恩于孩子,孩子对父母有一种安全感、依赖感,从而建立起父母教育的威严,也建立起孩子对父母的惧怕,让教师的教育能够产生作用。在幼儿六岁之前,必须在幼儿园教师的指导下,建立起家校联系,帮助父母重视并按照要求教育孩子,特别是在良好行为习惯、思想品德方面的养成教育,必须在幼儿园教师的引导下,告诉孩子什么事情可以做什么事情不可以做;应该通过什么方式获得父母的帮助,而不应该采取什么手段获得大人的支持;特别应要求父母、教师陪伴孩子,让孩子感受到自己被人爱、被人疼,为他将来去爱别人、疼别人、关心他人、关心社会打下良好的基础。在中小学阶段,思想品德课教师、思想政治课教师、德育课教师应该互相配合,合力以晓之以理、动之以情的方式告诉青少年儿童,应该有什么样的行为方式,不应该有什么样的行为方式,让他们明白什么事情可以做,什么事情不可以做,让他在正确的知觉中形成好的性格,在正确的方法教育下,引导中小学生形成好的思维定势、好的行为习惯;特别是要在正确的教育方法下,让中小学生在认同自己的祖国、认同社会主义制度、认同社会主义核心价值观、认同中国共产党的领导方面,不存在心理上的障碍,能够引导他们朝着党和国家所期望的方向茁壮成长。到了大学阶段,大学马列主义教师要进一步巩固中小幼几个阶段培养的良好思维习惯和行为习惯,帮助大学生进一步坚定实现中华民族伟大复兴中国梦的理想信念,进一步引导大学生培养学习兴趣、完善自己的性格,提高大学生多方面的专业能力、方法能力、社会能力、创新创造能力,把他们真正培养成为符合党和国家期望的、建设中国特色社会主义事业的建设者和接班人。

然而,在我们的现实社会中,许多做父母的,由于工作关系,或者迫于生计,长期不在孩子身边,孩子没有得到父母的陪伴,没有得到父母的关心、爱护。这样成长起来的孩子对他人没有爱心,对社会没有责任感,性格孤僻,甚至怪癖,他们不愿意听教师的教育,我行我素,有的甚至因为私利违法犯罪,有的大学生没有人性,恶意杀人,而且不感到害怕、恐惧或者羞耻,并不感到残忍。有的虽然没有这么严重,但是在爷爷奶奶的百般宠爱中长大,他们眼里只有自己,没有考虑他人的习惯,虽然没有很大的问题,但是经常不计小节,上课随意迟到早退,不把学校的纪律制度当回事,小问题接连不断,在中职学校这种学生特别多,给学生管理工作和教学工作带来了很大的困扰。

3.大中小学德育工作者应该如何参与到德育一体化工作中

首先,大中小学的德育工作者,必须从整体上掌握党和国家关于大中小学德育一体化的总体要求、主要原则、内容体系、活动方式、重要途径等。即每一位德育工作者都应该清楚地知道,我们的党和国家为什么要提出大中小学德育一体化问题?对德育工作者寄予了怎样的厚望?我们德育工作者又应该怎样参与到德育一体化工作中来?

党和国家关于大中小学德育一体化的文件已经出台了,幼儿园没有包括,但是教育主管部门应该把幼儿园的德育工作一并纳入一体化的整体规划,并将这一工作更加重视起来,要把德育工作的原则、内容、方法和途径及时落实,真正建立起德育工作信息互通有无的共享平台,构建德育工作互相配合、形成合力的立交桥。我们的德育工作者应该认真学习文件精神,系统思考各级各类大中小幼德育工作的特点和各阶段德育工作之间的衔接问题,从德育工作的整体系统中,找到自己所处阶段德育工作的特点,明确其特殊性,做好德育衔接工作。

其次,大中小幼所有的德育工作者都应该在宏观思考中解决自己面对的阶段学生的德育工作问题。比如幼儿园的教师,应该建立与家庭早早教育与幼儿园教育、幼儿园教育与小学教育之间的联系，从思想和行动上把握这种联系，处理好教育内容、教育方法的优化和创新问题。各个阶段的德育工作者，对于缺乏母爱父爱的学生，要立足本阶段，通过建立家校联系，要求家长弥补前一阶段教育的不足，通过弥补父爱母爱，让学生受到伤害的心灵得到抚慰，即让枯萎的心田得到滋润，可能出轨的灵魂被及时召回；教师也尽量从学生的实际出发，与家长共同配合，形成家校教育合力，让学生感受到各方面的温暖，感受到教师的关心和爱护，从而建立起学生对他人、对社会的依赖和信任，学会关心他人、尊重他人，并不断唤醒他的社会责任感、历史责任感，学会做一个品德高尚的人，对集体、对社会、对国家、对民族有用的人，为下阶段的德育工作奠定良好的基础。

再次，大中小幼所有的德育工作者都应该参与到党和国家搭建的德育工作学习、讨论、研究的平台上来，共同分享"八仙过海，各显神通"的德育工作经验。一方面，需要教育主管部门根据文件规定，搭建好大中小幼德育工作委员会、德育工作研究会、德育班主任名师工作室、德育教学名师工作室等工作平台，让德育工作者有机会和其他学段的德育工作者零距离、面对面共同探讨德育工作原则、德育工作内容、德育工作方法等问题，在讨论中形成共识，明确任务，掌握方法。另一方面，需要大中小幼的德育工作者积极开展德育工作方法创新和实验、德育工作内容创新和实验，并定期总结经验、吸取教训，形成具有普遍指导意义、警示意义的分享材料，丰富校际之间、不同学段之间学习交流的内容。

最后，中职德育课教师应该明确努力方向，为大中小幼德育一体化做出贡献。进入中职学校学习的学生，大多数都是特殊生：父母离异的多，学生在缺乏父爱和母爱的环境中长大，对长辈缺乏敬畏感，自然对教师也就没有了敬畏之心。有的父母长期在外打工，无暇照看子女，孩子跟着爷爷奶奶长大，一方面父母的教育和疼爱缺位，只关心孩子考试考了几分，也不管孩子的考试成绩是怎么来的，所以学生对于考试作弊等违纪行为的认识比较缺乏，诚信意识可能比较薄弱；另一方面，由于爷爷奶奶一边倒的过分宠爱，学生不知道什么事情该做，什么事情不该做，学生缺乏行为错误的认知，当学生的错误行为一而再再而三地发生却又受到爷爷奶奶的无原则庇护时，学生的某种错误的思维定式便已经形成，逐步养成不良行为习惯；有的父母自律性差，教育孩子缺乏正确的方法，因为孩子学习成绩差，动辄责骂。还有的父母，虽然在孩子身边，但是自己的行为习惯是错误的，比如讲粗话，不尊重长辈,不关心孩子的学习,甚至染上赌博等不良行为,导致这些学生没有读好书的愿望、动力和激情。中职德育课教师针对这些实际情况,一要认真学习掌握习近平新时代中国特色社会主义思想的科学内涵,全面理解党和国家关于大中小幼德育一体化文件精神,把引导中职生健康成长、坚定中国特色社会主义理想信念作为第一任务,把促进学生身心健康作为第一要求,把引导学生知行合一作为第一原则,以培育和践行社会主义核心价值观为主线,以提高中职生思想道德素质为目标,通过中小学德育专项课题研究,进一步开展德育课教学改革,不断增强中职学校德育工作的科学性、实效性。二要运用赏识教育等成功教育理论,特别关注中职生的个性特征,通过关心、爱护学生,做好特殊生的转化工作,让那些曾经因为心灵创伤而影响学习的学生能够重新获得学习自信心,让那些智力比较差,文化课学习比较吃力的学生在技能学习中发现自己的优点和长处,让那些经常违反纪律的学生在反复纠正的过程中健康成长起来,等等。从而,逐步让社会、家长认为的所谓差生成长为建设中国特色社会主义事业的生力军,让有针对性地开展思想教育的劳动、汗水和心血结出令人欣慰的果实。三要通过专题研究,解决一些影响中职学校德育工作的带有普遍性的问题,比如如何转化好特殊生的问题、如何开展校企协同育人的问题、如何对接中高职德育工作问题、如何做好初中生与中职生德育工作衔接问题、如何提高德育课教学实效性问题等,通过研究中小学与中职学校、中职学校与高职院校德育工作从原则内容到方法途径的过渡与衔接问题,推动中职学校德育工作再上新台阶、加快德育课教师的专业发展、提高德育课教学的实效性,并向有关平台提供、分享合理化建议。

(四)省、市、县联动,搭建大中小幼德育一体化平台

社会的各个领域、各个方面的社会现象、思想状况、突发因素会对学校德育产生影响,学生在校园内、外表现出的思想、行为不仅会在本学段产生影响,而且会通过社会活动、新闻媒体、网络传播等途径对其他学段学生的思想、行为产生影响。但是在现实教育活动中,大中小幼的德育工作者很少在一起共同分析某一社会现象、思想状况、突发因素对不同学段的学生会产生什么样的影响,大中小幼的德育工作也很少有机会共同研究应该采取什么样的教育、预防对策;在同一个学段,某一个学校,可能有很好的德育工作

策略,但是缺少不同学段、不同学校之间的相互交流,达不到各级各类学校共同提高德育工作有效性的效果。因此,笔者以为,关于大中小幼德育工作一体化工作的重点,应该是省、市、县教育主管部门让一系列文件中很好的思路、决策落到实处。一是应该遴选更多的学校德育专家成立省、市、县三级德育工作研究会,作为教育主管部门德育工作的学术参谋机构,通过组织专家进行决策咨询、专题调研、学术讨论、专题讲座等活动,推动大中小幼德育工作的广泛交流、形成共识,协调同步地开展有目的、有计划的教育活动。二是应该成立省、市、县三级德育教学名师工作室和班主任名师工作室,遴选思想政治教育专业毕业的优秀教师担任德育教学名师工作室领衔人,培养思想政治教育学科优秀教学团队。通过德育教学名师工作室的建设,培养一大批忠于党的教育事业、热爱思想政治教育学科教学、有较高教学艺术水平的思品课、政治课、德育课教学名师,通过他们的身体力行、示范引领,带动省、市、县三级思想政治教育学科教师的专业成长,以全面提高思想政治教育学科教学工作的实效性,让大中小幼学生从小到大受到在教学内容上顺畅连接、在教学方法上自然适应、在教育效果上逐步升华的思想政治教育,有目的、有计划地教育引导他们弘扬中华优秀传统文化,培育和践行社会主义核心价值观,为他们逐步成长为能够担当民族复兴大任的时代新人奠定坚实的理论支撑和价值观支撑。通过班主任名师工作室的建设,培养一批热爱学生、勇于和善于做学生思想教育、行为转化工作的教育专家,通过他们的爱岗敬业、无私奉献,带动省、市、县三级班主任的成长,以全面提高学生思想教育、日常行为规范教育、养成教育的实效性,全面提高大中小幼各级学生的思想政治素质、道德法律素质、科学文化素质、身体心理素质,逐步提高学生全面发展的综合素质,有目的、有计划地把学生逐步培养成为德智体美劳全面发展的社会主义事业建设者和接班人。三是定期举办有大中小幼德育工作者参加的德育工作方法经验交流会,让不同学段、不同类别的德育教师介绍教学工作和班主任工作经验,让不同类别的家长介绍养育孩子的成功经验和特别教训,让由特殊生转化为优秀生的代表介绍加强自我学习、自我教育、自我管理的各种体验。通过这种方式,为大中小幼德育工作者创建一个在教育信息快速共享、教育内容资源整合、教育方法互相借鉴、教育体验产生共鸣、教育目标形成合力的工作机制,为提高大中小幼思想政治教育学科教学实效性和班主任工作实效性搭建起共同研究、相互配合、协调作为、整体推进的工作平台,利用集体的智慧和力量探索引导学生形成马列主义、毛泽东思想、邓小平理论、"三个代表"重要思想、科学发展观和习近平新时代中国特色社会主义思想的真理性认识的实效性方法,共同教育引导学生通过内化和升华,逐步掌握运用这些真理性认识分析问题、认识问题和解决问题的思维方法和能力,逐步提高旗帜鲜明地批判各种非马克思主义错误思潮和各种错误价值观的辩证思维能力,逐步形成作为中国公民应该有的良好行为习惯和遵纪守法意识,逐步确立为实现中华民族伟大复兴中国梦而不懈奋斗的理想信念,逐步培养爱党爱国爱社会主义的深厚情感,逐步锻炼为创新创造攻坚克难永不放弃的坚强意志品质,逐步凝练爱岗敬业无私奉献的社会主义职业道德和职业精神。

三、如何正确处理好思想政治教育与学业水平考试关系的问题

中职学校的学业水平考试,有它的必然性,但是最终目的就是要全面提升中职学生的综合素质。

(一)对中职学校加强学业水平考试的必要性认识

党的十八大以来,以习近平为核心的党中央实现中华民族伟大复兴的使命感、紧迫感比任何历史时期都更强。要实现中华民族的伟大复兴,既需要高尖端的科学家,也需要有高素质劳动者和技能型人才。

但是,目前的中职学生基本上是属于没有考上高中的初中毕业生,在社会对职业教育存在偏见的情况下,他们进入中职学校的主要原因就是语文、数学、英语等公共基础知识比较薄弱,考分比较低。这些学科基础知识对中职生未来的发展非常重要,没有这些知识,他们难以通过继续教育提升学历层次,难以学习工作中需要的各种知识,最终职业生涯发展会受到阻碍;对于我们的国家来说,他们在一定时期可能很难跟上时代发展的需要,比如难以掌握新知识、新技术、新工艺、新材料,不能继续成为有用的劳动力,很可能会面临下岗失业、无法再就业、生活来源靠国家救济的困难,不仅无法继续为社会创造财富,而且会加重政府社会保障的负担,他们的职业生涯发展可能会遭受挫折。

中职学生是实现中华民族伟大复兴中国梦的生力军,必须全面提高基础文化素质、专业基础素质和职业技能素质,必须努力成为高素质劳动者和技能型人才。这是党和国家加快发展现代职业教育的战略目标。今天开展学业水平考试,正好可以解决以上分析的学生职业生涯发展可能遇到的问题,通过这个考试,可以督促中职生学习、掌握最基本的文化基础知识,营造浓厚的学习气氛,引导学生在相互学习中扩大知识面,在学习讨论中,迁移知识转化为能力,提高学生思考问题、解决问题的能力;由于学业水平考试文件规定,没有达到一定的文化水准,不能毕业,这对于学生来说,既是压力,也是动力,绝大部分学生必然会选择积极主动学习,顺利拿到毕业证书,这样中职学校的学风也会慢慢好转,必然会提高中职学校的办学水平和教育质量。

为深入贯彻落实全国职业教育工作会议精神和全国人大常委会职业教育法执法检查有关要求,推动职业院校以强化教育教学管理为重点,全面贯彻落实国家有关政策、制度、标准和要求,不断提高管理工作规范化、科学化、精细化水平,加快实现学校治理能力现代化,教育部于 2015 年 8 月印发了关于印发《职业院校管理水平提升行动计划(2015—2018 年)》(以下简称《行动计划》)的通知(教职成〔2015〕7 号),提出"我国将建立中职学校质量年度报告制度,国家中职示范(重点)学校自 2016 年起,其他中职学校自 2017 年起,每年发布质量年度报告。"《行动计划》要求,"自 2015 年秋季学期起,倡导践行'改变从今天开始'"[①],这一重要文件对职业院校的办学质量提出了新的要求。

(二)福建省学业水平考试工作正式启动

2016 年 7 月,福建省教育厅根据福建省人民政府《关于加快发展现代职业教育的若干意见》(闽政〔2015〕46 号)和《关于印发福建省深化考试招生制度改革实施方案的通知》(闽政〔2016〕20 号)的文件精神,印发了《福建省中等职业学校学生学业水平考试实施办法(试行)》和《福建省中等职业学

---

① 教育部关于印发《职业院校管理水平提升行动计划(2015—2018 年)》[EB/OL].〔2015-09-01〕. http://www.moe.gov.cn/srcsite/A07/moe_950/201509/t20150917_208794.html.

校学生综合素质评价实施办法（试行）》（闽教职成〔2016〕56号）（以下简称《实施办法》），这标志着福建省中职学校学生学业水平考试工作正式启动。

《实施办法》要求，"自2017年起入学的我省中等职业学校全日制学历教育在籍学生（含部分高职院校招收的中职学生）均须参加全省统一组织的学业水平考试，作为中职学生毕业的必要条件。"[①]学业水平考试包括公共基础知识、专业基础知识、专业技能考试。其中公共基础知识考试包括德育、语文、数学、英语、计算机应用基础等5门课程，其中，德育课程按照教育部《关于中等职业学校德育课程设置与教学安排的意见》（教职成〔2008〕6号）规定的基本课程和美育基本知识；语文、数学、英语考试内容按照教育部《关于制定中等职业学校教学计划的原则意见》（教职成〔2009〕2号）规定的相关课程基础学习内容；计算机应用基础考试内容为计算机应用技术课程的基础教学内容。专业基础知识考试按专业类别进行，具体内容为教育部《中等职业学校专业教学标准（试行）》（教职成〔2014〕11号、48号，以下简称《教学标准》）规定的专业核心基础知识及我省制定的专业教学要求。专业技能考试：按专业类别进行，具体内容为教育部《教学标准》及我省规定的各专业应掌握基本操作技能。

(三)德育学科考试大纲的主要精神

1.德育学科的考试性质

2017年4月，福建省教育厅印发了《福建省教育厅关于印发福建省中等职业学校学业水平考试德育等5门公共基础课考试大纲（试行）的通知》规定，"2017年由省教育厅统一组织实施全省中职学校学生学业水平考试。""考试大纲将作为中职学生学业水平考试命题的依据。"[②]福建省中等职业学校学业水平考试德育学科考试大纲（试行）（以下简称《德育学科考试大纲》）规定：德育学科的考试性质是："中等职业学校学生学业水平考试是

---

① 教育部关于印发《职业院校管理水平提升行动计划（2015—2018年）》[EB/OL]. [2015-09-01]. http://www.moe.gov.cn/srcsite/A07/moe_950/201509/t20150917_208794. html.

② 福建省教育厅关于印发福建省中等职业学校学业水平考试德育等5门公共基础课考试大纲（试行）的通知[EB/OL].[2017-04-18]. http://jyt.fujian.gov.cn/xxgk/zfxxgkzl/ zfxxgkml/zcwj/zdgkwj/201704/t20170418_3397271.htm.

根据国家及省中等职业学校教学标准及考试要求,由省教育厅组织实施的考试,主要衡量中等职业学校学生达到专业学习要求的程度,是保障中等职业学校教育教学质量的重要措施。学业水平考试成绩是学生毕业和升学的重要依据,是评价和改进学校教学工作的重要参考,是检验中等职业学校教学质量的重要方式,是开展中等职业学校办学能力诊断与评估的重要考核指标。德育课程学业水平考试和中职生综合素质评价中对德育课程实践活动等的评比活动共同构成德育课程教学质量考评体系,评价和反馈中等职业学校德育课程教学质量。"

2.考试的目标要求

福建省德育课程学业水平考试为合格性考试,旨在检测中等职业学校学生对德育课程知识的认知、理解和运用的水平。

中职德育学科考试的目标是:"德育课程学业水平考试反映对考生正确的情感、态度、价值观的要求,注重考查学生对德育课程基础知识的认知、认同和运用知识分析问题、解决问题的能力。"这一目标很明确地表明,学业水平考试不是应试教育,而是素质教育。中职德育课教师贯彻落实在《德育学科考试大纲》,必须培育中职生正确的情感,就是要根据学生所学的不同专业特点,有目的、有计划地培养学生的学习兴趣、服务社会的热情、回报社会、报效祖国的动机,通过课堂教学、课外活动、实践教学等环节,帮助学生丰富内心体验,塑造美好的心灵世界。必须培养中职生正确的态度,就是要在教学中引导学生端正学习态度,懂得今天的学习是为了明天担当起民族复兴大任的社会责任,不仅要引导学生保持乐观的生活态度,而且要培养学生从国情出发、从实际出发来解决各种问题的科学态度,培养学生既能够严格要求自己,又能够宽以待人的人生态度。必须培养中职生正确的价值观,就是要在教学过程中帮助学生认识到人生的最大价值在于对社会的贡献,中职生不仅要重视追求个人价值,更要重视追求社会价值,把实现个人价值与社会价值紧密地结合起来;不仅要在职业生涯中探索科学、追求真理,而且要在社会活动中为社会发展贡献精神财富,实现科学精神与人文精神、社会精神与自然精神的辩证统一;在正确处理人与人之间关系、构建和谐人际关系的同时,要正确处理人与自然的关系、学会保护自然、人与自然和谐相处;在内心深处确立真善美的价值追求,反对假恶丑。总之一句话,就是要加强社会主义核心价值观教育,帮助学生确立社会主义核心价值观,引导学生在学习、生活和社会实践中积极培育和践行社会主义核心价值观,用坚定的中国特色社会主义理想信念作为实现"我的梦"与"中国梦"高度契合、人生价值和社会价值有机统一的精神支柱,实现职业生涯的可持续发展。

中职德育学科考试的要求有三点:一是了解方面:要求中职生对某一知识和原理,能够再认、再现,即知道"是什么"。这就是说,开展学业水平考试,要求中职生有必备的德育学科理论知识,能够形成基本的知识体系;二是理解方面:要求中职生对某一知识和原理能够较全面、较深入地领会,并分析、解释现象,辨明正误,即明白"为什么"。这是进一步的要求,也就是能够深刻理解理论观点的基本含义、基本要求,并能够运用这些理论观点分析说明各种社会现象,能够分清楚人们在认识上的误区;就是教师要引导学生运用正确的理论观点进行思考,弘扬正能量,批判错误思想和行为。三是运用方面:指中职生在理解的基础上,能运用知识对具体问题作出分析、判断和提出解决方案,即清楚"怎么办"。这是学以致用的要求,就是中职生通过学习,能够运用马克思主义的立场、观点和方法具体分析、判断各种社会现象,能够分清楚真善美和假恶丑,能够对存在的各种社会问题提出解决的基本思路,设计优质高效的策略方案。

3.考试的范围与要求

考试范围是德育课四门必修课,即"职业生涯规划""职业道德与法律""经济政治与社会""哲学与人生"。学业水平考试德育学科共175个知识点(其中"职业生涯规划"32个、"职业道德与法律"46个、"经济政治与社会"46个、"哲学与人生"51个)。另外,再加上"时事政治":当年度国内外重大时事(依据中宣部《高中时事》)、中国共产党和中国政府在现阶段的基本路线和重大方针政策。考试要求,即对各个考点提出的具体要求。今后一个时期,福建省的中职德育课教师在各门课程的教学过程中肯定要根据学业水平考试这根指挥棒的要求,把175个知识点讲清楚、讲透彻,让中职生的学业水平达到考试大纲的要求,并且要重视组织学生学习时事政治,教师也要及时把党和国家政治生活中的大事补充到教学中,让学生及时了解中国共产党在带领全国各族人民实现中华民族伟大复兴中国梦的过程中马克思主义中国化的最新成果、及时了解党和国家建设富强民主文明和谐美丽的社会主义现代化强国的大政方针,并引导学生按照党和国家的要求不断加强专业学习、思想品德修养、掌握技能特长,为投身建设中国特色社会主义伟大事业练好扎实的本领。

4.试卷的结构

从考试的题型及比例上看：多项选择题，占 70％；是非题，占 20％；多项选择题，占 10％。从考试的难易及比例上看：试题难易度分为容易题、中等难度题和较难题三个等级，容易题、中等难度题、较难题的占分比例约为 8：1：1。从考试的内容比例上看，各占比例为：职业生涯规划，占 10％；职业道德与法律，占 25％；经济政治与社会，占 30％；哲学与人生，占 25％；时事政治，占 10％。从考试的形式上看：采用闭卷、笔试形式；考试时间为 90 分钟，全卷满分 100 分。从试卷的结构来看，不是很难，比较适应中职生的学习实际情况。但是，如果要达到合格要求，德育课教师，尤其是农村中职学校的德育课教师还需要高度重视、认真对待。因为，试卷再容易，也需要引导学生认真去学习，否则也不会。特别是中职生中不想学习的学生比较多，如果德育课教师不用心抓质量，学生好的学习风气没有形成，同样达不到合格的学业水平；同时，也要防止因为试卷不难，只有少数学生学习，多数人想着考试时抄袭作弊，如果是这样，德育课教学目标就无法实现。因此，德育课教师必须重视平时的作业练习，每一节课都应该布置作业，引导学生养成学习的习惯、思考的习惯；同时，还应该重视单元结束后的综合练习，引导学生通过练习掌握最基本的德育基础知识，为他们进一步提高政治思想觉悟、职业道德修养、规范行为习惯、升华爱党爱国爱社会主义的思想境界奠定坚实的思想理论修养基础。

(四)中职学校开展学业水平考试工作的问题分析

在中职学校，组织学业水平考试是有一定的阻力的。从学校领导层来看，每年都有必须高度重视的、会全市排名和全省排名的职业技能竞赛，工作量大；而且每年的招生压力大，学校领导都必须全力以赴，一年中招生工作花去了大量的时间和精力。如今加上学业水平考试，加上中职生文化基础知识差距大，校领导害怕考不过其他学校的会比较普遍，尤其是农村中职学校的校领导担心学生考不过城市的学生，没有面子。从普通老师来看，每年的招生压力大，上课时学生不爱听，遇到个性粗暴的学生甚至会斯文扫地，没有任何的教师尊严，如果要求学生参加学业水平考试，师生的关系勉强维持，不至于那么紧张，所以很多老师面对学业水平考试是很没有信心的；在学生还没有真正认识到文化基础知识、专业基础知识的重要性时，学生对学业水平考试的抵触情绪最大,因为有了这个学业水平考试,毕竟有5％的学生不能拿到毕业证书,他们面临着要么改变学习习惯,认真学习获得毕业证书,要么延续以前的学习习惯,走出校门时,拿不到毕业证,难以就业。这些阻力,肯定是存在的,短期内改变的效果还不一定有那么明显;但是,只要教育主管部门坚持几年,领导会重视起来,教师也会重视起来,学生也必然要重视起来。

(五)中职学校开展学业水平考试工作的进展情况

为贯彻落实《福建省中等职业学校学生学业水平考试实施办法(试行)和福建省中等职业学校学生综合素质评价实施办法(试行)》,各个地市先后召开相关会议,举行研讨会,研究贯彻落实具体方案。在三明市,三明工贸学校的廖善星校长非常重视贯彻落实省教育厅关于学业水平考试和综合素质评价的文件精神,于2017年上半年多次讨论过如何贯彻落实的问题,并于2017年9月份就布置了这项工作,尤其是计算机、德育、语文、数学、英语等几个科目涉及的任课教师多,各个学科教研组分别组织本组教师研究文件、考试要点,组织教师设计试卷、练习卷等工作;对于2018年在三明市举行的专业基础知识考试科目,则要求专业科组长负责研究参加考试的训练方案。三明市教育局、市教科所领导非常重视贯彻落实相关文件精神,尤其是对三明工贸学校的积极态度和工作开展表示满意,于2018年1月16日至17日,在三明工贸学校组织召开了中职学校学生学业水平考试和综合素质评价专题研讨会;三明市各中职学校的校长、分管德育工作的校领导和学生管理职能部门的负责人,共计50多人参加了研讨会。三明市教育局分管领导和职成科的领导到会讲话,还聘请了省职教中心的教研部主任游金水做《学业水平考试的教学质量检测和评价功能》专题讲座、三明工贸学校校长廖善星、龙岩市职教中心主任张曙辉、三明市农业学校校长张运椅等专家先后介绍了关于学业水平考试等方面的试点经验、探索思路、相关信息等,在重视培养中职生的文化基础知识、专业基础知识和职业技能,提高学生综合素质方面达成重要共识,为全面推进学业水平考试和综合素质评价做好了思想准备。

(六)中职德育课教师对待学业水平考试必须持有的态度

目前,有的教师认为,组织学生参加技能竞赛是中职学校的工作重点,组织学业水平考试,一是时间有限,一个竞赛再加上一个学业水平考试,教师和学生都应付不了,认为学业水平考试抓不下去。二是学生不爱读书,组织学业水平考试,很困难,可能考试结果会很难看。笔者以为,学业水平考试是省教育厅抓教学质量的重大举措,必须认真抓好;中职德育课教师应该克服困难,迎难而上,把抓好学业水平考试与加强思想政治教育紧密结合起来。

1.要认真学习研究《德育学科考试大纲》,以实际行动支持学业水平考试

福建省教育厅组织学业水平考试,提高中职生的公共基础知识、专业基础知识和专业技能等方面的素质,有利于中职德育课教学加强思想政治教育、提高教学的实效性。一个人文化素养提高了,懂得的道理也就多了,理解理论观点的能力也就跟着提高了。中职德育课浓缩了道德、法律、经济、政治、社会、哲学、心理健康等多学科的知识,中职生没有一定的公共基础知识、专业基础知识和专业技能,是很难听懂、理解其中的道理的。如果学生听不懂,没有相关的文化素养和思维能力,怎么能够理解我们党倡导的社会主义核心价值观?怎么能够理解国家层面的价值追求、社会层面的价值取向和公民个人层面的价值准则?没有一定的文化基础知识,学生怎么能够理解社会主义核心价值观与中华优秀传统文化的关系?怎么能够理解弘扬中华优秀传统文化就必须培育和践行社会主义核心价值观?所以,教育主管部门组织学业水平考试,有利于整体上扎实中职生的文化基础知识,有利于提高德育课教学的实效性,我们德育课教师,应该以实际行动积极支持学业水平考试。为此,我们不仅要领悟各级教育主管部门举行学业水平考试的性质、目的、意义和考试要求,而且要在教学准备、课堂教学、复习考试等各个环节,以积极的态度参与其中,以鼓励学生认真学习、参加考试等实实在在的行动支持考试。德育课教师还必须在各种场合表态支持学业水平考试。由于学业水平考试提出了更高的学习要求,坚持反对意见的教师和学生必然会发出某种负面声音,我们德育课教师在此时必须发声,列举举行学业水平考试对学生职业生涯发展的重要意义。针对教师,我们可以分析学

业水平考试对促进学习风气好转方面的意义,让更多的人形成必须开展学业水平考试的观念;对于学生,则主要通过详细分析增长知识、提高能力、养成良好的行为规范对职业生涯发展的重要意义,说明学业水平考试与思想政治教育并不矛盾,引导学生认识到参加学业水平考试并且取得好成绩对于今后职业生涯成功的重要意义,鼓励学生通过努力学习、刻苦训练,全面提高自己的公共基础文化素养、专业基础知识素养和专业技能素养,为今后进一步开展学习、提高学历层次、开阔思维、培养良好的行为习惯,做好充分的准备。

2.熟练掌握考试内容,做到准确无误地开展教学

要给每个学生一杯水,教师就必须准备一桶水;要想教会学生理解某个德育概念、观点和原理,德育课教师就必须深刻把握这些概念、观点和原理;要想引导学生学会运用德育理论知识分析、认识和解决问题,德育课教师就必须熟练地系统把握德育学科知识及其内在逻辑联系,帮助学生建构德育学科知识体系,让学生能够灵活地运用知识观点。为此,德育课教师要在宏观上把握《德育学科考试大纲》的基础上,认真做好"职业生涯规划""职业道德与法律""经济政治与社会""哲学与人生"等课程的教学计划和课前准备。教学计划必须根据每门必修课的特点和学生的实际情况来制定,严格贯彻落实考试大纲精神。课前准备必须根据考点要求认真备好课,做好教学设计,就是要分析掌握教学内容结构,认真做好学情分析,确定教学目标、教学重点、教学难点、教学方法、教学手段及教学过程等;力求把考试要点教学到位,做到教学思路清晰、讲清重点、突破难点;通过晓之以理,让学生明白所学习理论观点的内涵,通过动之以情,引导学生消化吸收考点内容后,把思想政治教育的有关要求内化升华为自己的情感、态度和价值观,并结合日常行为规范向学生提出实践要求,从而实现教学从认知到情感态度观念,再由情感态度观念到运用转化的三维目标,为学生将来走上社会时能够运用所学的理论观点分析问题、认识问题和解决问题奠定坚实的理论基础。为了不断提高教学水平和教学实效性,教师还必须做好教学反思,以当好一名新教师的心态对待每一节课的教学,让教学过程中的习惯性反思,不断催生教师在教学上的创造性灵感,使自己的教学理念更加进步成熟、教学风格更加独树一帜、教学过程更加精彩纷呈、教学效果更加日新月异。

3.中职德育课教学必须正确处理思想政治教育与学业水平考试的关系

中职生的学业水平考试,是中职学校办学的指挥棒,中职德育课教师应

该如何正确处理思想政治教育与学业水平考试的关系呢？总的原则就是，既要抓学业水平考试，又要统筹兼顾，学业水平考试是检验学生学习情况的一个重要手段，思想政治教育是实现立德树人根本任务的主要途径，二者必须有机结合。

（1）必须正确处理贯彻落实《德育学科考试大纲》与《德育大纲》的关系

中职学校的《德育大纲》是学校德育工作的纲领性文件，充分发挥德育课在学校德育工作中的主渠道作用，必须以《德育大纲》为指导，德育课教学必须始终贯彻德育工作的基本原则和《德育大纲》对德育课教学的要求。福建省教育厅制定的《德育学科考试大纲》是贯彻落实教育部《德育大纲》的具体化文件，两者在德育课的性质、地位、作用、目标方面的规定和精神是一致的。因此，我们不能把两个文件对立起来，也不能有所偏颇，而应该把二者有机结合起来，在贯彻落实《德育学科教学大纲》的教学过程中继续深入贯彻落实《德育大纲》，在《德育大纲》的指导下贯彻落实《德育学科教学大纲》。具体来说，就是中职德育课教学不能仅局限于学业水平考试，必须按照德育课教学规律和中职生的心理特点、成长规律加强思想教育。省教育厅要求中职生参加学业水平考试，目的是让学生能够掌握基本的、必备的德育基础知识，确保德育课教学的时代性、科学性和方向性；我们必须防止德育课教师为了个人功利性，片面追求考试成绩，而忽视了对学生开展思想政治教育。我们必须牢记不论考试形式怎样改，德育课宣传贯彻党的理论、纲领、路线、方针、政策，加强思想政治教育，培养中国特色社会主义事业建设者和接班人的课程性质、任务不可能变。因此，德育课教师必须做到"五坚持""五优化""五创新"，不断提高教学实效性。

（2）必须正确处理贯彻落实《德育学科考试大纲》与宣传贯彻党的十九大精神的关系

宣传贯彻习近平新时代中国特色社会主义思想和党的十九大精神，是当前最大的政治，是德育课当前最重要的任务。因此，中职德育课教师在贯彻落实学业水平考试的教学活动中，必须实现习近平新时代中国特色社会主义思想和党的十九大精神进校园、进课堂、进头脑，特别要通过创新教学内容、教学方法和教学环境，培养学生的学习积极性，让学生在一个个考点的学习过程中，不断培育爱党爱国爱社会主义的深厚感情，跟定共产党、永远听党的话，把实现中华民族伟大复兴的中国梦作为坚定的理想信念，增强"四个意识"，坚定"四个自信"，自觉培育和践行社会主义核心价值观，立志做能够担当民族复兴大任的时代新人。为了提高宣传贯彻习近平新时代中国特色社会主义思想和党的十九大精神的有效性,德育课教师必须加强学习检测和评价,利用课堂提问、分组学习和讨论、作业练习等环节,检测和评价教学实效性,督促学生提高学习的积极性、主动性和创造性。

(3)必须正确处理每个考点教学与思想教育的关系

对于学业水平考试规定的知识点,必须按照考试大纲要求认真讲清楚,让学生听明白,不能删减。无论学生是否爱听,也不论教师自己是否喜欢上课,我们都必须很严肃地对待各个考点的教学,认真做好教学准备工作、完成教学任务、实现教学目标。为此,德育课教师一要根据学生公共基础知识比较薄弱的实际,优化和创新教学方法。比如多运用案例教学法、情景教学法,采用创境激趣吸引住学生的注意力,采用具体到抽象、特殊到一般的推理模式,先引导学生对各个概念、观点和原理形成感性认识,然后通过角色扮演法、分组学习法等教学方法,引导学生内化所学概念、观点和原理,并运用这些知识进行创造性思考,最后让学生产生践行这些德育知识的内在驱动力,或是运用这些知识指导自己的言论和行动,以实现教学目标。二要立足每一节课教学的知识点,进行前后联系,帮助学生建立知识体系。教师在每个知识点的教学之前,都应该帮助学生回忆、再现前面所学的知识,建立之前所学知识的联系;在教学本节课知识点的过程中,必须在帮助学生理解或理解知识观点的同时,在发挥教师主导作用的同时,充分发挥学生的主体作用,即通过提问学生回答及教师归纳,或者分组学习、代表发言的小结方式,帮助学生建立之前所学知识与现在学习知识的联系和帮助学生建立本节课所学知识点内部各个要素之间的内在联系;在本节课考点学习结束时,要借助课堂教学评价环节,通过总结归纳的方式,建立之前所学知识与现在学习知识的内在联系,并自然提出下节课学习知识点与本节课知识点的关系,引导学生带着问题在课后预习下节课的内容。三要在环环相扣的知识观点教学过程中,把引导学生如何学会做人与学会做事结合起来,引导学生深刻领会各个知识点的思想内涵及对人生实践活动的指导意义,重点引导学生在做事中学会做人,在学习过程中学会培养职业兴趣、完善职业性格、提高职业能力、培养良好的行为习惯、培育和践行社会主义核心价值观。四要在各个知识点的教学中,全面渗透马克思主义世界观、方法论教育。许多中职生不喜欢思考问题,或者说没有掌握思考的方法,这样就不利于将来适应不断变化发展的生产力,更不利于推动生产力的发展,全面深化改革,不利于实现中华民族伟大复兴的中国梦。因此,德育课教学过程中的思想教育,必须把引导学生掌握唯物辩证的思维方法作为素质教育的重要内容。我们的目的,不是为了要学生纯粹地背诵一些概念、观点和原理,而是要引导学生在深刻理解的基础上,用这些概念、观点和原理确立自己的马克思主义立场、观点和方法,学会运用科学的思维方法观察外界事物,学会理性地思考各种问题,学会寻求解决问题的最优方案,从而提高学习能力、分析批判能力、创造性思维能力,全面提高综合素质。五要扎实宣传贯彻习近平新时代中国特色社会主义思想。习近平新时代中国特色社会主义思想是马克思主义中国化的最新成果,我们在贯彻《德育学科考试大纲》的过程中,一定要结合考点,详细讲解习近平新时代中国特色社会主义思想,并达到入耳入脑的效果。为此,德育课教师自己要全面掌握、深刻理解习近平新时代中国特色社会主义思想,只有这样才有可能通俗易懂、由浅入深地讲清楚、讲明白、讲透彻理论观点,才能让学生真正理解、深刻感悟、衷心拥护习近平新时代中国特色社会主义思想;同时,学业水平考试模式下的德育课教学,要重视创新德育课教学方法,充分运用互联网技术和现代职教理论,融入翻转课堂、观看微视频、基于平板电脑或手机的互动课堂等现代元素,在信息化课堂教学中使传播正能量与使用新技术达到完美的结合,让枯燥无味的德育课堂变得生动活泼起来,让学生在充满好奇、心情愉悦、积极主动的情况下完成学习任务,让学习效果更好、教学质量更高。

　　总之,我崇敬人民教育家陶行知先生的名言:捧着一颗心来,不带半根草去。为了实现中华民族伟大复兴的中国梦,中职德育课教师必须牢记历史使命,始终坚持把习近平总书记关于"传播知识、传播思想、传播真理,塑造灵魂、塑造生命、塑造新人的时代重任"刻在心上、扛在肩上、落实到行动上,坚持立德树人、教书育人,潜心钻研、精益求精,严谨治学、依法执教。为了党的教育事业明天更兴旺繁荣,让我们不忘教书育人初心,共同立德树人,敬业奉献。